Marion Kaminski / Juliane Schall

Perspektive 50 plus

Marion Kaminski / Juliane Schall

# Perspektive 50 plus

## Erfahrung zählt wieder

Wirtschaftsverlag Langen Müller / Herbig

*Wir danken allen,*
*die uns unterstützt haben.*

*Markennamen, die in diesem Buch verwendet werden,*
*sind Eigentum ihrer jeweiligen Inhaber*
*und wurden ausschließlich dazu gebraucht,*
*um die jeweiligen Produkte oder Unternehmen*
*beispielhaft zu identifizieren.*

*Wir haben beim Schreiben die männliche Form*
*gewählt, um den Lesefluss nicht zu hindern.*
*Wir sind sicher, dass Sie das verstehen.*

Besuchen Sie uns im Internet unter
http:/www.herbig.net


Schutzumschlag: Atelier Seidel, Altötting
Motiv: IFA – Bilderwelten, München
Satz: Fotosatz Völkl, Puchheim
gesetzt aus: FFScala 9/14,25 Punkt
Druck: Jos. C. Huber, Dießen
Binden: R. Oldenbourg, München
Printed in Germany
ISBN 3-7844-7419-5

Die Weisheit eines Menschen
misst man nicht an seiner Erfahrung,
sondern an der Fähigkeit,
Erfahrungen zu machen.

*Bernard Shaw*

# Inhaltsverzeichnis

*Ein Schritt nach vorn,*
*gemacht von hundert Menschen,*
*ist besser*
*als hundert Schritte nach vorn,*
*gemacht von einem einzigen Anführer.*

Kaizen-Philosophie

# Einleitung

Noch immer ist die 50 eine magische Zahl – doch feierten wir sie noch vor wenigen Jahren als ein Fest der Würde und der Erfolge, so finden wir uns heute in der Mitte des Lebens immer häufiger in einer anderen Situation: nicht am Ziel unserer Wünsche, sondern am Ende unserer Träume.

Die Welt um uns herum hat sich verändert. Der Siegeszug der Computer, die Globalisierung der Märkte ... Glaubten wir lange Zeit, es handele sich dabei nur um Schlagworte, so wurden wir eines Besseren belehrt: Zwischen Windows und Weltmarkt hat sich unser Arbeitsleben radikal gewandelt.

Lineare Karrieren, wie wir sie noch vor wenigen Jahren für selbstverständlich hielten, gibt es nicht mehr. In wenigen Jahren wandelte sich die Wirtschaft von einer in Zyklen agierenden Größe zu einem Perpetuum mobile, dessen Ausschläge kaum noch vorherzusehen sind. Der immer schneller werdende Markt hat sich dem Diktat der Zauberlehrlinge unterworfen: Die Consultants krempelten die Firmen um. Hierarchien wurden geschliffen, Abläufe transparenter, Karriereleitern kürzer: Schule, Studium, Position, so heißt die neue Formel.

Ein Beispiel:

*Master of Science an der London School of Economics, Finanzredakteur bei der Financial Times Group, Marketing für Derivate bei der Société Générale, bei Merill Lynch und Ratobank, schließlich bei der Citibank verantwortlich für den deutschen Optionsscheinmarkt,* das ist nicht die Erfolgsgeschichte einer 56-jährigen silbergrauen Eminenz, sondern die bisherige Karriere von Olav Blasberg, 34 Jahre jung und Vorstandssprecher der IG eLearning AG, Bad Homburg.

Doch wer glaubt, der Junge habe nur Zahlen im Kopf, der irrt. Blasberg lebt auch seine musische Ader: Der Sohn einer Lehrerin und eines Schauspielers spielt Geige – und zwar so gut, dass er sich als Schüler und Student den Hut des Konzertmeisters in Jugend- und Studienorchestern in Deutschland und den USA aufsetzen durfte.

Solche Karrieren machen uns 50* betroffen. So reibungslos lief es bei uns nicht. Wir wurden in eine andere Zeit hineingeboren: Trümmerfelder und Spätheimkehrer, das waren die Schlagworte unserer frühesten Kindheit. Dann der Wiederaufbau und Schuften bis zum Abwinken – hier verwirklichten wir das Wirtschaftswunder und dort den real existierenden Sozialismus. Der Sinn des Lebens? Anpacken und das kleine Glück verwirklichen: Nierentisch und Cocktailsessel, Auto, Waschmaschine, Kühlschrank und Chianti unter Zypressen. Plötzlich gehörte Papi samstags uns, Fernseher und Plattenspieler auch. Politik war das Geschäft der alten Männer, bis westdeutsche Weltbilder und Schaufensterscheiben zu Bruch gingen und Willy Brandt 1969 versprach: »Wir wollen mehr Demokratie wagen.«

Die wirtschaftlichen Rahmenbedingungen im Westen waren äußerst günstig. Der Boom des Wirtschaftswunders, 1966/67 kurz durch eine Rezession unterbrochen, setzte sich fort: Die niedrige Arbeitslosenquote und die hohen Wachstumsraten schufen die Voraussetzungen für die Einführung der flexiblen Altersgrenzen im Arbeitsrecht. Arbeiteten 1970 noch fast die Hälfte aller Menschen bis zum 65. Lebensjahr, so war es in den 80ern nur noch jeder Sechste. Gleichzeitig erlebte die westdeutsche Gesellschaft eine große Wohlstandssteigerung: in den Jahren 1970 bis 1991 um über 50 Prozent.

Im Osten lief es nicht so reibungslos, doch nach den Engpässen der 60er-Jahre galten die staatlichen Anstrengungen auch dort der Verbesserung der Versorgungslage.

Gleichzeitig veränderte der technologische Wandel die Welt: Gen- und Biotechnologie, Telekommunikation, Mikroelektronik und Recyclingverfahren. Die so genannten Neuen Technologien setzten an zum Marsch durch die Instanzen, oft mit erheblicher staatlicher Förderung. Noch immer ist nicht geklärt, ob die Neuen Technologien mehr Arbeitsplätze geschaffen oder vernichtet haben – doch dass sie den Arbeitsmarkt dramatisch veränderten, das steht fest.

PC, Internet und die Tyrannei der Geschwindigkeit haben in allen geschäftlichen und gesellschaftlichen Bereichen tiefe Gräben aufgerissen. Gemeinsam mit der Kommerzialisierung spalten sie unser soziales Gefüge in Gewinner und Verlierer. Doch weder die Datenautobahnen noch die Hochgeschwindigkeitszüge haben unser Leben so gravierend verändert wie der Jugendwahn, dem wir – scheinbar kollektiv – verfallen sind. Mit einschneidenden Folgen.

»Trau keinem über Dreißig«, radikal hat die Wirtschaft diesen Trend umgesetzt. 40-Jährige werden nicht mehr qualifiziert und kaum noch befördert, 55-Jährige ausrangiert. »Mit 35 schon zu alt?«, fragt die IG Metall[1] alarmiert und beklagt, dass in keiner Branche die Altersdiskriminierung so radikal umgesetzt würde wie in der IT-Branche.

Noch nie, so warnen namhafte Wirtschaftsforscher, wurde in Deutschland so viel Intelligenz verschleudert, wurden so viele Ressourcen verschwendet wie im Augenblick. Noch nie wurden so viele Menschen ins Abseits gestellt. Dabei, so prognostizieren die Bochumer Innovationsforscher um Professor Staudt am

»Institut für Angewandte Innovationsforschung«, kann es so nicht weitergehen[2]: Eine derartige Verschwendung und Entwertung personeller Potenziale kann sich Deutschland nicht mehr lange leisten. Denn es sind nicht nur die Jungen, denen etwas einfällt. Es ist das Wissen und die Erfahrung der Älteren, die die Wirtschaft braucht und die der Wissenschaft die Basis schafft, auf der Entwicklung gedeihen kann. Das Team um Professor Staudt befürchtet, dass sich die Misere um die Innovationsfähigkeit Deutschlands noch erheblich verschlimmern wird – die demografische Entwicklung lässt im Augenblick gar keinen anderen Schluss zu.

Am Ball sein, Trends aufspüren, Visionen entwickeln, das sind die Formeln unserer Zeit. Doch ein Bill Gates ist so selten wie ein Albert Einstein. Auch wenn die technische Innovation, die wissenschaftliche Entdeckung eines Einzelnen die Menschheit auf einen neuen Weg bringen kann, so ersetzt sie nicht die Erfahrungen und Leistungen aller.

Aber wir sind diesem Irrtum verfallen. Neue Medien, neue Märkte, neue Marketingstrategien – doch dann zeigt sich, dass sich der Kunde gar nicht so schnell ändert, wie es junge Köpfe glauben. Gleichzeitig erleben wir einen ungeheuren Widerspruch: Dank der medizinischen Fortschritte und der immer ausgefeilteren technischen Raffinesse schrauben wir unsere Lebenserwartung höher und höher. 80 Jahre alt zu werden ist nichts Besonderes mehr, es ist die Regel. Doch während wir immer länger leben, tun die Unternehmen, als würden wir immer früher vergreisen.

»Wenn ich schon keinen Mitarbeiter mit genau den Kenntnissen finde, die ich brauche, nehme ich lieber einen hoch motivierten, neugierigen 20-jährigen Computerfreak als einen 45-jährigen Techniker mit veraltetem Wissen«, gibt Unternehmenschef Jürgen Pitzner unumwunden in der Süddeutschen

Zeitung[3] zu. Und steht damit nicht allein, auch wenn Wolfgang Müller von der IG Metall das für Wildwestmethoden hält. »Es kann nicht angehen, dass Weiterbildung zum Privatvergnügen wird und dass Mitarbeiter immer auf dem neuesten Wissensstand sein müssen.« Dann fügt er einen gewerkschaftstypischen Satz hinzu: Außerdem müssten in der IT-Branche die Arbeitszeiten auf das übliche Niveau gesenkt werden. Doch Personalleiterin Anke Maruschka sieht dabei auch die Arbeitnehmer selbst in der Pflicht: Sie müssen auf sich selbst Acht geben und auch mal Nein sagen.

Was sollen wir von diesen Aussagen halten? Sind sie richtig, sind sie falsch? Aber kommt es darauf wirklich an? Ist es nicht viel entscheidender, dass sie Realität sind?

»Seit Beginn der 90er-Jahre hat sich unsere Arbeitswelt so beschleunigt«, meint Daniel Goeudevert[4], ehemaliger Automobilmanager und Autor, »dass von uns allen eine gewaltige Anpassungsleistung verlangt wird.« Während sich die einen fragen, ob sie diese Leistung noch erbringen könnnen und wollen, geht es den anderen nicht schnell genug: Je jünger, desto bereiter für den Wandel, fand das Emnid Institut heraus.

Die Verlierer des Wandels sind die 40- bis 50-Jährigen, die sich in ein »Tangiert-mich-nicht-Syndrom« flüchten. Zwar glaubt auch diese Gruppe, dass sich die Arbeitswelt stark verändert, doch statistisch fühlt sich nur jeder Zweite davon betroffen.

Doch den Kopf in den Sand zu stecken ist die schlechteste Lösung, denn die Firmen verlangen zwar von den Arbeitnehmern immer mehr Einsatz und immer mehr Wissen, geben aber gleichzeitig ihre Fürsorgerolle ab. Aus dem mündigen Bürger soll ein mündiger Mitarbeiter werden – große Unternehmen sehnen sich schon nach ihm. Doch er soll nicht nur im Arbeitsalltag für sein Wohl sorgen, sondern sich um seine Rente kümmern, sein Wissen managen und fachlich und persönlich am Ball bleiben. Plötzlich werden wieder selbstbewusste und verantwortliche Leute gefragt! Warum? Weil wir immer mehr erkennen: Wir brauchen nicht nur neue Ideen, sondern auch Erfahrungswissen.

Weitsichtige Unternehmen beginnen umzudenken: die Deutsche Bank, die mit der DB Management-Support GmbH und dem Modell der Experienced Group neue Wege geht, um die Erfahrung älterer Mitarbeiter als Potenzial der Wertschöpfung zu nutzen. Die Lufthansa Passage Airline, die sich von Personalexperten das »Added Experience Program«, AEP, entwickeln ließ. Dieses Programm wurde aus der Taufe gehoben, um speziell die über 45-Jährigen in einer Mischung aus klassischem Training, Workshops und Dialogveranstaltungen weiterzubilden, gleichzeitig aber auch, um mit ihnen in einen Dialog zu treten.

Dennoch: »... Öffentlich tun sich manche Unternehmen noch schwer, von dem jahrelang propagierten Jugendkult abzurücken«, beobachtet Heinz Uepping, geschäftsführender Gesellschafter der incon. Gesellschaft für innovatives Personal- und Organisationsconsulting mbH, »doch gleichzeitig können sich die Unternehmen den Verlust an Kompetenz und Erfahrung langjähriger Mitarbeiter auf Dauer nicht leisten. Namhafte Unternehmen beschäftigen sich bereits mit Konzepten zur intergenerativen Personalentwicklung.«[5]

Doch was bedeutet das für uns?

Plötzlich bietet die Mitte des Lebens neue Chancen! Es öffnen sich wieder Türen, wenn wir verstehen hindurchzugehen! Mit unseren Stärken, Fähigkeiten, unseren Erfahrungen! Wie ein Baum, dessen Krone umso ausladendener werden kann, je tiefer seine Wurzel sind, so müssen wir unseren Standpunkt finden und dennoch flexibel werden. Wir müssen es wagen, Gewohnheiten und Überzeugungen infrage zu stellen und herausfinden: Wie passe ich heute in die berufliche Welt, ohne meine persönliche zu verlieren?

Lange Zeit sah es so aus, als würden die Möglichkeiten für alle 50* so drastisch sinken, wie die Altersskala ansteigt. Doch nun wendet sich das Blatt, die Wiederentdeckung der Erfahrung weist uns einen neuen Weg. Wir finden wieder Mitarbeiter, die nicht dem gängigen Klischeealter entsprechen. Doch noch hat sich die schon in den 70er-Jahren von Roy Randolph, dem damaligen stellvertretenden Vorstandsvorsitzenden der Wilkinson Sword Company, herausgegeben Losung »Wir feuern keinen über Vierzig«[6] nicht überall herumgesprochen.

Darum müssen wir aktiv werden, handeln. Uns auf den Weg machen. Jung bleiben und uns auf den ständigen Wandel einstellen. Dieses Buch möchte Sie auf diesem Weg begleiten. Sie einerseits mit neuen Trends und Techniken vertraut machen und Ihnen andererseits zeigen, wie ein Umstieg mit 50* gelingen kann. Wir möchten Ihnen Mut machen und anhand vieler praktischer Beispiele aus unserer Praxis zeigen, wie Sie unsere Anregungen in die Tat umsetzen können.

Wir leben in einer Welt der Paradoxe.

Auch dieses Buch ist eines. So beschreiben wir, dass Stress nicht gut tut, und erklären gleichzeitig, dass noch mehr Stress ein Jungbrunnen sein kann. Wir stellen die neuesten Erkenntnisse der Wissenschaft neben den schlichten »gesunden Menschenverstand«, »Image Design« neben das erfolgreiche Auftreten im Berwerbungsgespräch und »Mental Attitude« neben die »Erfahrungsintelligenz«.

Doch gerade das ist es, was unserer Erfahrung nach das Leben mit 50* ausmacht: Wissen mit Erfahrung zu verbinden. Lange Zeit haben wir geglaubt, dass es genügt, technisch auf dem neuesten Stand zu sein. Heute wissen wir: Das ist es nicht allein.

Wir wünschen uns, dass Sie dieses Buch auf Ihrem erfolgreichen Weg in die zweite Hälfte Ihres Lebens begleiten möge. Mit Einblicken in die Ansichten der »jungen Wilden«, mit Tipps aus unserer alltäglichen Praxis und Beispielen, die Mut machen möchten, und mit einer Zusammenfassung der wichtigsten Inhalte, die wir »Stolpersteine« genannt haben, die aber paradoxerweise zu Ihren Meilensteinen des Erfolgs werden können.

Mit 50* ist alles möglich.

Machen Sie sich mit uns auf den Weg!

# 1. Effektiv auftreten

*Wer meint, er ist am Ziel,*
*der geht zurück.*

Laotse

# Die Marke Ich®

In der Mitte des Lebens haben wir unseren Stil gefunden. So glauben wir. Wir haben funktioniert und uns bewährt. Wir wissen, im Großen und Ganzen, wer wir sind, und wir wissen, was wir können. Aber wissen wir auch, wie wir wirken?

## Es geht um die Aufmerksamkeit

Längst hat das Spiel um die Aufmerksamkeit unserer Mitmenschen auch unser eigenes berufliches Leben erreicht: Können allein, so scheint es, ist nicht mehr genug. Doch diese Erkenntnis ist nicht neu. Schon 1953 erregte das Ergebnis einer Untersuchung die Gemüter. Welche Elemente, so hatte der Soziologe Albert Mehrabian sich gefragt, spielen bei der Übermittlung einer Botschaft tatsächlich eine Rolle? Der Inhalt? Oder die Stimme? Oder die Art und Weise, wie der Sprecher die Botschaft präsentiert? Noch heute staunen wir über das Ergebnis:

**Anteile an der Botschaft**

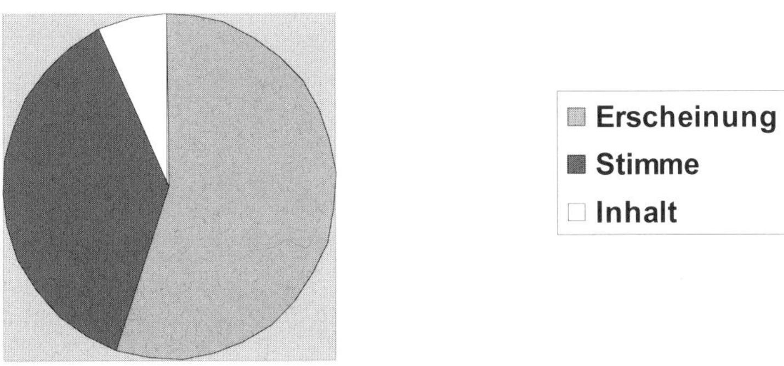

Der größte Anteil unserer Kommunikation, nämlich 55 Prozent, laufen über die äußeren Kanäle Mimik, Gestik, Blickkontakt und die Erscheinung ab. Die Stimme ist mit 38 Prozent beteiligt, der Inhalt aber landet mit nur 7 Prozent abgeschlagen auf Platz drei.

40 Jahre später kommt eine interne Studie von IBM zu einem ähnlichen Ergebnis: Gute Arbeit garantiert noch keine Karriere! Nur magere 10 Prozent des innerbetrieblichen Erfolgs, so gaben die befragten Manager zu Protokoll, beruhen ihrer Einschätzung nach auf Leistung – der stattliche Rest gehe auf das Konto anderer Faktoren, die sich alle mit einem Wort zusammenfassen lassen: Image.

## Es geht um das Image

Doch was ist »Image«?

»Image ist die Summe all dessen, was ein Produkt in den Augen seiner Kunden darstellt«, so definieren es die Experten. Und Hans Domizlaf[7], der Begründer der Markentechnik, geht sogar noch einen Schritt weiter:

»Große Marken haben ein Gesicht wie Menschen.«

Können wir den Spieß denn umdrehen?

Wir tun es. Schon 1976 legte der Amerikaner John Molloy mit seinen »Dress for success« Büchern den Grundstein für einen neuen Trend: nicht nur eine gute Leistung anzubieten, sondern den »Anbieter« in die Leistung mit einzubeziehen. Konsequent setzte Molloy um, was er erkannt hatte: Kunden in Texas stellen sich eine erfolgreiche Managerin anders vor als Kunden in New York oder in Fort Lauderdale – also musste sich der Einzelne, wollte er erfolgreich sein, mit diesen Vorstellungen auseinander setzen.

Doch Molloy blieb mit seinen Empfehlungen nur an der Oberfläche: die richtige Farbe der Bluse, die angemessene Länge des Rocks, die passende Brille – und der Kunde fühlt sich angesprochen.

## Persönlichkeitsmarketing

Inzwischen gehen wir weiter. Persönlichkeitsmarketing ist zu einem Bereich geworden, der alle Felder rund um die fachliche Kompetenz mit einschließt: Leistung, Auftreten und Persönlichkeit verschmelzen zu einer Einheit, werden zur »Marke Ich«.

Die Idee mag Sie überraschen, doch sie ist überzeugend: Je schneller sich die Arbeitswelt wandelt, umso deutlicher müssen unsere eigenen Konturen sein. Je bewegter unser Lebenslauf, desto stabiler sollten sich unsere Kernkompetenzen abzeichnen. Warum? War Karriere früher eher ein passives Ereignis, geprägt durch Beharren und Bewähren, so ist sie heute ein aktiver, dynamischer Prozess, der Branchen, Kulturen und Generationen umspannen kann. Karrieren werden nicht mehr von Firmen »verschrieben«, sondern von eigenverantwortlichen Individuen strategisch geplant.

Diese Erkenntnis mag schmerzen, vor allem dann, wenn wir uns Jahrzehnte unseres Lebens für unsere Firma eingesetzt haben und plötzlich vor dem Aus stehen. Wenn wir erkennen, dass wir zu oft danach gefragt haben, was ist gut für das Unternehmen, und zu selten: Was ist gut für mich? Doch gerade diese Situation birgt auch die Chance, zum ersten Mal nach vielen Jahren wieder danach zu forschen: Was will *ich*?

Junge Menschen zögern heute nicht, sich diese Fragen schon zu Beginn ihrer Laufbahn zu stellen, im Gegenteil, sie sind die Eckdaten jeder Karriereplanung.

*Wo sehe ich mich, wo will ich hin? Welche Aufgaben, welche Herausforderungen will ich lösen?*

Doch auch in der Mitte des Lebens lohnt es sich, die Antworten darauf zu entdecken. Denn Karriere zu machen bedeutet nicht mehr, immer wieder nach dem nächsthöheren Job zu streben, sondern sich selbst zu entwickeln: Was steckt in mir? Welche meiner Talente und Fähigkeiten will ich fördern, welche Wünsche verwirklichen? Karriere kann heute auch heißen, sich als Quereinsteiger in einem ganz neuen Feld zu versuchen. Immer häufiger sind Unternehmen bereit, mit einem Mitarbeiter zusammenzuarbeiten, der sich die fachliche Qualifikation für die entsprechende Position erst erwerben muss. Betriebe, die diesen Schritt wagen, wissen, dass man »Wissen« weitergeben kann, Persönlichkeit aber nicht. Und darum achten sie auf alle Anzeichen, die ihnen verraten, was sie mehr interessiert als die Ausbildung: Welche Eigenschaften, welche Überzeugungen, welche Werte vertritt der Mensch, der vor mir sitzt? Denn eines ist heute wichtiger denn je: Keiner ist eine Insel. Einzelkämpfer, die sich ungeniert über alle Konventionen hinwegsetzen, gehören zu einer aussterbenden Spezies. Nur wer andere für sich gewinnen kann, der wird gewinnen.

Aber was suchen wir im anderen? Vertrauen, Glaubwürdigkeit, Qualität und klar definierte Kernwerte – genau das, was eine Marke ausmacht.

Marken sind aus unserem Leben nicht mehr wegzudenken. Große Marken sind die wahren »Global Player«.

Die erfolgreichsten unter den Marken sind berühmt bis in den letzten Winkel der Erde. Coca-Cola, Nestlé, Nike, Mercedes – ein Junge in Indien mag noch nie in einem Auto gesessen haben, was der Stern bedeutet, weiß er. Coca-Cola ist Kindern auf der ganzen Welt ein Begriff und Nikes Motto »Just do it«

wurde zu einem Mantra – auch bei jenen, die noch ohne Schuhe zwischen Mülltonnen Fußball spielen.

Große Marken vermitteln das Gefühl der Einzigartigkeit, auch wenn wir sie in jedem Kaufhaus finden. Große Marken sind Originale. Große Marken haben eine unverwechselbare Identität.

Doch was hat das mit uns zu tun?

Wollen wir heute im Berufsleben erfolgreich sein und bleiben, sollten wir nach ähnlichen Prinzipien vorgehen wie eine große Marke. Wir sollten uns am Markt präsentieren. Wir sollten unsere Kernkompetenzen ausbauen, uns einen Namen machen. Wir sollten das Kunststück fertig bringen, bewährte Tugenden zu erhalten und uns doch ständig zu erneuern. »Die Identität von Marken wird viel mehr davon bestimmt, wie sie von anderen wahrgenommen werden, als davon, wie sie eigentlich gesehen werden möchten.« Dieser Satz von Conrad Seidl und Werner Beutelmeyer gilt auch für uns.

Diese Feststellung ist der Schlüssel des Erfolgs!

Wir müssen lernen, uns so zu sehen, wie wir von anderen empfunden werden, auch wenn dies bedeutet, dass wir uns von lieb gewordenen Gewohnheiten trennen müssen. Doch gerade die Lebensmitte ist die ideale Position, sich von altem Ballast zu befreien.

## Persönliches Auftreten und Ausstrahlung

Große Marken geben ein Vermögen dafür aus, den Markt zu beobachten. Sie schicken Trendscouts in alle Himmelsrichtungen, die die »Szene« beobachten und nach Neuheiten fahnden. Sie lassen Filme und Zeitschriften analysieren und beauftragen professionelle Zukunftsforscher, datengestützte Visionen für die nächsten Jahre zu entwerfen. Große Marken versuchen sich nicht nur rechtzeitig auf den Wandel einzustellen, sondern ein Teil des Wandels zu sein, ihn aktiv anzukurbeln. Große Marken passen sich unentwegt der Zeitströmung an und sie tun dies so geschickt, dass wir das Gefühl haben, es bliebe alles beim Alten. Durch diesen Trick wirken traditionelle Marken immer aktuell.

Solange wir jung sind, machen wir es ähnlich, wenn auch nicht ganz so subtil. Wir wollen dazugehören, machmal auch provozieren, vielleicht sogar schockieren. Ganz bewusst passen wir uns der Gruppe an, zu der wir gehören wollen. Oft übertreiben wir in diesem Lebensabschnitt, doch wir liegen im Trend, spüren das Lebensgefühl unserer Zeit und drücken es aus.

Später müssen wir unsere Aufmerksamkeit teilen: Studium, Beruf, Familie, Kinder, es bleibt wenig Raum für »Marktbeobachtung«. Oft schleicht sich nun ein Stil ein, der aus Kompromissen besteht – praktisch, neutral, unauffällig.

Ein Markenartikel, der nicht mehr ganz auf der Höhe der Zeit ist, braucht ein neues Image. Wie steht es mit uns?

Einer Marke ein neues Image zu verpassen ist die größte Herausforderung, vor der Marketingexperten stehen können. Das Ergebnis darf die Stammkunden nicht verprellen, muss aber gleichzeitig so attraktiv sein, dass potenzielle neue Kunden aufmerksam werden.

Genau vor dieser Herausforderung stehen wir.

Die Auslöser sind unterschiedlich: ein Blick in den Spiegel, eine aufgeschnappte Bemerkung. Trennung, Entlassung, Krankheit. Plötzlich bröckelt die Fassade. Man gibt uns das Gefühl, nicht mehr mithalten zu können. Andererseits: Wir haben doch positive Eigenschaften!

Doch kommen sie zur Geltung? Oder verbergen wir unsere Aktivposten hinter einem Wall von *gestriger Eigenwilligkeit*? Pochen wir trotzig auf unseren Charakter und beteuern, dass wir uns nicht verbiegen lassen? Weder innerlich noch äußerlich?

***Rainer***

*Rainer war ein Mann, wie ihn Schwiegermütter lieben: solide, zuverlässig, unauffällig. Er kam in unser Seminar, weil er durch die Fusion seiner Bank sich plötzlich dort wieder gefunden hatte, wo er seiner Meinung nach noch lange nicht hingehörte: im vorzeitigen Ruhestand. Doch er konnte den vergoldeten Handschlag nicht genießen, sondern träumte davon, mit Start-up-Firmen zusammenzuarbeiten. »Da kann ich mein ganzes Wissen einbringen«, schwärmte er begeistert. Doch es sah so aus, als wollte ihn niemand haben – die Kontakte rissen nach dem ersten Treffen wieder ab.*

*»Am Telefon hören mir die jungen Chefs noch zu, doch persönlich springt der Funke nicht über. Aber ich kann doch nicht aus meiner Haut. Was erwarten die denn von mir?«*

Sich in der Mitte des Lebens zu verändern erfordert Mut. Denn oft ist es nicht damit getan, dass wir uns einen neuen Anzug oder ein neues Kleid kaufen, manchmal müssen wir unsere Einstellung ändern!

Was sehen Ihre Mitmenschen, wenn Sie Ihnen begegnen? Einen vitalen, dynamischen Menschen, dessen Kalenderalter unbedeutend ist? Oder jemanden, der sich gerade noch behauptet? Welches Bild haben Ihre Kunden von Ihnen?

Sie haben gar keine Kunden? Da irren Sie sich. Aber gewaltig!

Noch immer fällt es uns in Deutschland schwer, im anderen den Kunden zu sehen. Der Chef ist unser Vorgesetzter, die Mitarbeiter sind unsere Kollegen, von Kunden sprechen wir nur im externen Bereich. Doch die IBM-Studie von 1999 zeigt, wie einseitig dieser Blickwinkel ist: Chef und Kollegen sind in Wirklichkeit die Kunden unserer innerbetrieblichen Leistungen!

Sträuben Sie sich gegen diese Sichtweise? Setzt Sie das Wort »Kunde« unter Druck? Wehren Sie sich dagegen, auch im Innenverhältnis ständig auf dem Prüfstand zu stehen? Diese Form des Feedbacks ist heute in vielen Firmen an der Tagesordnung, besonders wenn der Betrieb nach Qualitätsmanagementprinzipien geführt wird. Natürlich gab es zu allen Zeiten Lob und Tadel, doch das beständige Reflektieren der eigenen Leistung, das in vielen Unternehmen inzwischen ein fester Bestandteil der Tätigkeit ist, wurde bis vor einigen Jahren nur in wenigen Organisationen angestrebt. Inzwischen aber setzt sich dieser komplexe Ansatz, ein Unternehmen voranzubringen, immer stärker durch – wenn auch nicht immer mit Erfolg. So scheiterte der Vorstoß des Volkswagenkonzerns, 5000 neue Arbeitsplätze für rund 5000 DM (4500 und 500 DM Prämie) zu schaffen, vorerst nicht zuletzt daran, dass die neuen Arbeitsteams für ihr eigenes Qualitätsmanagement verantwortlich sein sollten. Dies lehnte die Gewerkschaft ab – zu oft seien Managementfehler schuld an Qualitätsmängeln, und die könnten nicht von den Arbeitern verantwortet werden.

Die Verantwortung für unsere äußere Erscheinung können wir nicht delegieren, auch wenn wir uns davor drücken möchten. Würden Sie jetzt gern das Buch aus der Hand legen, sich schmollend zurückziehen oder uns eine kleine Standpauke halten? Schließlich sind Sie doch wohl alt genug, um zu wissen, was gut für Sie ist und was nicht! Und außerdem: Sie liefern eine Leistung ab und für diese Leistung werden Sie bezahlt. Basta.

Von diesem Standpunkt aus gesehen, führt der Weg heute leider nur in eine Sackgasse. Mag er zu Beginn der Industriegesellschaft funktioniert haben, heute erwarten die Unternehmen mehr: dass sich Mitarbeiter einbringen, kreativ denken und handeln und gemeinsam innovativ und begeistert Unternehmensziele ansteuern.

## Auftritt und Angebot

Heute ist uns bewusst, dass alle Kundenbeziehungen auf »Auftritt« und »Angebot« basieren. Dabei spielt es keine Rolle, welche Leistung Sie anbieten, Sie verkaufen immer zuerst sich selbst. Entsprechen Sie – Ihr Auftreten, Ihr Äußeres – nicht den Vorstellungen des Kunden, so gibt er Ihnen oft gar nicht die Chance, zu zeigen, was Sie können.

Große Marken wissen das. Große Marken richten sich danach. Große Marken versuchen ständig, sich aus der Position des Kunden zu betrachten. Diese Perspektive birgt hilfreiche Erkenntnisse.

Und das gilt auch für uns. Was Sie auch sind, Arbeitnehmer, Existenzgründer, Einsteiger oder Umsteiger, mustern Sie sich einmal aus dem Blickwinkel Ihrer »Klienten«. Sehen Sie sich einmal mit den Augen Ihrer »Kunden« – zum Beispiel vor einem Bewerbungsgespräch.

Ihnen kommt diese Aufforderung noch immer seltsam vor? Aber *Sie* sind es doch, der Arbeit anbietet. *Ihr* potenzieller Arbeitgeber will einkaufen, was *Sie* zu bieten haben: *Ihr* Wissen, *Ihr* Können, *Ihre* Erfahrung. Ihre Fähigkeiten aber haben eine Verpackung. Diese Verpackung sind Sie!

Kenner der »Corporate World« bestätigen, dass die Zahlen Albert Mehrabians heute aktueller sind denn je. Denn je komplexer unsere Welt wird, desto intensiver suchen wir nach vertrauten Fixpunkten.

Große Marken wissen das. Sie kommunizieren über ihr Warenzeichen, ihr Logo. Ist die Einführung des Logos gelungen, braucht eine Marke keine Worte mehr. Zeigen Sie einem Autonarren das aufsteigende Pferd und er wird »Ferrari« sagen und mit den Augen rollen. Hört man in Deutschland das Wort »Dr. Oetker«, denkt man an Omas Kuchen und Schokoladenpudding. Überall auf der Welt haben Kinder plötzlich Hunger, wenn das goldene »M« am Horizont auftaucht.

Wie kann das sein?

In unserem Unterbewusstsein haben sich das Markenzeichen und seine Eigenschaften, tatsächliche und ersehnte, zu einem Profil verdichtet.

Wir erkennen einen kleinen Teil und sehen das ganze Bild vor uns. Doch das gilt nicht nur für Warenzeichen, es gilt auch für uns. Wir haben eine Vorstellung davon, wie ein erfolgreicher Geschäftsmann aussieht oder ein Schlagersänger. Wie sich Kompetenz ausdrückt und was wir sympathisch finden.

Dieser Vorgang ist Teil unserer inneren, psychischen Ausstattung. Unser Unterbewusstsein speichert alles, was wir in unserem Leben sehen, hören, schmecken und erfahren, und speichert es in Bildern, mit den dazugehörigen Gefühlen. Nehmen Sie die Farbe Rot – einige von uns werden sie mit Blut assoziieren, andere mit Erdbeermarmelade. Welche Kombination gefühlsmäßig am stärksten besetzt ist, das ist entscheidend.

Wir speichern auch Profile. Mitarbeiter, Kollegen, Chefs, ihre positiven und ihre negativen Eigenschaften ergeben ein charakteristisches Bild. Da wir von Natur aus gerne vereinfachen, tragen wir auch eine ganze Reihe vorgestanzter Profile mit uns herum: unsere Vorurteile. Treffen wir auf andere Menschen, klassifizieren wir – und zwar blitzschnell. Der Erfolgstrainer Frank Maro gibt uns drei, andere Trainer geben uns sieben Sekunden Zeit. Dann, so meinen sie, ist innerlich das erste (und oft entscheidende) Urteil gefallen.

Ob positiv oder negativ, diese Zuordnung hängt davon ab, wie unser Gehirn die aufgenommenen Eindrücke zuordnet. Während es aufnimmt, fahndet es gleichzeitig nach speziell für uns wichtigen Signalen: Je mehr positive Signale wir bei der ersten Begegnung erkennen, desto offener gehen wir auf den anderen zu.

Große Marken wissen, auf welche Signale es ihren Kunden ankommt.

Große Marken haben ein ganz bestimmtes Profil. Wir auch.

Doch so, wie wir unsere wichtigsten Kunden nicht erkennen, so sehen wir auch uns selbst nicht klar. Wir betrachten uns von innen nach außen, durch die Brille unserer Emotionen. Besonders in Zeiten des Umbruchs verwischen sich unsere Konturen. Oft sind wir es selbst, die nicht mehr wagen, Stellung zu beziehen, weil wir zu verunsichert sind. Ein Mensch, der schwankt wie ein Rohr im Wind, macht keinen Vertrauen erweckenden Eindruck. In der Mitte unseres Lebens sollten wir zu unseren Eigenheiten stehen und doch neugierig bleiben: Gibt es neue Erkenntnisse, neue Wege, neue Möglichkeiten?

Versuchen Sie diese Einstellung in Ihrem Äußeren zu zeigen. Definieren Sie Ihre Kernqualitäten und signalisieren Sie diese auch äußerlich.

Entscheiden Sie sich für einen Standard und halten Sie ihn aufrecht bei allem, was Sie tun. Es ist viel einfacher, positiv zu denken und konstruktiv zu handeln, wenn die »Rahmenbedingungen« stimmen. Auch wenn Sie vielleicht im Augenblick nicht so ganz genau wissen, wie es weitergehen soll – ist das ein Grund, sich im Jogginganzug zurückzuziehen? Je schwieriger die Situation, desto mehr Gewicht sollten wir auf unser Aussehen legen. Leider machen wir es eher umgekehrt.

Sie werfen ein, dass Sie über Äußerlichkeiten hinaus sind. Das mag für Sie zutreffen, doch gilt das auch für Ihr Gegenüber, Ihren Gesprächspartner? Können Sie von Ihren Kunden verlangen, die Botschaft des ersten Eindrucks nicht zu interpretieren? In vielen Fällen werden Sie hart arbeiten müssen, um einen ungünstigen Start zu ihren Gunsten zu revidieren, in anderen Fällen werden Sie dazu gar keine Chance erhalten. Wollen Sie sich das leisten?

*Rainer trug noch immer jene Anzüge, die ihm in seiner ehemaligen Bank gute Dienste geleistet hatten. Doch nun, ohne den Rahmen der Institution, wirkten sie leicht antiquiert. Wollte Rainer jetzt erfolgreich sein, musste er dynamisch und erfolgsorientiert wirken.*

## Das Äußere

Entwerfen Sie das Äußere Ihrer »Marke Ich«.

Listen Sie auf, wofür Sie stehen und wie Sie von Ihren Kunden gesehen werden möchten. Welche Werte möchten Sie transportieren? Erfahrung und Zuverlässigkeit? Kreativität und Dynamik? Dann sollte Ihre Erscheinung genau das ausdrücken. Gehen Sie in ein gutes Geschäft und lassen Sie sich beraten. Probieren Sie alles an, was Ihnen das Fachpersonal vorschlägt. Studieren Sie sich im Spiegel. Denken Sie weder an die Kosten noch an den Verkäufer. Gehen Sie in das nächste Geschäft und wiederholen Sie die Prozedur. Vielleicht sogar ein drittes Mal.

Sollten Sie zögern, die ersten Geschäfte in Ihrer Stadt zu betreten, so denken Sie sich eine kleine Geschichte aus: Sie waren drei Jahre in einem Forschungscamp in Norwegen stationiert oder kommen geradewegs von einer Ölplattform in der Nordsee. Nun müssen Sie in Ihrer Firma ein Referat halten und haben nichts anzuziehen. Was kann man Ihnen empfehlen? Fragen Sie auch ganz unbefangen, was man von Ihren Haaren hält, ob die Farbe noch stimmt oder der Bart getrimmt werden muss.

Vergleichen Sie die Auswahl, die das Fachpersonal für Sie trifft, sortieren Sie aber auffallend modische Extravaganzen aus, konzentrieren Sie sich auf die klassi-

**Meine Marke Ich**

- erfahren
- zuverlässig
- kreativ
- dynamisch
- trendig
- etc.

schen Vorschläge. Stimmt das Angebot in Farbe und Stil überein, oder »interpretiert« man Sie ganz unterschiedlich? Wenn Ihnen diese Übung so unangenehm ist, dass Sie sie vermeiden wollen, machen Sie sich bitte eines klar: Erfolgreiche Männer und Frauen überlassen ihr Äußeres in der Regel nicht dem Zufall, sondern dem Schneider oder einer versierten Fachkraft in einem renommierten Geschäft, immer häufiger sogar einem Stylisten. Es ist sehr schwer, selbst ein unbestechliches Auge zu entwickeln. Doch sich anzuschauen, was Experten für richtig halten, ist der erste Schritt in die richtige Richtung. Besonders bei Figurproblemem weiß das Fachpersonal Rat. Zu weite, schlecht sitzende Garderobe ist ein echter »Ältermacher«. Zu enge deutet an, dass die Selbstwahrnehmung getrübt ist – vielleicht sogar die Disziplin.

Versuchen Sie sich mit anderen Augen zu betrachten, stellen Sie sich im Geiste neben sich. Wie würden Sie die Person im Spiegel einschätzen, würden Sie ihr zum ersten Mal begegnen?

Studieren Sie die Vorschläge, die Ihnen am besten gefallen, bis Sie sie mit geschlossenen Augen vor sich sehen. Achten Sie besonders auf die Details: Knöpfe, Futter, Nähte, diese Einzelheiten verraten Qualität. Prägen Sie sich die Farbkombinationen ein. Fragen Sie, welchen Schuh Sie zu Ihrem Outfit wählen sollen, bedanken Sie sich und verlassen Sie beschwingten Schrittes das Geschäft. Nun wissen Sie, was Sie aus sich machen können.

*Rainer war zuerst empört, als wir anregten, einen kleinen Teil seiner Abfindung in eine neue Garderobe zu investieren, er hielt es wohl für Verschwendung. Doch dann ließ er sich überreden, es mit einem Anzug zu versuchen.*

In der Mitte unseres Lebens haben wir uns oft so an unser Aussehen gewöhnt, dass wir uns nicht mehr richtig wahrnehmen.

Manchmal hängen wir stilistisch in einer »Epoche« fest, in der es uns besonders gut ging, oder wir kopieren einen Look, den wir noch immer für »cool« halten, der es aber schon lange nicht mehr ist. So waren Jeans, Jackett und Turnschuhe einmal eine Alternative zum Anzug, doch der dynamische Eindruck dieser Kombination ist längst ergraut.

Lassen Sie sich deshalb zeigen, wie erfahrene Fachleute Sie sehen, das klärt den eigenen Blick. Nehmen Sie die Vorschläge als Anhaltspunkt und versuchen Sie diese mit Ihren Mitteln zu verwirklichen. Wählen Sie in Ihrem Preissegment immer das Beste, aber gehen Sie beim Einkaufen strategisch vor, wahrscheinlich müssen Sie Bestehendes nur ergänzen, brauchen nur wenige Teile, um Ihr neues Image zu demonstrieren. Können Sie eine Woche gut gekleidet überstehen, haben Sie den Grundstein gelegt. Planen Sie größere Anschaffungen, denken Sie daran, dass Ihre Businessgarderobe eine geschäftliche Investition ist und kein Luxus.

Gehen Sie bitte auch entsprechend mit ihr um! Gönnen Sie ihr passende Bügel, Schuhspanner und frische Luft.

## Der Auftritt

Haben Sie die äußere Schale Ihrer »Marke Ich« gefunden, fragen Sie sich nach Ihrem Auftritt. Schütteln Sie jetzt bitte nicht genervt den Kopf, sondern lassen Sie uns erklären, was wir darunter verstehen.

Wie oft ist es Ihnen schon passiert, dass Sie mit jemandem zusammentrafen, mit dem Sie nicht ins Geschäft kamen? Die Verhandlung platzte, das Gespräch führte zu keinem Konsens, das Meeting war vertane Zeit – doch etwas blieb: der Eindruck, den Sie bei den Teilnehmern erweckten. Dieser Eindruck hinterließ eine Spur. Oder haben Sie Ihre Gesprächspartner nach dem Treffen etwa nicht beurteilt? Wie fiel Ihr Urteil aus? »Langweiliger Abnicker, penetranter Selbstdarsteller, angenehmer Zeitgenosse?« Oder schoss Ihnen durch den Kopf: Mit dem möchte ich zusammenarbeiten?

Genau das ist es, was wir meinen: Wir hinterlassen immer einen ersten Eindruck.

## »Guten Tag« sagen

Natürlich können Sie die Situation dem Zufall überlassen, doch was sagen Sie, nachdem Sie »Guten Tag« gesagt haben? Es war Eric Berne[8], Dozent an der University of California Medical School, der mit dieser, wie er es selbst formulierte, stümperhaften Frage Fachkollegen und Manager zugleich verblüffte und ihnen anhand von Beispielen aufzeigte, dass diese Frage tatsächlich *die* Frage ist. Denn sie enthalte nicht nur die Urfrage der Sozialpsychologie »Warum reden die Menschen miteinander?«, sondern zugleich auch die Urfrage der Sozialpsychiatrie »Warum wollen die Menschen so gern, dass andere sie mögen?«

Eric Berne ist davon überzeugt: »Auf die rechte Art Guten Tag zu sagen bedeutet, dass die Menschen einen auch wirklich wahrnehmen, dass sie einen als ein ganz bestimmtes Phänomen in ihr Bewusstsein einrücken und dort ein Ereignis werden lassen.« Doch wie sagt man auf die richtige Art und Weise Guten Tag? Eric Berne empfielt, den ganzen Ballast abzuwerfen, der sich im Kopf angesammelt hat und sich bewusst zu sein, dass sich dieses spezielle »Guten Tag« in dieser Form niemals wiederholen wird.

Wäre es nicht schön, diese besondere Form der Begrüßung in der zweiten Hälfte des Lebens zu meistern?

Oder sind wir schon zu festgelegt, um uns so unvoreingenommen zu verhalten? Haben wir unseren Ballast, »die Nachwehen aller Ressentiments, die wir jemals erfahren haben, und die Vorauswirkungen aller Schwierigkeiten, in die wir uns hineinzumanövrieren trachten« – wie Berne ihn nennt –, gar lieb gewonnen?

Wie oft stoßen wir auf dieses resignative Festhalten am Vergangenen! Es tarnt sich pragmatisch hinter der Vernunft: Realistisch, ohne Illusionen, sich nichts mehr vormachend, so glauben diese Menschen besser durchs Leben zu gehen. Empört fordern sie andere auf, ihre negative Sichtweise zu teilen. Nun, oft lässt sich die pessimistische Sichtweise tatsächlich nicht leugnen, doch bringt sie uns weiter? Die Analyse des Istzustandes ist eine Standortbestimmung, mehr nicht. Pessimisten gehen davon aus, dass sich auch in Zukunft nichts ändern wird – Optimisten glauben, dass sie, wenn sie wollen, in Zukunft ein Wörtchen mitreden können. Pessimisten versperren mit ihrer Einstellung Änderungen möglicherweise den Weg, während Optimisten ihnen die Tür öffnen.

Warum müssen wir unsere Persönlichkeit ändern, wenn unsere Lebensumstände in Bewegung geraten? Besonders auffällig ist dieser Wandel im Zusammenhang mit der Macht, die mit einer Position verbunden sein kann: Haben wir sie verloren, ändern wir uns, steht sie plötzlich vor uns, auch. Früher war Positionsmacht eine der Belohnungen, die bei Aufstieg winkten. Ein größeres Büro und ein längerer Arm gingen Hand in Hand. So gibt es in flacheren Hierarchien nicht nur weniger Beständigkeit und weniger Posten, sondern auch weniger Privilegien.

Was bedeutet das für uns?

Beziehen Sie Ihr Selbstbewusstein aus Ihrer Persönlichkeit! Wahre Macht geht immer von innen aus – verliehene Macht ist so flüchtig wie geborgte. Die einzige Macht, die wir wirklich besitzen, ist die Summe aller Eigenschaften, die uns auszeichnen: unsere Kreativität, unsere Freude, unser Zorn, unsere Energie – der Fingerabdruck unserer Seele, wie Gerry Spence[9], Amerikas Anwalt Nummer eins, diese Form der Macht nennt. Diese Macht begleitet uns und zeigt sich in allem, was wir tun. Haben wir unsere »Marke Ich« geschaffen, dann können schon winzige Äußerlichkeiten diese innere Macht ausdrücken, und der Haloeffekt spricht für uns, das heißt, das Urteil, das unsere Umwelt oft aus einer Kleinigkeit, zum Beispiel der Brille, über unsere Gesamtpersönlichkeit fällt, ist im positiven Sinne zutreffend. Signalisieren Sie darum immer *persönliche* Kompetenz, nicht die vorübergehende Macht eines Amtes.

*Rainer kleidete sich nicht nur neu ein. Er erkannte, dass er ohne den schützenden Rahmen seiner »Exbank« auch dynamischer auftreten musste. Er allein musste wirken – ohne das Prestige eines seit Jahrzehnten etablierten Bankhauses.*

## Sich selbst sein

Wenn Sie sich neu orientieren wollen: Seien Sie so, wie es Ihrem positiven Wesen entspricht! Status, der sich auf vergangene Erfolge stützt, wirkt peinlich, Minderwertigkeitsgefühle, die von vergangenen Fehlschlägen herrühren, wirken beschämend. Niemand arbeitet gern mit einem wandelnden Schuldgefühl zusammen! Ihre Gesprächspartner wollen wissen, wer Sie heute sind! Erfolge von gestern haben für Ihre Kunden nur dann eine Bedeutung, wenn sich daraus entscheidende Faktoren für die Zusammenarbeit von morgen ableiten lassen, Misserfolge sind nur dann interessant, wenn Sie gleichzeitig die Lehre präsentieren, die Sie daraus gezogen haben.

Seien Sie Sie selbst: eine lebendige Persönlichkeit in einem klaren Rahmen. Fragen Sie sich dabei immer wieder, wer ist der Maßstab? Mein Kunde oder ich? Wie nimmt er mich wahr?

Erinnern Sie sich daran, dass diese Frage natürlich auch etwas mit Attraktivität und Äußerlichkeiten zu tun hat, aber sehr viel mehr mit Vertrauen, Glaubwürdigkeit und Qualität. Diese Werte können wir transportieren, auch wenn wir nicht im klassischen Sinne schön sind.

Das bedeutet nicht, dass wir unsere Pflege auf das Notwendige beschränken dürfen. Noch nie gab es so viele Mittel, um jung und fit zu bleiben: vom Cremetiegel bis zu Stahl und Strahl können wir im Kampf gegen das Altern auf eine Armada von Helfern zurückgreifen, von denen vergangene Generationen nicht zu träumen wagten. Doch das Lager der Nutzer dieser Hilfsmittel scheint sich in der Mitte des Lebens zu spalten: Die einen übertreiben, die anderen verweigern ihren Einsatz. Sie allein können das richtige Maß bestimmen, denn es richtet sich – Sie ahnen es schon – auch nach Ihren Kunden. Was in der einen Umgebung Standard ist, gilt in einer anderen als Luxus. Orientieren Sie sich immer eine Stufe höher – Sie wollen Erfolg signalisieren und keinen Stillstand.

## Stil 50*

Werden Sie ein Meister im Verbinden: von Vorstellungen, Generationen, Stilen und Zielen. Seien Sie lebendig. Leben Sie im Hier und Jetzt. Zeigen Sie Emotionen, denn die sind wieder erlaubt, solange Sie den kühlen Kopf darüber nicht vergessen. Verwirklichen Sie Ihre Vorstellung: Entwickeln Sie Ihre ganz persönliche »Marke Ich«.

Doch bleiben Sie spontan. Würzen Sie die »Marke Ich« hin

und wieder mit einer positiven Überraschung. Denn darin liegt der entscheidende Unterschied: Markenzeichen lassen sich am Reißbrett entwerfen, Menschen nicht.

## Knigge 50*

Müssen wir uns mit 50* anders benehmen als mit 20? Natürlich, doch das ist es nicht allein: Heute muss sich auch ein junger Mensch anders benehmen, als es in unserer Jugend angesagt war.

Die Welt ist kleiner geworden, nicht nur Europa wächst zusammen. Für viele Unternehmen ist das »global village« bereits Realität, sie fühlen sich als »Global Citizens«, die dort tätig werden, wo der Markt Profit verspricht. Heute hier, morgen da. Die Standortfrage wird nicht nur von Firmenaufkäufen und -zusammenschlüssen bestimmt, sondern ist häufig die Folge eines ausgeklügelten Mix logistischer, sozialer und kultureller Faktoren, bei dem die Zugeständnisse nationaler Regierungen eine erhebliche Rolle spielen.

Diese »Internationalisierung« hat Folgen, auch bisher national gemanagte Firmen werden multikulturell. So begrüßte die Deutsche Bank vor einigen Jahren die ersten Amerikaner – Edson Mitchell und Michael Philipp – in ihrem Vorstand. Der neu gegründete Aventis-Konzern wird von einem deutsch-französischen Team geleitet. »Mulikulti« ist längst deutsche Realität: Weltweit fahnden die Betriebe und Unternehmensberater an Eliteuniversitäten nach »High Potentials«.

»Wir suchen und entwickeln Potenzkandidaten«, meint Alfred Lange, Leiter Corporate Development des Hamburger Industriekonzerns Beiersdorf, »egal, ob sie aus Frankreich, England oder Deutschland kommen.«[10]

Vielleicht haben auch Sie schon Kollegen verschiedener Nationalitäten, vielleicht kommunizieren Sie weltweit mit Ihren Kunden. Doch wohin Sie auch blicken – Manieren stehen wieder hoch im Kurs.

»Multikulturelles Benehmen« geht jedoch über Etiketteregeln hinaus und ist ohne ein entsprechendes Training kaum zu verwirklichen.

»85 Prozent aller Unternehmen schicken ihre Mitarbeiter unvorbereitet in die interkulturelle Zusammenarbeit«[11], sagt Jürgen Rothlauf, Professor an der Fachhochschule in Stralsund. Noch gibt es ihn, den deutschen Manager, der ungeschult zu einem Auslandsaufenthalt aufbricht, um dem Personal vor Ort zu erklären, »wie's Business funktioniert«. Doch »eine gescheiterte Auslandsentsendung kostet schnell 250.000 DM«, meint Hans Jürgen Brackmann, Bildungsexperte bei der Bundesvereinigung der Deutschen Arbeitgeberverbände, BDA, und ergänzt: »Die Leute springen als Tiger ab und enden als Bettvorleger.«[12]

Wir müssen nicht ins Ausland reisen, um auf die Folgen gescheiterter Integrationen zu stoßen. Haben wir Deutsche nicht in den letzten Jahren im eigenen Land erfahren, wie schwierig und teuer es ist, wenn »zusammenwächst, was zusammengehört«? Wie viel schwieriger jedoch ist das Überwinden interkultureller und sprachlicher Barrieren, wenn jahrtausendalte Religionen, Überzeugungen und Wertvorstellungen die Menschen unterschiedlich geprägt haben?

Hier können wir mit 50* glänzen.

Herzensbildung kommt aus der Erfahrung – zeigen Sie Souveränität in jeder Situation. Ob Sie eine Banane in der Öffentlichkeit mit Messer und Gabel essen müssen, die Kiwi köpfen dürfen wie ein Ei oder die Suppe aus der Tasse trinken können – diese Einzelheiten lassen sich in Standardwerken nachlesen.

Sie können lernen, Hummer und Schnecken stilgerecht zu Leibe zu rücken, Artischocken elegant zu zerpflücken und Spargel zeitgemäß zu schneiden, doch um wirklich »anzukommen«, müssen Sie Menschen wirklich mögen.

## Ich bin okay – du bist okay

Dieser Schlüsselsatz aus der Transaktionsanalyse Eric Bernes ist auch die Basis guten Verhaltens. Wer möchte nicht wertgeschätzt werden? Jeder Mitarbeiter, jeder Kollege, jeder Kunde möchte spüren, dass er als Mensch angenommen wird, gleichgültig, wie es um seine fachliche Leistung bestellt ist. Hier gibt es in vielen Firmen große Defizite, die dann unter dem Wort »Mobbing« subsummiert und häufig an Spezialisten verwiesen werden. Doch »Mobbing« kann ohne ein bestimmtes Betriebsklima gar nicht entstehen.

Doch gehen Sie noch einen Schritt weiter – interessieren Sie sich *wirklich* für die Menschen, mit denen Sie es zu tun haben. Lernen Sie so viel wie möglich über ihre Kultur, ihre Geschichte, ihre Religion, regen Sie in Ihrem Unternehmen ein interkulturelles Training an.

»Das ist gut angelegtes Geld«, sagt Rothlauf, doch ein Training allein wird keine interkulturelle Kompetenz schaffen. So schulte zum Beispiel der BASF-Konzern im vergangenen Jahr 330 Mitarbeiter mit ihren Lebenspartnern für einen Auslandsaufenthalt in China, Malaysia, den USA, Frankreich, England und Spanien über einen Zeitraum von drei Monaten hinweg und entwarf ein spezielles Leitfragenpaket zur Verbesserung des interkulturellen Wissens.

Machen Sie sich zu einem Spezialisten internationaler Kultur.

Mit 50* sind wir in diesem Punkt oft ein wenig halsstarrig.

Wie ein trotziges Kind fragen wir: Warum immer ich? Warum nicht die anderen?

Weil Sie klug sind. Weil Sie sich beruflich neu orientieren wollen, weil Sie sich nicht darauf verlassen, dass die anderen Ihre Hausaufgaben machen.

Fragen Sie sich: Gibt es in meinem zukünftigen Unternehmen multikulturelle Verbindungen? Gibt es weltweite Niederlassungen oder Bestrebungen, mit Niederlassungen anderer Unternehmen ins Geschäft zu kommen? Kann ich meine Ausgangsposition verbessern, wenn ich beim Jobinterview durchblicken lasse, dass ich mich intensiv für andere Kulturen interessiere? War ich vielleicht für eine Firma im Ausland und kann als »Expatriate« einer Firma einen unschätzbaren Dienst erweisen? »Diese Mitarbeiter, die von Auslandseinsätzen ins Mutterland zurückkehren, haben die besten Primärinformationen«, glaubt Jürgen Rothlauf, doch er bedauert, dass diese Quelle noch immer zu wenig genutzt wird. »Das zeigt, dass viele Unternehmen noch nicht in der Lage sind, das Wissen ihrer Rückkehrer zu nutzen.«

Verfügen Sie über Auslandserfahrung? Dann bieten Sie Ihr Wissen an! Vielleicht kann eine andere Firma gut gebrauchen, was Ihre eigene noch verschmäht?

Schlagen Sie aus Ihren interkulturellen Fähigkeiten Kapital. Aber bitte machen Sie nicht den Fehler, auf den Lothar Diete, Trainingskoordinator bei »Die Akademie«, Bad Harzburg, hinweist: »Manche Manager glauben, sie kennen Mentalität und Geschäftskultur der Amerikaner, wenn sie ein paarmal dort gewesen sind. Prompt kommen dann die Überraschungen.«

Sensibilisieren Sie sich privat und beruflich für interkulturelles Verhalten. Machen Sie es dabei, wie es Micheal Müller, Personalleiter bei der DASA in Toulouse empfiehlt: Bereiten Sie sich mononational vor. »Es ist sinnvoll, erst einmal die Hintergründe zu kennen«, rät auch der Experte für interkulturelle Psychologie, Alexander Thomas.

Aktivieren Sie Ihre Quellen und studieren Sie alle Bücher, die Sie auftreiben können.

Die wichtigsten Unterschiede auf einen Blick:

**Amerikaner**
- halten sich gern an die Empfehlung der Harvard-Business-School: hart in der Sache, menschlich im Ton
- arbeiten zielorientiert
- vertragen sachliche Kritik
- ändern ihr Konzept, wenn es dadurch besser wird
- reden nicht lange um den heißen Brei herum
- sind risikofreudig
- sprechen auch außerhalb der Arbeitszeiten mit Partnern über berufliche Themen
- denken individualistisch

**Franzosen**
- bewältigen mit Spaß mehrere Aufgaben gleichzeitig
- telefonieren viel, notieren wenig
- sind stark in Visionen und Außendarstellung
- verlangen mehr als Expertentum
- legen bei Konzepten erst die große Linie fest
- sind beziehungsorientiert
- nehmen Kontakte sehr wichtig
- schätzen es, sich Zeit zu nehmen

**Asiaten**
- bauen Beziehungen auf, bevor es ums Geschäft geht
- legen Wert auf Rituale wie gemeinsames Essen
- geben keine direkte Kritik
- verhalten sich so, dass niemand das Gesicht verliert
- halten den Chef für den Mächtigsten, den man nicht sieht
- denken in konzentrischen Kreisen
- halten gerne Reden, auch ohne Bezug zum Geschäft

**Deutsche**
- sind bei der Planung detailfreudig
- arbeiten stark konzeptorientiert
- sind sachorientiert
- denken linear
- haben nicht selten Besserwissermentalität

Quelle: managerSeminare, *axg*

Die wichtigste Eigenschaft bei allen zwischenmenschlichen Kontakten ist und bleibt aber die Menschlichkeit. Mit 50* haben Sie hier einen unschätzbaren Aktivposten. Bringen Sie Ihre Erfahrungen richtig ein! Zeigen Sie, dass Sie es im Laufe Ihres Lebens gelernt haben, nicht zu be-werten und nicht zu ver-urteilen, sondern sich immer wieder die wichtigsten Fragen zu stellen: Was ist?, Was war?, Was soll werden? Machen Sie Ihre Ausgangsposition deutlich und arbeiten Sie die Stärken Ihrer Umgebung heraus. Auch wenn es Ihnen vielleicht auf den ersten Blick nicht so vorkommen mag, aber auf kaum einem Feld können Sie Ihre »Erfahrungsintelligenz« so demonstrativ einsetzen. Voraussetzung: Sie überwinden Vorurteile. Ihre und die der anderen.

Dann werden Sie der Stärkste werden.

Persönlich, menschlich, fachlich.

# 2. Effektiv denken

*Du bist heute das Ergebnis dessen,*
*was du gestern gedacht hast.*

Buddha

## Mental Attitude

Schürften frühere Generationen nach Eisenerz, Öl oder Gold, so schürfen wir heute nach Wissen: Unsere Zeit ist fasziniert von der Ressource »Geist«. Unseren Schatz finden wir weder am Cripple Creek, noch am Klondike, sondern im eigenen Kopf. Hier spielt die Musik. Und wer sie nicht zum Klingen bringt, hat ausgespielt?

Wir haben uns aufgemacht in die Wissensgesellschaft. Wissen, so hören wir überall, ist der wichtigste Rohstoff der Zukunft. John Naisbitt, »Oberguru« der amerikanischen Zukunftsforscher, schreibt den Unternehmen ins Stammbuch: Sichern Sie sich diesen Rohstoff!

Auch bei uns sind Fort- und Weiterbildungen nicht mehr wegzudenken. Kaum eine Firma verzichtet auf die Qualifizierung ihrer Mitarbeiter, sie ist in einigen Bereichen, wie zum Beispiel der Metallindustrie, bereits tariflich festgelegt, sogar für ungelernte Arbeitskräfte. »Lebenslanges Lernen« lautet das Schlagwort, das unsere Gesellschaft durchdringt. »Wer aufhört zu lernen, hört auf zu leben«, behauptet gar die Münchner Volkshochschule, die sich gern als »Hochschule der Zukunft« feiern lässt, und fordert die Bürger auf, aktiv zu werden. Ist Lernen nicht nur der Schlüssel zur Ressource »Geist«, sondern auch das Geheimnis eines erfüllten Lebens?

»Lernen«, so meinte der Böhme Komensky, genannt Comenius, Theologe, Pädagoge und Bischof von Böhmen, schon im 17. Jahrhundert, »ist die Erweiterung des Wissens, Könnens und Glaubens«, und er fügte weise hinzu: »Lernen muss man erst lernen.«

Lernen und Denken gehen Hand in Hand. Um denken zu können, müssen wir erst einmal lernen: Die Schule vermittelt uns die Grundbausteine unseres Wissens. Haben wir sie mit mehr oder weniger Erfolg eingetrichtert bekommen, können wir rechnen, lesen und schreiben.

## Lebenslanges Lernen

Doch für die meisten von uns muss in der Schule etwas schief gelaufen sein: Zu lernen macht uns keinen Spaß, die aktuelle Formel vom »lebenslangen Lernen« setzt uns unter Druck. Aber es scheint kein Entrinnen zu geben: ob wir Chefarzt sind oder medizinisch-technische Assistentin, Maschinenbauer oder Buchhalterin, unsere Berufsfelder verändern sich in noch nie da gewesener Geschwindigkeit. Und täglich kommen neue hinzu. Viele junge Menschen sind in Berufen tätig, von denen wir noch nie etwas gehört haben, und diese Felder verändern auch unseren Arbeitsplatz. Sich dagegen zu wehren, kann sich keine Firma lange leisten, denn Bereiche, die sich abzuschotten versuchen, werden abgehängt. Heute lernt nicht mehr nur der Einzelne, inzwischen lernen ganze Organisationen.

Dieser Realität müssen wir uns stellen. Diese Erkenntnis ist hart und sie trifft uns oft zu einem Zeitpunkt, an dem wir mit weiteren Unsicherheiten zu kämpfen haben: Wir müssen mehr für unsere äußere Attraktivität und unsere körperliche Fitness tun. Wir können es nicht leugnen: Die zweite Hälfte unseres Lebens hat begonnen.

Unsere Eltern und Großeltern hatten es hier leichter: Fünfzig? In diesem Alter standen sie praktisch auf dem Höhepunkt ihres Könnens. Junge Wilde? Natürlich, die gab es auch zu ihrer Zeit, doch was im Alltag zählte, waren gelebte Erfahrungen. Man kannte sein Metier, die Kunden, die Konkurrenz und die Kollegen. Die ersten grauen Haare? Ein kleines Bäuchlein? Sie waren anerkannte Symbole, bezeugten Status und Respektabilität und setzten ein Signal – lange bevor man sein Können unter Beweis stellen musste.

Auch das ist vorbei. Älter auszusehen ist für uns kein Zeichen von Reife mehr, sondern deutet darauf hin, dass wir nicht richtig mit uns umgehen: Wir essen zu viel, bewegen uns zu wenig und haben nicht die richtige Einstellung.

## Die Einstellung

Doch gerade auf die Einstellung kommt es an! Auch diese Ermahnung ärgert uns. Was hat unsere Einstellung mit all dem zu tun? Genügt es nicht, wenn wir unsere Pflicht tun? Unsere Arbeit anständig machen und unsere Aufgaben erledigen? Doch immer wieder wird behauptet, dass es unsere Einstellung ist, mit der wir uns selbst im Wege stehen. Und wenn es stimmt?

Wenn mentales Training und positives Denken, wenn unsere »mental attitude« tatsächlich den entscheidenden Unterschied macht?

In den letzten Jahren stellten Wissenschaftler beinahe jede These, die über das Denken aufgestellt worden war, wieder auf den Kopf. Glaubte die eine Disziplin, den Stein der Weisen gefunden zu haben, wurde dies von einer anderen prompt widerrufen.

Es stellte sich nämlich heraus, dass sich die Erforschung des Denkens nicht allein auf ein Gebiet beschränkte: Neurobiologie und Psychologie waren offensichtlich ebenso daran beteiligt wie die Physik.

Je mehr sich die Forscher mit dem Denken beschäftigen, desto deutlicher wird: Es ist offenbar wirklich nicht nur eine Frage des Verstandes. Ist die Art, wie wir denken, genauso wichtig wie das, was wir denken? Können wir unsere Gedanken überhaupt von unserer Art zu denken trennen? Hat das Denken nicht nur etwas mit dem Gehirn, sondern mit dem ganzen Menschen, mit seiner ganzen Persönlichkeit zu tun? Entscheidet der Zufall über Erfolg oder Misserfolg unserer Gedanken? Oder besteht eine Verbindung zwischen unserer Art zu denken und den Erfahrungen, die wir machen?

Diese Fragen sind nicht neu. Sie beschäftigen die Menschen seit Jahrhunderten. Doch erst jetzt liefert die Avantgarde der Naturwissenschaftler eindeutige Beweise für die uralte Vermutung:

So wie du denkst, so wirst du sein.

## Wie unser Gehirn funktioniert

Wir denken ungefähr 70 000 Gedanken am Tag und glauben, unsere Gedanken sind frei. Doch das ist ein gefährlicher Irrtum: Jeder Gedanke fordert seinen Tribut, physisch und psychisch, denn er hat eine zweifache Wirkung: nach innen und nach außen. Während sich unsere Umwelt aber von unseren Gedanken distanzieren kann, können wir selbst es nicht. Wir sind unseren Gedanken ausgeliefert – Denken und Sein sind im Menschen untrennbar miteinander verbunden.

Eine der interessantesten populärwissenschaftlichen Interpretationen über die Funktionsweise des menschlichen Gehirns kommt von dem berühmten amerikanischen Sport- und Wirtschaftspsychologen James E. Loehr.[13] Sie stellt manche alten Vorstellungen auf den Kopf und widerlegt auch die gängige

Meinung über Stress. Loehr, der seine revolutionären Theorien zuerst an Tennis- und Golfspielern testete (unter seiner Führung gewannen nicht nur Sergi Bruguera und Pete Sampras, sondern auch Arantxa Sanchez-Vicario, Gabriela Sabatini und Monica Seles die wichtigsten Turniere ihrer Laufbahn), ist seit 25 Jahren fasziniert von einem einzigen Wort: Performance. Leistungen sind seine Leidenschaft, Spitzenleistungen sein Geschäft. In welchem mentalen und körperlichen Zustand werden sie erbracht? Wie viel Anspannung, wie viel Entspannung, wie viel Stress braucht ein Athlet, um über sich selbst hinauszuwachsen? Kommt es auf das Training an, die richtige Technik oder den ultimativen Vitamincocktail? Oder ist es doch der blanke Wille, der Menschen zu ungeahnten Höchstleistungen treibt?

Zu Beginn seiner Forschungen befragte Loehr mehr als 400 Spitzensportler. Ihre Antworten überraschten ihn. Immer wieder hörte er die gleichen Worte: Ich war entspannt, ruhig, positiv und energetisch. Agierte ohne Anstrengung, war zuversichtlich und fokussiert. Ein Sportler nach dem anderen beschrieb weder ein ausgefeiltes Muskelspiel noch eine besondere Herzfrequenz, sondern einen emotionalen Zustand! Loehr staunte. Doch die überraschendste Entdeckung: Dieser immer wieder beschriebene Zustand war offenbar keine angeborene Reaktion, sondern eine erlernte! Eine ungewöhnliche Reaktion auf ungewöhnlichen Stress!

Loehr forschte weiter. Konnte es sein, dass weder betonte Dominanz noch gereizte Stimulanz, sondern Kraft spendende Balance die richtige Antwort auf die Herausforderungen eines Turnieres war? Kam es im Wettkampf also tatsächlich weniger auf die körperliche Verfassung und den Trainingsstatus als auf die emotionale Reaktion an? War diese emotionale Reaktion auf die Reize des Ereignisses der entscheidende Faktor? Um es klarzustellen: Ohne körperliches Training geht es nicht. Im Gegenteil: Ohne einen bis in alle Einzelheiten ausgeklügelten Trainingsplan kann heute niemand mehr im Leistungssport bestehen, liegen zwischen Siegen und Verlieren doch oft nur Bruchteile von Sekunden. Was aber ist das Zünglein an der Waage, wo liegt der entscheidende Unterschied?

Loehr kam schließlich zu der Überzeugung, der wichtigste Muskel, den ein Sportler trainieren müsse, sei weder der vierköpfige Oberschenkel- noch der zweiköpfige Unterarmmuskel, sondern sein Gehirn. Die wahre Herausforderung eines Grand Slam liege auf der mentalen Ebene: Spielentscheidend seien weder Rückhand noch Aufschlag, spielentscheidend sei die emotionale Reaktion des Sportlers auf den Stress des Wettkampfs. Sie entscheide, wie er denke und handle, sie entscheide über Sieg oder Niederlage.

Inzwischen haben seine faszinierenden Thesen auch die Geschäftswelt erreicht. Ob die Banker von Merill Lynch oder die Verkaufsmanager von Estée Lauder, die »Corporate Athletes« wie Loehr liebevoll die Managerinnen und Manager der Unternehmen nennt, die seinen Rat suchen, alle befolgen seine Thesen genauso engagiert wie seine Sportler. Denn er hat einen Weg entdeckt, der konstante Spitzenleistungen möglich macht. Die Route führt Sportler und Manager in einen Zustand, den er den »Ideal Performance State«, IPS, nennt.

## Der »Ideal Performance State«

Der IPS – die Summe innerer und äußerer Verfassung – ist seiner Meinung nach die Ausgangsbasis aller Spitzenleistungen, gleichgültig auf welchem Gebiet. Doch das Erstaunliche: Dieser IPS ist weder ererbt noch Zufall, er ist erlernt! Und genau wie

Ärger oder Furcht hat auch er eine starke emotionale Komponente. Doch während negative Gefühle im Körper abwehrende Reaktionen auslösen, ist der Mensch im »IPS« in der Lage, seine Talente und Fähigkeiten zu nutzen, auch unter Druck. Das Gehirn reagiert, wie der Mensch es will, und nicht, wie Gefühle es auslösen.

Doch um diesen Zustand zu erreichen, müsse der Mensch lernen, die Folgen der emotionalen Reaktionen seines Gehirns zu beeinflussen.

Die emotionalen Reaktionen seines Gehirns?

Für Loehr steht fest, was auch Neurobiologen heute als gesichert ansehen:

## Die emotionale Reaktion des Gehirns

Unsere intellektuellen Fähigkeiten bildeten sich wesentlich später heraus als unsere emotionalen. Unser logisches Denken ist also vergleichsweise jung. Im Laufe der Evolution entwickelte sich zuerst das Reptilienhirn – der Name deutet darauf hin, dass es bei Tieren ähnliche Strukturen gibt – und das limbische System, zu dem der Hypothalamus, der Thalamus und weitere Schaltzentralen, genannt Kerne, gehören. Das limbische System wirkt durch Gefühle, und hier spielt laut Loehr die Amygdala eine ganz entscheidende Rolle. Denn hier, im so genannten *Mandelkern*, werden Ereignisse gefühlsmäßig besetzt.

Das »vernünftige« Denken, auf das wir oft so stolz sind, ist also vergleichsweise jung. Die Großhirnrinde, die es möglich macht, entwickelte sich wesentlich später als die emotional agierenden Grundstrukturen. Unsere Gefühle sind also der Seniorpartner in der Allianz von Gefühl und Verstand. Doch, so Loehr, fehle es diesem Seniorpartner an Flexibilität und Veränderungsbereitschaft. »Keine Frage«, sagt er, »dass jede der vielen Emotionen ihren Überlebenswert hat, trug sie doch vor der Zeit des bewussten Denkens ihren Teil dazu bei, unser Überleben zu sichern.« Doch seien unsere Emotionen über die Jahrtausende weitgehend stabil geblieben. Während sich das »Denkhirn« ständig entwickle, bliebe im Gefühlsbereich alles beim Alten.

Unsere heutigen Ansprüche fordern jedoch oft mehr von uns, als unser limbisches System zu leisten vermag. Loehr spricht aus, was wir alle schon am eigenen Leib gespürt haben: Nur auf unsere Emotionen zu hören, kann in unserer komplexen Welt Folgen haben, die wir nicht wünschen. Ist es da ein Wunder, dass sich *der* Konfllikt entwickelte, vor dem wir alle immer wieder stehen: Wem soll ich folgen? Meinem Gefühl oder meinem Verstand?

Beiden, rät Loehr. Beide Systeme sollten zusammenarbeiten, wollen wir optimal agieren. Doch wir sollten lernen, uns die Fähigkeiten des Mandelkerns zunutze zu machen, statt uns von ihm beherrschen zu lassen. Er sei die entscheidende letzte Relaisstation unseres emotionalen Computers und vergesse nichts: Wird eine gespeicherte Programmierung erneut aufgerufen, reagiert er in unvorstellbar kurzer Zeit: Der zwölftausendste Teil einer Sekunde genügt, und schon sendet er an andere Regionen des Gehirns die Impulse, die jene hormonalen und physiologischen Veränderungen einleiten, die mit dem aufgerufenem Gefühl einhergehen. Entscheidend aber ist: Diese Relaisstation schaltet in vollkommener Übereinstimmung mit unserem Denkhirn oder entgegengesetzt.

Was das bedeutet, wissen wir alle aus eigener Erfahrung: Erinnerungen, die uns plötzlich, wie aus heiterem Himmel, überfallen. Bilder, die immer wieder auftauchen, Namen, die noch nach Jahren Emotionen auslösen, und Orte, an die es uns immer wieder zurückzieht oder die wir krampfhaft meiden. Offenbar genügt tatsächlich ein winziger Auslöser, um unser Denken in Richtungen zu lenken, in die wir gar nicht denken wollen. Da wir dies aus Erfahrung wissen, werden wir mit zunehmendem Alter vorsichtiger – gestehen uns den wahren Grund aber nicht ein. Stattdessen versuchen wir, gefährlichen Situationen aus dem Weg zu gehen. Doch mit dieser Strategie vermeiden wir es zwar, negative Programmierungen des Mandelkerns auszulösen, schränken aber auch unser Denken erheblich ein. Mit mentalem Training jedoch können wir diesen Teufelskreis durchbrechen.

## Mut zu vergessen – geistig loslassen können

Mit 50 sind wir erfahrene Kinder, unsere Seele gleicht einer Landkarte: Hügel, Täler und Schluchten. Vielleicht den einen oder anderen Achttausender – die Highlights unseres Lebens, vielleicht auch viele Ebenen, gefahrloses, überschaubares Terrain. Hier wandern wir am liebsten, hier sind wir vor Überraschungen gefeit. Neue Pfade hingegen meiden wir. Oft um jeden Preis.

Der Preis aber heißt Altern.

»Tangiert-mich-nicht-Syndrom« nennt das Emnid Institut in einer kürzlich veröffentlichen Studie das Verhalten vieler 40- bis 50-Jähriger, die zwar einerseits davon überzeugt seien, dass sich die Arbeitswelt in Zukunft stark verändere, doch andererseits so täten, als seien sie nicht davon betroffen.

Genau dieses Verhalten aber ist es, das uns alt erscheinen lässt: Keine Experimente! Am Gewohnten festhalten, auch dann, wenn es vielleicht bessere Möglichkeiten gäbe. Denken, was wir schon immer gedacht haben. Denn sich auf Veränderungen einzulassen, birgt die Gefahr, sich negativen Gefühlen auszusetzen, gleichzeitig erfordert es erhöhte Aufmerksamkeit, die Bereitschaft zu lernen und den Mut, Fehler zu machen.

Mit einem Wort: Veränderungen bedeuten Stress.

Auch davor scheuen wir zurück.

Wir haben die Telefonnummer der hübschen Frau aus der Autobahnraststätte verlegt? Macht doch nichts, sie hätte ja sowieso keine Zeit. Wir sollen auf die Party des Nachbarn gehen? Wozu? Wir kennen doch alle Gesichter! Ein Freund bittet uns, ihn in die Oper zu begleiten? Wie umständlich, dauert der Weg nicht länger als die Vorstellung?

## Vermeidungsstrategien

Wir merken: Unsere Vermeidungsstrategien sind vielfältig. So vielfältig wie unsere Verletzungen, denn jede Vermeidung dient unserem Schutz. Nur nicht noch einmal erleben, was uns einmal wehgetan hat. Hier spüren wir, was James E. Loehr meint, wenn er sagt, je stärker die Emotion gewesen ist, die ein Ereignis begleitet hat, desto massiver ist die Erinnerung. Um sie zu vermeiden, hören wir auf, aktiv zu handeln, unvoreingenommen zu denken. So werden wir zum Spielball alter Erfahrungen.

Doch mit dieser Haltung versperren wir uns den Weg in eine lebendige Zukunft. Jeder Biologe wird uns versichern, dass eine Zelle nur so lange jung bleibt, solange sie vor neue Aufgaben gestellt und damit zur Differenzierung gezwungen wird. Dieses Prinzip gilt auch für uns! Und es gilt ganz besonders für unser Gehirn! Die Straßenkarte unserer Gedanken besteht nämlich keineswegs aus Asphalt, im Gegenteil: Der Datenhighway in unserem Kopf ist unvorstellbar flexibel und ausbaufähig, weit in die zweite Lebenshälfte hinein! Keine Kurve ist ihm zu eng, kein Pass zu steil. Doch Achtung! Unser Gehirn braucht Sauerstoff,

Energie und Training! Auf den Punkt gebracht: Herausforderungen.

## Herausforderungen annehmen

Wir müssen also wieder in den Ring steigen – gleichgültig, wie unser Mandelkern auf diese Vorstellung reagiert. Seminare und Workshops sind bei den meisten Firmen inzwischen so selbstverständlich wie Urlaub und Mitbestimmung. Nutzen wir sie. Haperte es in der Vergangenheit bei vielen Unternehmen an der Bereitschaft, ältere Mitarbeiter zu qualifizieren, so kehrt sich dieser Trend jetzt um.

Was bedeutet das für uns?

## Das neue Lernen

Wir müssen uns aktiv mit dem neuen Lernen auseinander setzen, unsere Vermeidungsstrategien aufgeben und uns bewusst den unangenehmen Emotionen aussetzen, die uns bei dieser Vorstellung beschleichen. Trauen wir uns, der alten Programmierung die Tür zu weisen – sie ist überholt. Tun wir, als sei sie nicht mehr da, dann wird sie verschwinden.

Vorher jedoch sollten wir vergessen, was wir mit dem Lernen in Zusammenhang bringen – heute lernen wir anders.

Wir stehen heute an einem Punkt, an dem es unmöglich ist, alles Wissenswerte selbst zu wissen. Zum Glück bescherte uns der technische Fortschritt, der die gewaltige Wissensexplosion der letzten Jahrzehnte zum Teil erst möglich machte, auch die Möglichkeit, dieses Wissen zu speichern, zu archivieren, zu katalogisieren und uns per Mausklick zugänglich zu machen.

Wir müssen also nicht mehr alles auswendig wissen – aber wir müssen wissen, wie wir mit Daten umzugehen haben. Ob mit der Fachliteratur oder der Flut der im World Wide Web gespeicherten Daten, wir müssen »Research« betreiben wie ein Forscher, ein Wissenschaftler, ein Detektiv.

Lernen heißt heute, sich auf eine Expedition zu begeben. Lernen heißt heute, infrage zu stellen, auszuprobieren, wieder zu verwerfen und wieder von neuem zu beginnen. Heute gibt es keine Zensuren mehr, heute gibt es nur noch Fortschritte.

Nehmen Sie Ihren Beruf, er ist Ihr ganz spezielles Forschungsgebiet. Was gibt es Neues? Welche Trends zeichnen sich ab, wohin deutet die Entwicklung? Vielleicht werden Sie auf Sprachbarrieren stoßen – die Sprache von PC und Internet ist Englisch. Doch nicht nur das: VW legt ein neues Fortbildungsprogramm auf. Wunderbar. Wie heißt es? »NOW«: New Opportunities for Women. In Frankfurt eröffnet ein Recruiting-Büro. Mitten im Frieden? Es geht nicht um Soldaten, es geht um Studenten! Die Europäische Union startet eine Weiterbildungsoffensive: Die »European University Foundation«, EUF. Unabhängige europäische Hochschulen aus verschiedenen Ländern wollen sich unter einem Dach zusammenschließen. Welche Sprache wird man sprechen? Englisch.

Sie weigern sich? Fühlen sich überfahren und verstehen nicht, warum die deutsche Sprache immer weiter zurückgedrängt wird? Weil die neuen Technologien unsere Sprache verändern. Weil wir uns, wenn Europa zusammenwachsen soll, auf eine Sprache einigen müssen. Warum dann nicht auf jene, die in Wirtschaft und Wissenschaft seit langem gesprochen wird? Rückständiges Beharren, vielleicht sogar auf den regionalen Dialekt, wird uns immer stärker an den Rand drängen, denn Wirtschaft und Jugend diskutieren nicht mehr – sie sprechen es bereits. So gilt zum Beispiel bei Siemens Englisch nicht mehr als Fremdsprache. Überlisten Sie Ihren Mandelkern. Gestehen Sie sich ein, dass Vokabellernen bei Ihnen emotional so negativ besetzt ist, dass schon die Vorstellung Ablehnung auslöst. Holen Sie aus Ihrer Erinnerung ein negativ besetztes Bild, das Sie beim Lernen zeigt. Stellen Sie dieses Bild vor Ihrem geistigen Auge ganz deutlich ein. Dann lassen Sie es langsam verblassen. Trainieren Sie dieses Verblassenlassen, bis das Bild schwächer wird. Gleichzeitig bekräftigen Sie den Neuanfang mit einem klaren »Ich lerne spielend«. Wiederholen Sie den Satz und fangen Sie an. Wenn es Ihnen schwer fällt: Schauspielern Sie!

## Schauspielern Sie!

Zu schauspielern ist die effektivste Methode, den Mandelkern zu überlisten und ihrem Gehirn eine Botschaft zu verkaufen. Denn wenn Sie so tun, als mache Ihnen etwas Spaß, laufen in Ihrem Körper die gleichen Reaktionen ab – praktisch nur in umgekehrter Reihenfolge –, als wenn es Ihnen tatsächlich Spaß macht. Sie lächeln und die aktivierten Muskeln und Nerven signalisieren dem Gehirn: Alles ist gut. Nur ein einziger Mensch kann diesen Prozess durchkreuzen: Sie selbst. In dem Moment, in dem Sie denken: »Das ist doch Unsinn«, unterbrechen Sie den positiven Verlauf.

Halten Sie durch. Lächeln Sie und ihre negativen Gefühle werden sich verändern. Sprechen Sie einfach ein paar Worte. Es geht hier nicht um »The King's English«, es geht hier um eine lebendige Sprache und darum, unserem Gehirn zu signalisieren: Ich halte durch. Beim zweiten Mal fällt es uns schon leichter, beim dritten Mal ist es gar nicht mehr so schlimm und dann macht es plötzlich sogar Spaß.

Betrachten Sie das Lernen von nun an mit erwartungsvollem Blick: Es bringt frischen Wind in Ihr Leben! Lassen Sie Ihre Vorurteile endgültig los, geben Sie Ihre Skepsis auf. Eine Sprache wieder aufzufrischen ist vielleicht der beste Weg, eine neue Routine zu entwickeln: jeden Tag ein wenig dazuzulernen. Aber nicht, weil wir es müssen, sondern weil wir es wollen. Lassen Sie nicht zu, dass Ihre wichtigste Waffe gegen das Altern stumpf wird: Ihre Neugier!

Vielleicht müssen Sie zu Beginn Ihrer geistigen Expedition gegen die innere Trägheit kämpfen, vielleicht fällt es Ihnen schwer, sich zu konzentrieren, doch wenn Sie durchhalten, werden Sie eine erstaunliche Entdeckung machen: Es gelingt von Tag zu Tag besser, langsam nähern Sie sich Ihrem »Ideal Performance State«. Und wenn es doch nicht gleich klappt?

Lernen Sie auch daraus etwas.

Denken, Lernen und Handeln lagen noch nie so nah beieinander wie heute.

Firmen stehen vor der Herausforderung, sich Geschäftsfelder zu erschließen, die für alle Beteiligten neu sind. Keine Handelskammer und kein Consultant kann den Mitarbeitern ganz genau sagen, was auf sie zukommt. Hier ist Mut gefragt, eine schnelle Reaktionsfähigkeit und die Fähigkeit, aus Fehlern zu lernen. Viele Nachwuchsführungskräfte praktizieren schon aktiv, was Roger Shaw, Erlebnistrainer aus London, seinen Schützlingen mit auf den Weg gibt: Eine Niederlage ist der beste Weg zum Erfolg.[14] Shaw, der seit 1985 Management- und Outdoor-Kreativseminare veranstaltet und selbst mit 40 Jahren aus dem Management ausstieg, ist davon überzeugt, dass es wichtig ist, alle zwei Jahre seinen Job innerhalb oder außerhalb der Firma zu wechseln – nur dann bleibe man fit. Mut zur Veränderung und die Fähigkeit, aus Niederlagen zu lernen, sind seiner Meinung nach die wichtigsten Bausteine, um erfolgreich zu sein.

Auch in diesem Punkt kneifen wir, weil wir in der Schule gelernt haben, Fehler möglichst zu vermeiden. Bei Fehlern sahen die Lehrer rot. So gewöhnten wir uns an, möglichst ungeschoren an Situationen, deren Ausgang nicht ganz sicher war, vorbeizukommen.

Manchmal bleiben wir bei dieser Taktik und haben erstaunlich viele Tricks auf Lager, um sie vor uns zu maskieren. Eine berufliche Veränderung? Wir wünschen sie uns sehnlichst, legen jedoch unter fadenscheinigen Begründungen die interessanten Angebote zur Seite. Kümmern uns lieber um den Apfelbaum im Garten. Vielleicht vereinbaren wir sogar einen Vorstellungstermin, lassen dann aber etwas dazwischenkommen, obwohl wir wissen, dass wir bereits in die engere Wahl gekommen sind? Trotzdem wundern wir uns, dass uns Freunde dann für schwierig halten? Für anspruchsvoll? Im Gegenteil, wir deuten auch dieses Feedback in unserem Sinne: Haben wir es etwa nötig, uns anzubiedern? Müssen wir denn auf jeden Vorschlag eingehen? Haben wir nicht jahrzehntelang gezeigt, was wir können? Haben wir nicht einen Wert? Müssen wir uns diesem Stress aussetzen?

Ja! Denn in dem Augenblick, in dem wir anfangen, uns vor Stress zu fürchten, verändert er unsere Reaktionen. Auf negative Art und Weise.

Machen wir uns ganz bewusst, was das bedeutet: Wir sind noch immer ärgerlich auf unseren letzten Chef, weil wir es versäumten, im Abschlussgespräch mit ihm Klarheit zu schaffen? Dann wird jeder Gedanke an ihn in unserem Körper jene Reaktionen auslösen, die mit diesem Ärger einhergehen. Ein neuer Chef wird es schwer haben, allein der Gedanke an ihn wird in uns die alten, negativen Gefühle wachrütteln. Wir werden aber wieder einen Chef haben – und dann? Besonders eindringlich wird uns der Zusammenhang zwischen vergangener Erfahrung und aktuellem Denken, wenn wir Erfahrungen mit Mobbing oder dem zunehmend als Führungsinstrument eingesetzten Bossing – hier geht das Mobbing vom Vorgesetzten aus – gemacht haben. Opfer dieses Psychoterrors bleiben für lange Zeit gebranntmarkt – in ihrer eigenen Seele. Sogar an einem neuen Arbeitsplatz lassen sie es häufig zu, dass alte Verletzungen ihr aktuelles Verhalten steuern und prompt wiederholt sich die Erfahrung. Ungerechtigkeiten und Kränkungen innerlich zurückzuweisen ist nie einfach, doch es ist nicht das Mobbing an sich, das uns das Leben vergällt, es ist unsere emotionale Reaktion darauf.

## Erlernte Hilflosigkeit

Diese emotionale Reaktion ist genau das Gegenteil des »Ideal Performing State«. Und Loehr selbst vergleicht ihn mit der »erlernten Hilflosigkeit«, einem Verhaltensmuster, mit dem sich namhafte Psychologen schon in den 60er-Jahren beschäftigten. So ist auch die »erlernte Hilflosigkeit« eine Antwort auf Stress. Jedoch entsteht sie aus dem überwältigenden Gefühl, einer Situation ausgeliefert zu sein, nichts verändern zu können. Genau diese Emotion spüren Gemobbte, bis sie anfangen, aktiv zu handeln.

Doch warum nennen wir diese Reaktion »erlernte Hilflosigkeit«? Weil sie antrainiert worden ist. Es ist also nicht der »Stressor« an sich, der diese Gefühle auslöst, sondern unsere Erwiderung darauf. Wir erlauben einem negativ besetzten Ereignis, unser Denken und Handeln zu steuern, und sagen auch noch: »Da kann man nichts machen.«

Doch diese Antwort ist immer falsch! Irgendetwas können wir immer tun!

## Handeln Sie!

Jetzt werden Sie verstehen, warum wir Menschen in der Phase der Neuorientierung dazu anspornen, in jedem Fall sofort *etwas* zu tun! Das bedeutet nicht, unter allen Umständen eine Gesamtlösung zu finden, aber es bedeutet, aktiv zu werden. Einen neuen Sport ausprobieren oder die Wohnung renovieren – jede Aktivität mindert das Gefühl der Hilflosigkeit. Sogar Fasten kann uns stärken! Die Erfahrung, den Hunger zu bezähmen und den Körper zu beherrschen, hat ungeahnte Kraft und reißt den Menschen oft aus dem resignativen Vermeidungszustand. Wenn ich meinen Bauch beherrschen kann, dann vielleicht auch meinen Kopf?

Fasten ist ein uraltes Ritual und auch James E. Loehr ist von der Macht der Rituale überzeugt. Gerade in Krisenzeiten kann uns ein Ritual helfen, ungeahnte innere Kräfte freizusetzen, denn es gibt dem Mandelkern das Signal: Alles unter Kontrolle.

In den vergangenen Jahren haben wir mit Hunderten von Menschen gearbeitet und jeder Einzelne hatte Rituale. Nach Hause kommen und den Fernseher anstellen. Ein Bier aus dem Kühlschrank holen und sich in den Sessel fallen lassen. Sich mit Süßigkeiten oder mit einer Flasche Wein trösten. Schlafen gehen, auch wenn der Körper gar keinen Schlaf braucht. Zu rauchen, Tabletten einzunehmen, all die kleinen Handlungen mit denen wir uns durch den Alltag mogeln, sie alle sind Rituale. Aber sind es auch die richtigen?

Doch, so James Loehr, wenn es uns nicht gelingt, ein »Erfolgsritual« zu entwickeln, werden wir unter den heutigen Anforderungen nicht bestehen können. Nur die ständige Wiederholung der richtigen physischen, emotionalen und mentalen Gewohnheiten können uns seiner Meinung nach im Gleichgewicht halten und uns unter Stress richtig reagieren lassen. Wie sollen wir sonst die Zwölftausendstelsekunde austricksen, die über unsere Emotionen entscheidet? Positive Rituale untermauern unser Gefühl, selbst Macht zu haben, unterstützen disziplinierte Denkmuster, bringen Ordnung und Disziplin in unser Leben und geben uns in stressreichen Zeiten Struktur und Halt. Sie steuern unsere Aufmerksamkeit und helfen uns, komplexe Aufgaben besser zu lösen, weil wir schon bei Teilschritten konsequent handeln. Sie zwingen uns zu einem zielgerichteten Umgang mit unserer Energie.

Stellen Sie sich vor, ein Sportler würde erst zwei Tage vor einem entscheidenden Wettkampf sein Training auf das Ereignis einstellen – die Umstellung würde nicht nur seinen Körper, sondern auch seinen Geist verunsichern. Hat er aber ein erprobtes Ritual, auf das er sich auch unter Druck verlassen kann, wird die Routine bei der Vorbereitung ihm ein gewisses Maß an Sicherheit und Ruhe geben. Der Adrenalinschub, der durch die Herausforderung entsteht, macht ihn nicht hektisch und nervös, sondern wirkt wie eine Zündung. Der »Ideal Performance State« rückt in greifbare Nähe.

Rituale helfen uns aber nicht nur, den Mandelkern in akuten Stresssituationen zu überlisten, sie unterstützen uns auch, wenn es darum geht, Herausforderungen anzunehmen. Nie werde ich Sam, unseren Piloten, vergessen, der die Worte *»Ich kann, ich tue«* zu seinem Mantra gemacht hatte und mit dem Ritual der Wiederholung genau das tat, was physikalische Untersuchungen bestätigen: Er veränderte mit seinen Gedanken seinen Muskeltonus, seine Haltung und schließlich die biochemische Reaktion seines Körpers. Heute ist er als interkultureller Seminarleiter tätig und tut, wovon er geträumt hat: Er unterstützt die deutsch-russische Verständigung. Oder die Krankenschwester aus dem sozialpsychatrischen Dienst, die nach einer Orientierungsphase das »Front-Office« einer eleganten Arztpraxis übernahm: Sie hatte sich wochenlang vor dem Vorstellungstermin schon jeden Morgen so zurechtgemacht, als hätte sie ihren neuen Arbeitsplatz schon angetreten. Damit richtete sie sich innerlich und äußerlich auf ihr neues Leben ein – und als sich die Chance bot, konnte sie zugreifen.

## Denken in ausgefahrenen Gleisen – ein verhängnisvoller Fahrplan

Auch wenn wir erkennen, dass uns positive Rituale, zum Beispiel jeden Tag joggen zu gehen, mehr Gemüse zu essen, die vielen Tassen Kaffee durch Wasser zu ersetzen, das Fernsehprogramm nicht als flimmernden Hintergrund, sondern als Informationsquelle zu nutzen, dabei unterstützen können, ein gesünderes Leben zu führen, lähmt uns oft eine Starre. Warum sollen wir von vertrauten Gewohnheiten Abschied nehmen? Sie haben uns so lange begleitet! Wozu sich noch verändern? Ist es dazu nicht zu spät?

In der Mitte unseres Lebens machen wir oft einen großen Fehler: Wir betrachten Veränderungen nicht als Entwicklung und Chance, sondern als Bedrohung und Disqualifikation. Wer sich verändern muss, mit dem stimmt etwas nicht, glauben wir und beharren auf dem Status quo. Waren wir erfolgreich, so sperren wir uns erst recht und verweisen auf unsere Leistungen. Doch wer dem *gewohnten* Trott folgt, wird auf Dauer nicht reich sein.

Viele Menschen, mit denen wir täglich arbeiten, sind genau diesem gewohnten Trott zum Opfer gefallen. Was sie dabei übersahen? Dass die Dinge um sie herum in Bewegung waren – bis es zu spät war. In dieser Gefahr schweben wir alle, wenn wir nicht aufpassen. Wenn wir zulassen, dass in unserem Kopf alles so läuft wie immer.

Irgendwie leuchtet uns das auch ein. Doch der Mensch ist kein Rennwagen, warum dauernd an ihm herumschrauben? Weil alles in der Natur auf Entwicklung angelegt ist, auch wir. Der Evolutionsbiologe Joseph Reichholf ist sogar der Meinung, dass wir genetisch auf Sieg programmiert worden sind.[15]

Auch wir glauben, dass dies so ist. Immer wieder beobachten wir, dass Menschen, denen das Siegen verwehrt wird, in einen Zustand rutschen, den wir *»beleidigte Depression«* nennen. Dass sie selbst es sind, die sich daran hindern, erkennen sie zu Anfang unserer Zusammenarbeit nicht: Zu tief sitzt die Überzeugung, die anderen wären schuld an ihrer Situation. Erst allmählich können sie den Gedanken zulassen, dass sie selbst handeln können. Natürlich ist kein Mensch vor Schicksalsschlägen gefeit, doch wie er damit umgeht, darauf kommt es an.

## Sinn geben

Atemlos lauschten die Zuhörer, als Graf Dürkheim von der Zeit in japanischer Kriegsgefangenschaft erzählte: Eingesperrt in einer Zelle, in der er weder sitzen noch stehen konnte, rettete er seinen Geist und damit sein Leben, indem er begann, einen Roman zu schreiben – ohne Bleistift und Papier. Oder Victor Frankl: Im KZ Buchenwald überlebte der Begründer der Logotherapie nur, weil er nach dem Sinn seines Leidens suchte und ihn fand. Inmitten des Grauens wurde ihm bewusst, dass er überleben musste, um anderen später davon erzählen zu können. Diese Einsicht gab seinem Leiden – und damit dem Leben – einen Sinn und er entwickelte eine Geisteshaltung, der die Nazischergen nichts anhaben konnten.

Wir Menschen unterscheiden uns nur darin, was für uns Sieg bedeutet.

Nicht jeder muss so große Herausforderungen bestehen, doch einen Lebenssinn suchen wir alle. Dies mit unseren Klienten herauszufinden ist der Kern unserer Arbeit: Was möchten sie wirklich?

Unvergesslich ist mir die Begeisterung, mit der eine Teilnehmerin die Atmosphäre in einem von Ordensschwestern geführten Seniorenheim schilderte: Hier wollte sie in Zukunft arbeiten, nach dieser Energie hatte sie bisher in ihrem ganzen Berufsleben vergeblich gesucht. Als der Vertrag zustande kam, war sie glücklich. Sie hatte gesiegt, gegen widrige Umstände, gegen Unverständnis – man tauscht doch nicht das Büro gegen ein Altersheim – und gegen die Verzagtheit in sich selbst, die sie streckenenweise zurückhalten wollte. Ein anderer Sieg? Eine Ärztin, die sich weigert, die erstbeste Stellung in der chemischen Industrie anzunehmen und einen Platz in einer Kinderklinik findet. Eine Schauspielerin, die Babywunsch und Hauptrolle verbinden kann – die Schwangerschaft wird in das Drehbuch hineingeschrieben.

Für andere Menschen mögen diese Siege nicht wie Siege aussehen, doch darauf kommt es nicht an. Oder wie Chefarzt Oswald Oelz einem 90-jährigen Patienten sagt: »Nehmen Sie sich den nächsten Hügel vor, das ist Ihr Mount Everest.«[16] Was zählt, ist ganz allein das, was der Mensch selbst als Sieg empfindet. Und unserer Erfahrung nach ist es das, was er sich tief im Inneren wünscht.

## Alte Denkschablonen verlassen

Doch das Denken in ausgefahrenen Gleisen entfernt uns von diesen Wünschen. Irgendwann denken wir, was alle denken: Das geht nicht, das passt nicht, das kann nicht sein. Wenn es soweit ist, entdecken wir auch keine Möglichkeiten mehr, denn unsere Augen betrachten die Welt unseren inneren Glaubenssätzen gemäß. Wir haben unser Gehirn auf einen ganz bestimmten Wahrnehmungskanal eingestellt – und alles, was diesem nicht entspricht, wird ausgeblendet.

Alte Denkschablonen zu verlassen heißt, die Welt mit neuen Augen zu sehen, nicht sich untreu zu werden, im Gegenteil. Es heißt, Facetten an sich wahrzunehmen, die verborgen waren. Wie der Manager, der nach 20-jähriger Karriere verkündet: Ich will das alles nicht mehr. Und plötzlich glänzen seine Augen und er erzählt, dass er sich seit drei Monaten intensiv mit Astrologie beschäftigt.

Ein altes Sprichwort sagt: Das Alter kündigt sich dadurch an, dass der Mensch plötzlich kindische Dinge tut. Gibt es etwas Kindischeres, als Tatsachen zu leugnen? Wir wollen alle alt werden, doch nicht alt sein. Aber was macht älter, als nicht in seiner Zeit zu sein? In der Mitte unseres Lebens müssen wir uns neu ausrichten, alte Paradigmen über Bord werfen. Zuerst aber unsere Vorstellung darüber, wie unser Geist funktioniert.

Begreifen wir, dass wir es sind, die in unserem Kopf denken. Machen wir uns bewusst, dass überholte Programmierungen in unserem Gehirn Reaktionen auslösen können, die wir nicht wollen. Denkhirn und limbisches System arbeiten nicht automatisch miteinander, sie können auch die entgegengesetzte Richtung einschlagen. Dann werden wir das eine wollen, aber das andere tun. Wie oft befinden wir uns in dieser Verwirrung! Doch nun wissen wir, dass wir uns bewusst für eine der beiden Reaktionen entscheiden können, wir sind unseren Reaktionen nicht hilflos ausgeliefert. Aber dieses bewusste Entscheiden müssen wir konsequent – auch in schwierigen Situationen – trainieren. Erst in negativen Stresssituationen zeigt sich, ob uns unsere neuen Einsichten oder unsere alten Programme beherrschen.

Der größte Stress aber ist Sinnlosigkeit – geben Sie den Dingen, die Sie tun, einen Sinn. Dieser Sinn fällt uns genauso wenig in den Schoß wie die Beherrschung des Mandelkerns, nur wenige Menschen finden ihn auf Anhieb. Das Leben hat den Sinn, den wir ihm verleihen, sagt Victor E. Frankl. Ist es so wichtig, ob wir annehmen, dass dieser Sinn von einer höheren Macht verliehen wird, oder ob Sie selbst ihn finden? In dem Moment, in dem Sie glauben, dass Ihr Leben einen Sinn hat, wird Ihr Geist ihn entdecken.

## Selbstbewusstsein

Forscher haben festgestellt, dass erfolgreiche Menschen nicht nur mehr Selbstbewusstsein haben als weniger erfolgreiche, sondern, dass ihr Erfolg daraus besteht, auch schwierigen Situationen oder Krisensituationen einem höheren Kontext oder Sinn zuzuordnen.

Sie weigern sich, sich dem Schicksal ausgeliefert zu fühlen, und überlegen:

Warum hat mich gerade in dieser Situation die Krankheit erwischt? Was soll mir das sagen? Habe ich vielleicht schon länger kräftemäßig über meine Verhältnisse gelebt und wollte nicht auf die leisen Signale meines Körper hören? Habe ich vielleicht schon viel zu lange im Job meinen Ärger angesammelt, läuft mir jetzt buchstäblich die Galle über? Habe ich selbst zum Krach mit meinem Chef beigetragen? Was kann ich aus dieser Situation lernen? Wie kann ich sie positiv verändern?

Es kommt also darauf an, Erfahrungen, auch die weniger erfreulichen, als Lernfeld zu betrachten.

Der amerikanische Psychiater und Genforscher Dr. C. Cloninger hat eine Persönlichkeitstheorie entwickelt, nach der der

Charakter jedes Menschen von sieben Schlüsselfaktoren bestimmt wird: Konfliktscheu, Wissbegierde, Zielorientierung, Kooperationsbereitschaft, Beständigkeit, Ehrgeiz und Selbsteinschätzung.

### Persönlichkeitstheorie nach C. Cloninger

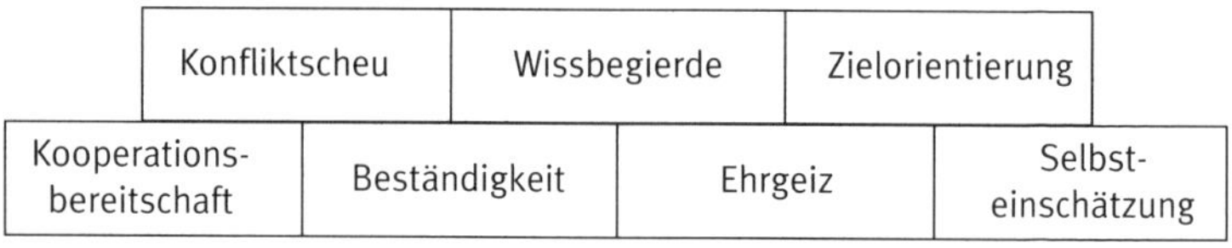


Selbstbewusste Menschen sind konfliktfähiger, entschlossener und zielorientierter.

Wir wissen spätestens seit der Psychoanalyse, dass unser Verhalten und unsere Einstellung von unseren Vorbildern geprägt wird, meist sind dies die Eltern. Unsere Interessen werden sich dort entwickeln, wo sie gefördert werden. In manchen Bereichen unseres Lebens hat unsere Sozialisation leider dazu beigetragen, dass unser Glaube an unsere Fähigkeiten ziemlich angeknackst ist.

Frauen neigen zum Beispiel dazu, in beruflichen Entscheidungssituationen ängstlicher als Männer zu reagieren. Sie verurteilen sich sogar in jenen Bereichen zum Scheitern, die sie noch nie ausprobiert haben, und agieren häufiger nach dem Muster der »erlernten Hilflosigkeit«.

Dabei lassen sich diese »Fehler im System« leicht wieder beheben. In Versuchen mit Ratten haben Forscher feststellen können, dass sich durch »erlernte Hilflosigkeit« die Verknüpfungen der Nervenfasern im Gehirn verändern. Durch Förderung von mutigem Verhalten bilden sich diese Verknüpfungen wieder zurück.

Das heißt im Klartext: Wenn wir vor etwas Neuem Angst haben, sollten wir die Situation nicht meiden, sondern genau dieser Situation ins Auge schauen.

Setzen Sie sich ihr zunächst in kleinen Schritten aus und steigern Sie die »Dosis«, bis sie das gewünschte Ziel erreicht haben.

Das Selbstbild des Menschen formt sich durch Vorstellungen, Ideen, Gedanken und Erlebnisse. Erinnerungen an Siege und Niederlagen gravieren sich von frühester Kindheit an in die Seele ein. Das Unterbewusstsein registriert, wie andere Menschen auf eigene Äußerungen oder Taten reagieren. Die eigene Meinung von uns selbst ist also die Grundlage, auf der die Persönlichkeit, das Verhalten und sogar die persönlichen Lebensbedingungen gründen. Erlebnisse und Erfahrungen dienen dazu, das Selbstbild zu bestärken. Aber: Das Selbstbild kann verändert werden, wenn wir dies wollen.

Doch weder Intellekt noch Erkenntnis allein können eine Veränderung herbeiführen. Wir müssen täglichen trainieren, um das Selbstbild zu verändern und richtig mit unseren Gefühlen umzugehen.

Es ist, wie Cloninger meint: »Menschen mit ausgeprägtem Selbstwertgefühl kümmern sich eher wenig darum, was andere über sie denken. Sie nehmen Misserfolge und Niederlagen nicht tragisch und nicht persönlich.«

Merries Dunnies, Vorstandsmitglied bei Merill Lynch, einem der größten Investmenthäuser in New York, hat als eine der wenigen Frauen auf diesem Gebiet eine beispielhafte Karriere gemacht. Viele fragen sich, mit welchem Rezept sie dies geschafft hat.

»Ich habe gelernt anzuecken, wenn ich meine Meinung klar vertrete. Wer sich nur anpasst und ängstlich ist, wird seine Stärken verwässern. Selbstbewusstsein ist die Fähigkeit, seine

Stärken zu nutzen und bei Problemen gelassen zu bleiben.«[17] Merries Dunnies war diese Durchsetzungfähigkeit nicht angeboren. Doch sie hat aus ihren Erfahrungen die richtigen Schlüsse gezogen.

Das können Sie auch.

# 3. Effektiv kommunizieren

*Worte bilden die Perlenschnur,*
*an der wir unsere Erfahrungen aufreihen.*

Aldous Huxley

## Persönlichkeit und Kommunikation

Sinnkrisen erleben wir nicht nur als Individuum. Spüren wir nicht auch in der Arbeitswelt ein schleichendes Unbehagen? Macht das, was wir tun, überhaupt noch Sinn?

Die Firmenleitung mag ihre Erfüllung in ständig neuen Vorgaben finden. Noch immer gelten die Superlative des Sports. »Höher, schneller, weiter« ist in den meisten Unternehmen das Maß aller Dinge. Doch kommen uns immer häufiger Zweifel, ob diese Vorgaben wirklich zu den Zielen führen, die *uns* am Arbeitsplatz wichtig sind: sich mit allen Fähigkeiten und Talenten einbringen zu können, eingebunden in eine Formation, die etwas leistet, worauf wir stolz sein können – menschlich und fachlich.

Doch mehr und mehr Betriebe erkennen das emotionale Defizit, unter dem der Einzelne in Mammutorganisationen und unüberschaubaren Fusionsgebilden leidet. Sie erkennen auch den tiefen Sinn des damals wie heute gültigen Wortes von Bert Brecht: »Wir haben Arbeiter gerufen und Menschen sind gekommen.« Und sie machen sich auf, nicht nur die geistigen Ressourcen ihrer Mitarbeiter zu entdecken, sondern auch ihr emotionales Potenzial.

## Wer führen will, muss fühlen

»Wer führen will, muss fühlen«, lautet das Credo dynamischer Nachwuchsmanager, die die emotionale Intelligenz wieder entdecken; sie streiten nur noch über den richtigen Weg. Wie gelingt die betrieblich-menschliche Symbiose von Herz und Verstand? Durch Change-Management oder die Chaostheorie? Sind es die »Paradoxa des Alltags«, wie Watts Wacker, einer der bekanntesten amerikanischen Zukunftsvisionäre, die Widersprüche nennt, die wir täglich in den Griff bekommen müssen? Oder ist es geschickter, wie Fredmund Malik vom Management Zentrum St. Gallen es lehrt, erprobte Managementfähigkeiten, das klassische »Managerial Effectiveness Program«, zu beherrschen, um dadurch dem Menschen zu seinem Recht zu verhelfen?

Vielleicht brummt Ihnen von diesen Begriffen schon der Kopf. Vielleicht fragen Sie sich auch: Warum können wir nicht einfach unsere Arbeit machen und uns über das Ergebnis freuen? Warum ist unsere betriebliche Welt so kompliziert geworden, dass wir offenbar jedes Quartal ein neues Rezept brauchen? Weil wir heute die Zukunft ausgedrückt in der Gegenwart leben, wie Wacker, Taylor und Means in ihrem Kursbuch für Visionäre meinen, und mit einem Fuß in beiden Zeiten stehen.

Was heißt das? Noch nie, so glauben die Forscher, waren Menschen und Unternehmen so frei wie heute. Noch nie konnten wir so unabhängig bestimmen, was wir tun und was wir sein wollen. Noch nie hatten der Einzelne und Organisationen so viel Freiheit wie heute, aber auch noch nie so viel Verantwortung. Das bedeutet – und das erleben wir täglich –, dass es in einem Unternehmen viele verschiedene Vorstellungen von der Zukunft gibt.

Denken Sie nur an Zeitarbeitskonten: Wenn es in Ihrer Firma die Möglichkeit gibt und Sie Arbeitszeit ansparen können, dann können Sie zum Beispiel davon träumen, ein halbes Jahr kreuz und quer durch Australien zu radeln – und sich diesen Traum auch verwirklichen. Hat Ihr Chef aber Probleme, sich ein halbes Jahr ohne Ihren »Input« vorzustellen, sieht seine Vision der Zukunft anders aus als Ihre und Sie beide müssen darüber reden. Verstehen Sie sich, das heißt, klappt Ihre Kommunikation, dann werden Sie sich einigen. Technisch gesehen ist der zeitweilige Austausch mit einem Mitarbeiter in Australien für viele Organisationen kein Problem mehr. Heute liegt die Schwierigkeit eher darin, die richtigen Worte zu finden, um die unterschiedlichen Wünsche zum Wohle aller Beteiligten auf einen gemeinsamen Nenner zu bringen.

»Überzeugen, nicht verführen«[18], forderte deshalb Ernest Dichter, der »Vater« der Motivforschung, schon zu Beginn der 70er-Jahre. Er beklagte, dass Fragen nach dem »Wie« und »Warum« nur selten das Interesse der technisch und pragmatisch orientierten Akademiker erweckten, die sich oft ausschließlich auf objektive Tatsachen konzentrierten. Doch der Wandel ist spürbar. Ob Vorgesetzter oder Mitarbeiter, welchem Lager wir uns auch verbunden fühlen, die Basis unserer Zukunft ist das Zusammenbringen der unterschiedlichen Visionen, auf die wir im Unternehmen treffen. Gelingt einer Organisation dieses Kunststück nicht, so glaubt Jim Taylor, der als Unternehmensberater innovative amerikanische Unternehmen betreut, wird ihre Zukunft düster aussehen.

## Die Bedeutung der Sprache

Es gibt nur ein Medium, um diese Aufgabe zu lösen: die Sprache. In der Mitte unseres Lebens können wir uns artikulieren. Vielleicht können wir auch Reden halten, diskutieren, argumentieren und Verkaufsgespräche führen – aber können wir kommunizieren?

Denn erfolgreich zu kommunizieren bedeutet zweierlei: im anderen den Menschen zu erkennen und selbst als Mensch anerkannt zu werden. Diese Grundvoraussetzung fällt uns mit zunehmendem Alter leichter, haben wir doch genug Lebenserfahrung, die Dinge umfassend zu sehen. Wir wissen aus eigenem Erleben, wie Verstand und Gefühl das menschliche Handeln beeinflussen und sich in der Kommunikation verbinden. Wir wissen auch, dass gekonnte Kommunikation beide Ebenen geschickt verbindet, will der Mensch beim Austausch von Informationen doch die emotionalen Untertöne heraushören können, die den Worten ihre wahre Bedeutung geben.

Die Kommunikation ist das Parkett, auf dem wir Älteren glänzen können.

Wir wissen inzwischen, dass es nicht immer das Klügste ist, Verbesserungsvorschläge gerade in dem Moment in die Runde zu werfen, in dem sie einem durch den Kopf schießen. Wir wissen auch, dass nicht jeder berechtigte Einwand wie aus der Pistole geschossen über den Konferenztisch peitschen muss; Schlagfertigkeit ist das eine, gelassene Selbstsicherheit aber das Bessere. Wir haben unsere rabulistischen Fähigkeiten unter Kontrolle – Haarspalterei bringt ein Meeting schließlich nicht voran. Wir wissen, dass Siegen allein gar nichts bedeutet, und hüten uns davor, wenn wir es mit dem Verlust von Sympathie bezahlen müssen.

Unsere Erfahrung hat uns gelehrt, dass »Gesinnungsänderung auf die harte Tour« ein Verfahren ist, das schlussendlich ähnlich katastrophale Folgen hat wie die Verführung: Sie hinterlässt enttäuschte, verletzte Menschen, die tief im Inneren nach Ausgleich streben: Wie du mir, so ich dir. Wir wissen, dass wir anders mit Menschen reden müssen, wollen wir erfolgreich sein. Nur wenn es uns gelingt, Sachinformationen so zu präsentieren, dass auch die emotionale Ebene nicht zu kurz kommt, werden wir auf die Dauer Mitarbeiter und Vorgesetzte überzeugen.

Dabei ist unser größtes Kapital die Kongruenz.

## Die Macht der Kongruenz

Kongruenz ist ein Zustand von Einheit und Harmonie. Inkongruenz dagegen ist ein Zustand von »Zweiheit« und Misstönen. Unsere Einstellungen, Überzeugungen und Glaubenssätze prägen unser Verhalten. Wenn wir ihnen gemäß handeln, erleidet unsere Energie keine »Reibungsverluste«, wir sind »voll« da, wir sind zu einer Einheit geworden.

Hier kann unsere große Stärke liegen: Wir wissen, wer wir sind, und wir strahlen dieses Wissen nicht nur aus, sondern wir verkörpern es. So akzeptieren wir zum Beispiel, dass es uns nicht liegt, der extravertierte Mittelpunkt eines Teams zu sein. Wir haben aber keine Schwierigkeiten, im Hintergrund die Fäden in der Hand zu halten. Vielleicht kämpften wir früher gegen diese Eigenschaft an, wollten sie weder unserer Umgebung noch uns eingestehen. Heute sind wir abgeklärter, müssen nicht mehr im Mittelpunkt stehen. Locker überlassen wir einem geeigneteren Kollegen diesen Platz und tun damit nicht nur uns, sondern der ganzen Arbeitsgruppe etwas Gutes.

Diese Souveränität des Handelns drücken wir auch in unserer Kommunikation aus, wir senden eindeutige Signale, verbale und nonverbale Botschaften stimmen überein. Wir stehen zu dem, was wir sagen, und eher schweigen wir, als unüberlegt nach vorn zu preschen. Natürlich haben wir gelernt, verbale Scheingefechte auszutragen, doch der Wert dieser rhetorischen

Attacken ist uns oft zu gering. Wir halten uns lieber an Inhalte als an Worthülsen und bringen dadurch eine Diskussion voran.

Diese Haltung ist nicht langweilig, sondern souverän. Wir sind auch keinesfalls stumm, ganz im Gegenteil: Wir wissen, wie verletzend Worte sein können, und gehen bewusst mit ihnen um. Summen, die die Vorstellungskraft der meisten Menschen übersteigen, Peanuts zu nennen, käme uns nicht in den Sinn. Wir haben erfahren, dass es nicht so sehr darauf ankommt, was wir sagen, sondern darauf, was unser Gegenüber versteht. Darum müssen, wollen wir nicht nur oberflächlich plaudern, unser Denken, Fühlen und Handeln auf ein Ziel hin ausgerichtet sein.

Müssen wir mit allem, was in unserer Firma geschieht, einverstanden sein? Nein, aber Kongruenz im Geschäftsleben setzt voraus, dass die Kernwerte übereinstimmen. Sie werden gewiss als überzeugter Umweltschützer kaum in einer Firma arbeiten wollen, die durch verrottete Tanks das Grundwasser gefährdet, oder als Kernkraftgegner das Team einer Wiederaufbereitungsanlage verstärken wollen. Doch auch dann, wenn Ihre Grundwerte sich mit der Ausrichtung Ihres Betriebs vereinen lassen, wird es immer wieder Situtionen geben, in denen Sie anderer Meinung sind als Ihre Vorgesetzten. In solchen Momenten halten wir Älteren uns äußerlich zurück, bis wir innerlich *den* Blickwinkel gefunden haben, der es uns wieder erlaubt, kongruent zu kommunizieren.

In der Mitte unseres Lebens sind wir ein wenig abgeklärter – auch wenn es banal klingt, unsere Erfahrung hat uns gelehrt, dass nicht alles so heiß gegessen wird, wie man es in der Konzernleitung kocht. Wir können eine Situation auch einmal »aussitzen«, müssen nicht aufgeschreckt von alarmierenden Nachrichten sofort in Aktionismus verfallen. Doch wenn es die Situation erfordert, dann handeln wir zügig und konsequent.

Unsere Konkruenz verleiht uns Authentizität, mag die Aufgabe auch unangenehm sein.

## Wie zeigt sich Kongruenz?

Kongruenz zeigt sich in der Übereinstimmung von Erscheinung, Auftreten, Verhalten und Kommunikation. Bei anderen erkennen wir sie sofort, bei uns selbst nicht immer.

Stellen Sie sich eine ganz schlichte Frage: Wann lief alles wie am Schnürchen? Wann hatte ich zum letzten Mal das Gefühl, nicht lange über Strategien nachdenken zu müssen, einfach entscheiden und handeln zu können – fast wie in einem Rausch? Sportler nennen diesen Zustand »Flow« oder »einen Lauf haben«. Gelingt es uns, für längere Zeit in diesen Zustand einzutauchen, können wir Dinge zuwege bringen, von denen wir zu anderen Zeiten nur träumten. So wird zum Beispiel von George Simenon, dem Schöpfer des Kommissars Maigret, berichtet, dass er sich zum Schreiben in ein Hotel zurückzog und wie besessen arbeitete, während die letzten Tage und Nächte ein Arzt im Stundentakt seinen Blutdruck prüfte. Immer wieder drohte die Erschöpfung Simenon zu überwältigen, noch bevor er den Mörder zur Strecke gebracht hatte. Doch war die letzte Seite getippt, begleitete der Mediziner Simenon ins Sanatorium; der Rausch war verflogen, der Zusammenbruch da.

Auch wenn Sie Ihren »Flow« nicht so exzessiv auskosten wollen, wäre es nicht schön, ab und zu etwas von dieser Kraft zu spüren?

## Erkennen Sie Ihr Kongruenzsignal

»Nichts ist so erfolgreich wie der Erfolg.« Sie kennen dieses Wort? Noch heute ist die größte Siegesserie im Damentennis unerreicht: 74-mal hintereinander gelang es Chris Evert in den 80er-Jahren, ihre Gegnerin zu schlagen – ein Rekord, der bis heute ungebrochen ist.

Erfolg versöhnt uns mit uns selbst, wir fühlen uns ganz. Ungeahnte Kräfte werden frei und jeder Schritt und jede Bewegung drücken diese Kraft aus.

Misserfolg bewirkt das Gegenteil: Das Gefühl der Einheit schwindet, manchmal bis zur Desintegration. Dann können wir unsere Gefühle, unsere rationellen Überlegungen und unsere Beziehungen zu anderen nicht mehr harmonisch verbinden. Die Folge: Wir senden doppeldeutige Botschaften, es fällt uns schwer, andere Menschen zu überzeugen. Unsere Worte, unsere Gesten, unser Tonfall widersprechen sich, intuitiv nimmt unsere Umgebung auf, dass sich auf diese Weise unsere divergierenden inneren Zustände offenbaren. Erinnern Sie sich noch an den Abteilungsleiter, der die Leistungsfähigkeit des neuen Computerprogramms pries und dem dabei vor Anspannung die Hände zitterten? Oder an den Kollegen, der einem Praktikanten gegenüber mit gepresster Stimme das Betriebsklima in den höchsten Tönen lobte, aber am nächsten Tag den Dienst quittierte, weil er das Mobbing nicht mehr ertragen konnte?

## Die innere Kommunikation

Macht uns Desintegration krank, so ist Inkongruenz Teil der »normalen« inneren Verfassung eines Menschen, der älter als vier Jahre ist. Bis zu diesem Zeitpunkt, so glauben Kinderpsychologen, können wir uns unsere angeborene Kongruenz bewahren. Dann jedoch bilden sich unsere Teilpersönlichkeiten heraus, die bei vielen von der Lust nach Veränderung, dem Wunsch, dass alles so bleiben möge, wie es ist, und von »blockfreien« oder ziellosen Anteilen, die sich heute für dieses und morgen für jenes begeistern, gebildet werden. Vielleicht aber haben Sie noch ganz andere Teilpersönlichkeiten in sich?

Möchten Sie sie herausfinden? Das ist nicht so schwierig – diskutieren Sie mit Ihren inneren Anteilen über ein Thema, das Ihnen am Herzen liegt. Vielleicht über einen Wechsel des Arbeitsplatzes? Freut sich ein Teil von Ihnen auf die neue Herausforderung, während ein anderer Teil nur das Risiko sieht? Ein dritter Teil ist vielleicht sogar empört: Immer hübsch bescheiden bleiben! Nicht das Schicksal herausfordern! Nicht übermütig werden!

Meistens gelingt es uns, diese Anteile – die übrigens in der Regel völlig normal sind und nichts mit Krankheit zu tun haben – unter einen Hut zu bringen. Wenn nicht, dann hindern sie uns daran, kongruent zu sein und überzeugend zu kommunizieren. Wir sollten also versuchen, durch die Diskussion unsere wahren Prioritäten herausfinden. Was ist für uns das Wichtigste?

## Kennen Sie Ihre Werte?

Fällt es Ihnen schwer, diese Frage zu beantworten? Den Fachleuten geht es dabei nicht anders! So stellte der amerikanische Psychologe und Motivationsforscher Steven Reiss Mitte der 90er-Jahre überrascht fest, dass die eigene Wissenschaft ihm kaum dabei half, die bohrenden Fragen nach seinem wahren Selbst zu beantworten. Weder bei Sigmund Freud noch bei William James fand er dazu das passende Werkzeug. Abraham Maslows relativ grobe Einteilung nach den fünf Grundbedürfnissen Selbsterhaltung, Sicherheit, Kontakt, Anerkennung, Selbstverwirklichung, die unser Verhalten steuern, erschien ihm zwar zutreffend, doch nicht differenziert genug, um das komplexe menschliche Verhalten zu erklären. Steven Reiss staunte. War die alles entscheidende Frage »Wer bin ich?« wissenschaftlich noch gar nicht geklärt? Erfolg, Erotik, Kinder, Karriere ... was war es wirklich, das die Menschen antrieb?

Gemeinsam mit der Psychologin Susan Haverkamp[19] entdeckte der Wissenschaftler in den folgenden Jahren weit über 400 unterschiedliche menschliche Ziele. Diesen ordneten sie nach gründlichem Studium 16 grundlegende Motive zu:

**Reiss/Haverkamp: 16 grundlegende menschliche Motive**

| | | | |
|---|---|---|---|
| Macht | Unabhängigkeit | Neugier | Anerkennung |
| Ordnung | Anerkennung | körperliche Aktivität | Ruhe |
| Sparen | Ehre | Idealismus | Beziehungen |
| Status | Rache | Romantik | Ernährung |

Bald kristallisierte sich heraus, dass jeder Mensch ein ganz spezielles Motivationsprofil hat; lebt er danach, wird er laut Reiss belohnt: »Glück und Zufriedenheit sind Nebenprodukte, die anfallen, wenn wir erreichen, was wir wirklich wollen.«

Interessanterweise sind Glück und Zufriedenheit seiner Meinung nach aber nie selbst das eigentliche Ziel, auch wenn wir oberflächlich immer davon reden. Darum unterscheidet er zwischen dem »Wohlfühlglück« – spontanen, schönen Erfahrungen – und dem »Werteglück«, das wir erreichen, wenn wir wirklich das tun, was uns im Innersten wichtig ist. Nur dieses »Werteglück« verleiht seiner Meinung nach dem Leben wirklichen Sinn.

Vielleicht lohnt es sich, sich über diese Differenzierung Gedanken zu machen. Verwirklichen Sie Ihr »Werteglück« oder streben Sie Ziele an, die Ihnen, wenn Sie ganz ehrlich sind, gar nicht so wichtig sind? Oft zwingt uns unsere Umgebung in der Kindheit Werte auf, mit denen wir unser ganzes Leben auf Kriegsfuß stehen. Einem Kind zu vermitteln, was Ordnung und Sauberkeit bedeutet, hat seinen Sinn, aber nur, wenn die Bezugspersonen tatsächlich von diesem Wert überzeugt sind, nicht weil »man« es so macht. Kinder haben ein ganz feines Gespür dafür, ob Erwachsenen etwas wirklich am Herzen liegt oder ob sie nur so tun. Laut Reiss steht Ordnung nämlich für das Streben nach innerer Stabilität, Klarheit und guter Organisation – und das bedeutet wesentlich mehr als das elterliche »Räum endlich dein Zimmer auf!«

Viele Menschen erkennen erst in der Lebensmitte, dass sie von Werten beherrscht werden, die gar nicht ihre eigenen sind. Denn nicht nur die Eltern, auch die Gesellschaft drängt uns in bestimmte, dem Zeitgeist entsprungene Positionen. War es früher die Tyrannei der Pflichterfüllung, so ist es heute der Zwang zum Glücklichsein. Wir brauchen unbedingt den Traumpartner, den Traumjob und den Traumurlaub – dabei gibt es weder das eine noch das andere. Sogar in der Mitte des Lebens lassen wir uns noch von allgemeinen Glücksrezepten verunsichern, statt selbstbewusst zu sagen: Ich schaffe mir mein Glück.

Doch auch wenn wir wissen, welche Werte uns wirklich wichtig sind, können wir uns manchmal nicht entscheiden. Wir haben eine sehr gute Idee – ein Teil von uns möchte sie am liebsten sofort verwirklichen, ein anderer Teil jedoch hält uns zurück – sollen wir oder sollen wir nicht? Widersprüchliche Gefühle verunsichern uns, wir zögern – und verpassen dann vielleicht eine Chance!

Sie spielen mit dem Gedanken, sich selbstständig zu machen? Gestern wollten Sie den Mietvertrag für die Geschäftsräume unterschreiben, doch heute haben Sie plötzlich Angst, dass sie den benötigten Bankkredit niemals zurückzahlen werden können? Vorgestern hatten Sie um ein Haar schon die Ware für Ihren Laden geordert und gestern sagten Sie dem Lieferanten, er möge Sie aus seiner Kartei wieder streichen?

## Feiern Sie eine Parts-Party!

Wir machen Ihnen einen Vorschlag: Laden Sie Ihre unterschiedlichen Anteile zu einem imaginären Meeting ein! Bestimmen Sie einen Konferenzleiter – am besten suchen Sie sich dazu einen weiteren Anteil aus, und zwar einen, der Sie bisher immer gut beraten hat – zum Beispiel Ihre Verlässlichkeit oder Ihre Umsicht –, und lassen Sie dann Ihre Teilnehmer diskutieren.

Das könnte sich so anhören:

Frau Herausforderung: »Das ist doch genau das, was wieder Schwung ins Leben bringt, da steigt der Adrenalinspiegel.«

Frau Nur-kein-Risiko: »Das ist es ja gerade. In diesem Alter kein Risiko mehr.«

Herr Beharrlich: »Ich muss Ihnen zustimmen, Schuster, bleib bei deinen Leisten.«

Frau Abenteuer: »Da kann man sich doch gleich begraben lassen, wenn gar nichts mehr geht ...«

Frau Herausforderung: »Auch eine Anstellung ist heute nicht mehr sicher ...«

Herr Beharrlich: »Trotzdem, nach so langer Zeit geht man nicht freiwillig!«

Frau Nur-kein-Risiko: »Richtig! Die paar Jahre! Zähne zusammenbeißen und ausharren!«

Vielleicht gelingt es Ihnen, sich zwischendurch kurz auszumalen, was ein Beobachter wahrnehmen würde: Würde er an Ihrem Äußeren erkennen, was in Ihrem Inneren vor sich geht?

Wenn Sie andere Menschen aufmerksam beobachten, wird Ihnen auffallen, dass wir ständig Zeuge der inneren Diskussionen anderer werden. Unser Gegenüber verkrampft die Hände? Zuckt mit den Augenbrauen? Die Fußspitzen schlagen auf den Boden, die Finger trommeln auf die Stuhlkante – nur zur aktuellen Diskussion, da passen diese Bewegungen nicht? Aber vielleicht zu den inneren Vorgängen? Ahnen Sie, welche Anteile sich in Ihrem Gesprächspartner streiten, während Sie ihn zu überzeugen versuchen, dass Ihr Vorschlag der bessere ist?

Jetzt verstehen wir, warum wir von kongruenten Menschen fasziniert sind: Sprache und Körpersprache stimmen überein, der Funke springt über – die Energie unseres Gesprächspartners erfasst auch uns, denn der innere Dialog bestimmt nicht nur die Körpersprache, sondern auch die Ausstrahlung!

Doch wie bringen Sie Ihre »Parts-Party«, so nennt die NLP-(Neurolinguistisches Programmieren-)Meisterin Genie Z. Laborde[20] die Konferenz unserer inneren Anteile, zu einem erfolgreichen Ende? Verhandeln Sie so lange, bis Sie zu einer Übereinkunft gekommen sind, der alle Anteile zustimmen können. Wie dieser Konsens aussieht, ist unwichtig – wichtig ist nur, dass alle inneren Anteile ihm zustimmen und mit ihm leben können. Sind Sie sich dennoch unsicher, ob das Ergebnis wirklich tragfähig ist, setzen Sie noch einen weiteren Konferenztermin an und überprüfen Sie das Ergebnis noch einmal. Nur wenn Ihre Anteile wirklich neue Argumente vorbringen können, steigen Sie noch einmal in die Diskussion ein. Hüten Sie sich davor, sich zu verzetteln und innerlich immer und immer wieder die gleichen Punkte durchzugehen. Treffen Sie eine Entscheidung und stehen Sie dazu. Unschlüssigkeit ist der größte Zeitdieb, den es gibt, und einer der teuersten.

In unseren Seminaren fällt uns immer wieder auf, dass sich in der Mitte des Lebens mit Vorliebe drei innere Anteile zu Wort melden: Frau Nur-kein-Risiko und die Herren Beharrlichkeit und Bequemlichkeit haben in vielen Häusern Einzug gehalten! Auch bei Ihnen? Doch je mehr wir ihnen nachgeben, desto stärker dehnen sie Ansprüche aus. Die Folge: Unser Leben verändert sich nicht. Im Gegenteil: Unser Aktionsradius wird immer kleiner, unser Handlungsspielraum immer enger. Diese Enge überträgt sich auf alles, was wir tun – wir werden schmalspurig und farblos, gesetzt und alt.

Was bedeutet das für uns?

Unser innerer Dialog ist das Barometer unserer Gedanken und unseres Selbstbewusstseins. So wie wir innerlich mit uns sprechen, so geben wir uns äußerlich. Beeinflusst Ihre innere Kommunikation Sie in zu einseitiger Weise? Vielleicht bemüht, den Status quo aufrechtzuerhalten, zwingt sie Sie, eingefroren in Aussehen und Verhalten in die immer gleiche Spur? Oder bemüht sie sich angestrengt, Sie dazu zu verleiten, dem Etikett »Berufsjugendlicher« alle Ehre zu machen? Am gefährlichsten ist der Pfad der Resignation: Was soll schon noch geschehen? Was kann denn noch geschehen? Das Leben ist doch gelaufen!

## Ändern Sie Ihren inneren Dialog!

Wie auch immer Ihre augenblickliche Situation aussehen mag, Ihren inneren Dialog können Sie verändern! Machen Sie sich bewusst, dass jede dauerhafte Veränderung von innen nach außen geschieht – auch bei jenen, die auf spektakuläre äußere Weise beginnen. Haben Sie schon einmal gehört, wie wenig Lottomillioäre mit ihrem Gewinn wirklich glücklich werden? Der schnelle Reichtum scheint viele Menschen zu überfordern: Innerlich können sie mit den Möglichkeiten, die sich ihnen eröffnen, nicht Schritt halten. Im Gegensatz dazu gibt es eine ganze Reihe von Menschen, die mit ihrer erarbeiteten Rente gut zurechtkommen, auch wenn sie nur bescheiden ist – sie sind innerlich gut auf ihre Umstände eingestellt.

Die innere Einstellung in der zweiten Hälfte des Lebens zu verändern, ist natürlich nicht ganz einfach, doch es ist oft der einzige Weg, um die Zukunft nicht resigniert abzuleben, sondern tatkräftig zu gestalten.

Was ist zu tun?

Zuerst müssen wir unserem inneren Dialog auf die Spur kommen. Nehmen Sie ein Blatt Papier und markieren Sie bestimmte Zeiten: vielleicht 8 Uhr, 10 Uhr, 12 Uhr – bis in den Abend hinein. Versuchen Sie dann eine Woche lang, zu diesen Uhrzeiten Ihrem inneren Dialog zu lauschen. Ob Sie ein Angebot entwerfen oder den Report kontrollieren, halten Sie kurz inne und machen Sie sich ein paar Notizen. Was denke ich im Augenblick? Wie denke ich im Augenblick?

| | **Istzustand** | **Sollzustand** |
|---|---|---|
| 8 Uhr | | |
| 10 Uhr | | |
| 12 Uhr | | |
| 14 Uhr | | |
| 16 Uhr | | |
| 18 Uhr | | |
| 20 Uhr | | |
| 22 Uhr | | |

Notieren Sie diese Gedanken in Sichworten. Sind sie positiv oder negativ? Eilt Ihr innerer Dialog der Gegenwart voraus oder hängt er in der Vergangenheit? Bauen Sie sich innerlich auf oder machen Sie sich Vorwürfe? Treiben Sie sich an oder ermahnen Sie sich zu Ruhe und Besonnenheit?

Verläuft Ihr innerer Dialog negativ, raubt er Ihnen Energie. Doch diese Kraft fehlt Ihnen im Hier und Jetzt. Reagiert Ihr innerer Dialog auf diesen Raubbau mit noch heftigeren Attacken?

Nach wenigen Tagen werden Sie ein Muster erkennen.

Nun nehmen Sie ein weiteres Blatt zur Hand. Fragen Sie sich, welche Gedanken Sie in den festgehaltenen Situationen positiv unterstützt hätten. Wäre Ihnen zum Beispiel die Computerarbeit leichter gefallen, wenn sie eine andere innere Musik begleitet hätte? Notieren Sie diese Überlegungen.

Dann nehmen sie ein drittes Blatt und legen es zwischen die beiden beschriebenen. Jetzt haben Sie Ihre Aufgabe optisch vor sich: Was muss ich ändern, um vom linken Istzustand in den rechten Sollzustand zu kommen?

***Karin***

*Karins innerer Dialog kreiste den ganzen Tag um ihren Vorgesetzten. Aber nicht, wie sich in einem Coachinggespräch herausstellte, weil ihr Chef so unangenehm war, sondern weil Karin ihre Arbeit nicht beherrschte. Sie war mit der Aufgabe, allein eine Marketingstrategie zu entwickeln, überfordert. Einer ihrer inneren Anteile, der sehr ehrgeizig war, weigerte sich aber strikt dagegen, dass sie um Unterstützung bat. Ein zweiter Anteil, der sich vor jeder Anspielung auf ihr Alter fürchtete, geriet ebenfalls in Panik. Würde man ihre mangelnden Kenntnisse nicht mit ihren 54 Jahren in Zusammenhang bringen? Der Dritte im Bunde war etwas nachsichtiger, doch auch nicht unterstützend. Immer wieder wollte er wissen: »Warum tust du dir das an?«*

*Kein Wunder, dass dieser innere Dialog Karin verunsicherte.*

Wir überzeugten Karin, dass sie an ihren Fachkenntnissen, an ihrem Verhalten und an ihrem Selbstbewusstsein arbeiten musste.

Positives Denken allein verändert den inneren Dialog nur kurzfristig.

Wir müssen handeln. Vom Kraftpunkt der Gegenwart aus. Für Karin bedeutete das: sich einzugestehen, dass ihre Kenntnisse tatsächlich nicht ausreichten. Zuzugeben, dass das unprofessionelle »Herumdoktern« sie nicht weiterbringen würde. Einen konstruktiven Weg aus der Krise zu finden.

Vielleicht zeigt Ihre Aufstellung ein ganz anderes Bild. Vielleicht ist Ihr größter Feind Ihre eigene Vorstellung. Sie bringen die fachlichen Voraussetzungen mit, doch denken zu negativ, um die Aufgabe optimal zu meistern. Dieses negative Denken kann Menschen im Laufe der Jahre so beeinflussen, dass sie sich schließlich sogar Aufgaben, die weit unter ihrem Ausbildungsniveau liegen, nicht mehr zutrauen. Ebenso können nicht verarbeitete negative Erfahrungen Ihnen dazwischenfunken – wenn Sie sie unbewusst immer wieder als Referenzerfahrung heranziehen. Laufen Sie hier Gefahr, dann wäre es gut, sich mit diesen Ereignissen noch einmal zu beschäftigen. Erfahrungen kann man nicht aus der Erinnerungen löschen, aber man kann sich bewusst mit ihnen auseinander setzen. Gelingt die Aufarbeitung, verlieren sie ihren negativen Einfluss.

Doch Sie können sofort etwas für sich tun.

Schreiben Sie sich selbst einen Brief.

*Liebes Ich,*

..........................................................................................

..........................................................................................

..........................................................................................

..........................................................................................

..........................................................................................

..........................................................................................

..........................................................................................

Versuchen Sie, sich aus einer anderen Perspektive zu betrachten. Tun Sie so, als würden Sie einem Freund schreiben. Zählen Sie auf, was Sie an diesem Freund im positiven Sinne erwähnenswert finden. Jede Einzelheit ist wichtig! Sagen Sie ihm außerdem, dass alles, was er bisher erlebt hat – auch die negativen Erfahrungen –, ihn genau zu dem Wendepunkt geführt hat, an dem er nun steht. Die Vergangenheit war die Lehrzeit, nun folgt, mit 50*, die Meisterschaft. Machen Sie Ihrem Freund Mut. Sagen Sie ihm, dass nichts – keine Erfahrung und kein Ereignis – in seinem Leben umsonst gewesen ist. Jeder Tag ist wie ein Faden im Teppich des Lebens. Keiner darf fehlen. Doch genau wie bei einem Teppich die Farben wechseln, so wechselt auch beim Menschen die Farbe des inneren Dialogs. Die Mitte des Lebens ist der ideale Zeitpunkt für diese Korrektur.

Bitten Sie Ihren Freund, den zweiten Teil des Teppichs in einer fröhlichen Farbe weiterzuknüpfen – seinen inneren Dialog von nun an in anderen Worten zu führen. Formulieren Sie einige Beispiele – nehmen Sie die Anregungen aus den Aufzeichnungen. Dann empfehlen Sie ihm, diese neue Form der inneren Kommunikation vier Wochen lang zu trainieren. Versprechen Sie ihm eine Belohnung, wenn er die »Mental-Diät« durchsteht.

Stecken Sie den Brief in einen Briefumschlag und schicken Sie ihn ab – an Ihre eigene Adresse.

Mit dieser mentalen Kur können wir tatsächlich unseren inneren Dialog in eine andere Richtung lenken – doch seien Sie sich bewusst, dass diese Diät die schwerste ist, die Sie je gemacht haben. Der Lohn aber ist mit ein paar verlorenen Pfunden nicht zu vergleichen!

## Der verstummte innere Dialog

Doch vielleicht ist Ihr innerer Dialog so leise geworden, dass Sie ihn nicht mehr wahrnehmen? Es sind zwei Zustände, die ihn, unserer Beobachtung nach, verstummen lassen: Die Frage »Wozu das alles?« und die Erwartungsangst.

Erwartungsangst nennen wir jene Angst vor der Angst, die so mächtig werden kann, dass sie den Menschen an allem hindert, was er tun möchte. Sie kann sich auf alle Ängste beziehen: Angst vor dem Alleinsein, Angst vor dem Alter, Angst vor finanziellen Verlusten oder dem sozialen Abstieg.

Diese Ängste sind an sich nichts Ungewöhnliches, jeder von uns hat sie, mal stärker, mal weniger stark. Wir legen uns bestimmte Verhaltensweisen zurecht, die uns helfen, sie in Schach zu halten. So können wir funktionieren, doch leider gehen wir gleichzeitig der Konfrontation mit ihnen aus dem Weg. Wir stellen uns unseren Ängsten nicht, unsere Rituale machen sie nur erträglich. Doch bricht ein Stein aus unserer Vermeidungsstrategie heraus, gerät oft das ganze Gefüge ins Wanken.

Dieser Stein ist nicht selten der Verlust des Arbeitsplatzes. Mit einem Schlag werden alle Ängste freigesetzt, die bisher verdrängt wurden – oft buchstäblich bis zur letzten Arbeitsminute –, und liegen blank. Um dem Ansturm der Gefühle begegnen zu können, ziehen sich Menschen in dieser Situation extrem in sich selbst zurück. Plötzlich wirken sie auf ihre Umgebung arrogant und überheblich – und vereinsamen in ihrer Verzweiflung immer mehr.

Dies erleben wir oft. Kommen diese Menschen dann ins Seminar, machen sie es weder der Gruppe noch den Trainern leicht, an sie heranzukommen.

Manche stellen sich selbst so ins Abseits, dass sich ihre schlimmsten Befürchtungen bewahrheiten: Sie werden von der

Gruppe nicht angenommen. Die Folge: Ihre nach außen zur Schau getragene Arroganz wird noch heftiger, doch auch die Einsamkeit und vor allem die Angst.

In Einzelgesprächen versuchen wir, diesen Menschen zu helfen, ihre Angst wahrzunehmen und zu benennen. Gemeinsam versuchen wir dann, diese Ängste einzuordnen: Wo kommen sie her und was können wir gemeinsam tun? Natürlich können im Rahmen unserer Arbeit nicht alle Ängste überwunden werden. In diesem Zu-sich-selber-und-zu-seinen-Ängsten-Gehen kann der Mensch erkennen, dass er nicht nur aus seiner Angst besteht, sondern dass es auch kraftvolle Anteile in ihm gibt. Oft wissen wir aber auch ganz handfeste Wege aus ängstigenden Situationen, können praktische Tipps geben, die dem Betroffenen in seiner ängstlichen Befangenheit nicht in den Sinn kommen.

## Der Umgang mit Erwartungsangst

Das Wichtigste aber ist, mit der Erwartungsangst fertig zu werden. Was kann denn wirklich schlimmstenfalls geschehen? Gemeinsam entwerfen wir einen Notplan – in der Art, wie auch Firmen ein »worst case«-Szenario simulieren, um sich auf mögliche Eventualitäten vorzubereiten. Daran erkennen unsere Klienten, dass ein solcher Plan absolut kein Zeichen von Schwäche ist, im Gegenteil. Warum soll etwas, das gut für IBM ist, nicht auch gut für sie sein! Manchmal entwickeln wir sogar noch einen zweiten Plan, um Alternativen zu haben, und schon beginnt ein Prozess, der alle Beteiligten immer wieder erstaunt: Sich aktiv mit den Ängsten auseinander zu setzen lindert die diffuse Erwartungsangst! Das, was wir benennen können, wird griffiger, was griffiger wird, verliert seine Schrecken.

Gleichzeitig ermutigen wir unsere Klienten zu handeln: Bewerben Sie sich, stellen Sie sich vor, rufen Sie an, fragen Sie nach. Aktivität ist der beste Therapeut, wenn gleichzeitig die Erfahrungen – die negativen und die positiven – analysiert und bearbeitet werden. Negative Erfahrungen zeigen uns, wo wir an uns arbeiten müssen, positive, wo unsere Stärken liegen – beides müssen wir erkennen, wollen wir wieder zu einer harmonischen Einheit werden.

Die ersten Schritte auf diesem Weg sind nicht leicht – doch allmählich wird die innere Stimme deutlicher, die alles überlagernde diffuse Angst weicht klareren Einblicken. Langsam spüren unsere Klienten, sie können etwas verändern! Sie sind dem Leben nicht hilflos ausgeliefert, sie können handeln! Plötzlich hören sie ihre eigene innere Stimme wieder!

***Bruno***

*»Chaos herrscht dort, totales Chaos«, versicherte uns der aus »Umstrukturierungsgründen« entlassene Investmentbanker einer Privatbank und rieb sich aufgeregt die Hände. »Dort kann ich alles einbringen, was ich in 25 Jahren rund ums Banking gelernt habe«, und machte sich in Gedanken sofort an die Arbeit in der Start-up-Firma, die ihn unbedingt haben wollte. Keiner seiner zukünftigen Kollegen hatte ihn nach seinem Alter gefragt, alle interessierten sich nur für seine Erfahrungen und für den Tag, an dem er endlich bei ihnen anfangen konnte.*

Es ist immer wieder eine Freude, einen Menschen vor sich zu sehen, der nach einer verzweifelten Zeit plötzlich den Sinn in seinem Leben entdeckt hat, der weitergeben kann, was er in einem erfolgreichen Leben lernen durfte. Lange Zeit war sein innerer Dialog verstummt gewesen. Lange Zeit hatte er sich gefragt: »Wozu sich bemühen, wenn doch der Sinn hinter allem fehlt?«

Immer wieder werden wir mit dieser Frage konfrontiert. Immer wieder erkennen wir die Wahrheit der Worte Victor E. Frankls: »Es ist der Sinn, den der Mensch, so vor allem anderen leben will, vor der Befriedigung seiner Lust, seinem Geltungsstreben und auch seiner Selbstverwirklichung.«

Doch diesen Sinn kann der Mensch sich offenbar nicht selbst geben, wie Uwe Böschemeyer, der in Hamburg eine logotherapeutische Beratungsstelle nach den Grundsätzen Frankls aufbaute, glaubt. Er kann ihn nur finden. »Leben«, so meint er, »hat Aufgabencharakter. Das Leben stellt einem Fragen und die hat man zu beantworten, in dem man sein Leben verantwortet.«[21] – »Jedes Leben hat einen konkreten Sinn«, hatte schon Frankl gesagt und hinzugefügt, dass sich dieser Sinn immer aus der Einzigartigkeit der Person und der Einzigartigkeit ihrer Situation ergebe.

Betrachten Sie doch Ihr Leben auch einmal aus dieser Perspektive – fragen Sie sich, was Sie zu geben haben. Gibt es Gruppen, die Ihr Wissen unbedingt brauchen, es sich aber nicht leisten können? Vielleicht können Sie es sich leisten, diesen Menschen Ihr Wissen zur Verfügung zu stellen?

Sie sind zu sehr mit sich selbst beschäftigt, um diese Perspektive wahrzunehmen? Kein Wunder in unserer egozentrierten Zeit, denn der Grad vom gesunden Selbstbewusstsein zum alles kompensierenden Sich-um-sich-selbst-Drehen ist schmal. Doch die Beobachtung Ihres inneren Dialogs kann Ihnen auch hier wichtige Erkenntnisse liefern: Haben Sie sich in einem zu intensiven Ich-gegen-den-Rest-der-Welt-Gefühl verstrickt? Dann suchen Sie sich fachmännische Hilfe, denn diese Verfassung bringt Sie sich nicht näher, sondern entfernt Sie immer mehr von sich selbst.

Versuchen Sie gemeinsam mit Fachleuten, die Barrieren zu erkennen, die Sie an Ihrer Entfaltung hindern. Vielleicht die Ansprüche Ihrer Eltern? Die Vorstellung, die Ihnen Ihre Familie mit auf den Weg gegegeben hat? Die Anforderungen, die zu erfüllen noch immer von Ihnen erwartet werden?

Ändert sich Ihr innerer Dialog, so verändert sich alles: Ihre Einstellung, Ihre Austrahlung, Ihre Kommunikation. Sich selbst anzunehmen ist der erste Schritt auf dem Weg zum Anderen, zum erfolgreichen Miteinander und zur erfolgreichen Projektarbeit. Sich selbst innerlich zu unterstützen heißt, auch andere erfolgreich unterstützen zu können. Ihr positiver innerer Dialog ist die beste Voraussetzung für gelungene Zusammenarbeit.

# 4. Effektiver Umgang mit Teams

*Wer den Konflikt verdrängt, scheut die Wahrheit.*

Hans A. Pestalozzi

## Persönlichkeit und Teams

Kaum etwas verändert sich im Augenblick so durchgreifend wie die Art, Arbeitsplätze zu gestalten: Unternehmen denken heute in Projekten und arbeiten in Teams. Zwar treffen wir die altvertraute Ordnung von Stab und Linie noch an, immer häufiger wird diese Organisationsform jedoch zu einer flacheren Hierarchie geschliffen: Vorstand, Abteilungsleiter, Mitarbeiter. Trotzdem, vielen Managern und Wissenschaftlern geht der Wandel noch nicht schnell genug. Sie fordern, dass weitere disziplinäre und organisatorische Grenzen fallen müssen, wenn unsere Wirtschaft bei der Internationalisierung der Unternehmen mithalten und die Synergieeffekte nutzen will, die bei der immer stärker werdenden Vernetzung der einzelnen Fachbereiche entstehen.

»Die Wirtschaft erlebt den größten Wandel seit der industriellen Revolution«. Zu diesem Ergebnis kommen auch Claudia Kostka und Annette Mönch und warnen: »Veränderungsprozesse werden in ihrer Komplexität oft unterschätzt.«[22] Weil sie am grünen Tisch entwickelt werden und den Menschen außer Acht lassen? Vielen geht der Wandel zu schnell, sie sehnen sich nach den altvertrauten hierarchischen Stufen, die klare Kompetenzen absteckten und Sicherheit vermittelten. Heute ist der Entscheidungsspielraum des Einzelnen oft wesentlich weiter gespannt und so mancher Mitarbeiter bekommt auf seine Bitte nach klaren Vorgaben ein ausweichendes »Aber das wissen Sie doch selbst« zu hören.

Was bedeutet das für uns?

Wir müssen uns an neue Strukturen, neue Zuständigkeiten und größere Spielräume gewöhnen. Fatalerweise beschleicht uns in der Mitte des Lebens oft eine irrationale Unsicherheit, plagen uns lähmende Zweifel. Sind die Entscheidungen, die wir treffen, auch wirklich die richtigen? Gäbe es andere, bessere Möglichkeiten? Dieses Nachsinnen empfinden unsere jungen Kollegen als zögerlich und schon stecken wir wieder mitten in einem *intergenerativen Konflikt*: Schnelligkeit contra Fehlervermeidung. Schnelligkeit – nicht zu verwechseln mit hektischem Aktionismus – ist heute ein Muss, denn die neuen Technologien geben in vielen Bereichen die Geschwindigkeit vor. Doch um schnell zu sein, müssen wir uns Fehler zugestehen, und genau hier liegt für viele 50* ein großes Problem: Fehler waren für sie – und sind es oft noch immer – ein Tabu. »Alles richtig machen« lautete ihr Motto, ohne jedoch zu fragen, ob es »das Richtige« überhaupt gibt.

Viele Manager betrachten die Dinge inzwischen differenzierter. Ihnen ist bewusst geworden, dass es viele Wege zum Erfolg gibt, doch dieser Vielfalt wird der hierarchische Führungsstil nur selten gerecht. So fragen sie sich, ob es nicht klüger sei, den Mitarbeiter schon zu Beginn eines Projekts aktiv in den Entscheidungsprozess mit einzubeziehen, es ihm vielleicht sogar vollkommen selbst zu überlassen, wie er die Aufgabe löst.

Manche Chefs gehen sogar noch einen Schritt weiter: Können sich die Mitarbeiter nicht sogar ihre Ziele selbst stecken?

Immer mehr Firmen vertrauen inzwischen darauf, dass ihre Belegschaft »Erfolg« im Sinne des Unternehmens interpretiert und Wege finden wird, um ihn zu erreichen. In diesen Betrieben sieht die Firmenleitung ihre Aufgabe vor allem darin, die Rahmenbedingungen zu schaffen, die den angestrebten Erfolg möglich machen. Dabei spielt es keine Rolle, ob sich ein Team vornimmt, neue Märkte zu erobern, den Umsatz zu erhöhen oder den Ausschuss zu senken. Wichtig ist allein, dass das Projekt dazu beiträgt, die Unternehmensziele zu realisieren.

Dass dabei möglicherweise Fehler gemacht werden, ist allen Beteiligten klar. Doch das Bewusstsein, dass *nicht* zu handeln in jedem Fall der größere Fehler wäre, hat sich in diesen Betrieben bereits durchgesetzt.

»Was muss man tun, um in Ihrem Unternehmen Karriere zu machen?«, wurde einst Jack Nasser, damals noch Vorstandsvorsitzender der Fordwerke, von einem Journalisten gefragt. Auch wenn Nasser in seiner Position inzwischen vom Urenkel des Firmengründers Henry Ford abgelöst wurde, seine Antwort fasziniert noch immer: »Die Fehlerquote verdoppeln.«

Diese Aussage ist jedoch weder als Freibrief für Nachlässigkeit noch für zu kurz geratene Überlegungen zu verstehen, sondern als Aufforderung, aktiv und kreativ im Sinne des Ganzen zu denken und zu handeln. Dazu gehört auch, schnell zu sein, denn Fehler müssen sofort korrigiert und in den Erfahrungsschatz integriert werden. So betrachtet sind Fehler kein Makel, sondern Teil des lebendigen »lebenslangen Lernens« und die effektivste Methode, mehr über sich selbst und das Arbeitsfeld herauszufinden. Natürlich stoßen wir dabei an Grenzen – innere und äußere.

## Innere Grenzen

Unsere inneren Grenzen haben nur auf den ersten Blick etwas mit unserem Alter zu tun, entscheidender sind unsere Erfahrungen. Sind wir mit uns zufrieden, stolz auf unsere Stellung im Beruf und im Privatleben, treten die schmerzlichen Einschnitte in unserem Leben zurück. In den Phasen des Umbruchs aber spüren wir deutlich, es gibt sie noch, die schlecht vernarbten Verletzungen, die nicht integrierten Schattenbereiche, die Alarmknöpfe, die im Nu anspringen. Gelebtes Leben hinterlässt Spuren – nicht nur äußerlich. Vielleicht möchten wir nicht mehr kritisiert werden, vielleicht sehnen wir uns danach, endlich so akzeptiert zu werden, wie wir sind. Vielleicht möchten wir endlich hören, dass wir »gut« sind. Und dann geschieht genau das Gegenteil: Statt Zustimmung ernten wir Kritk, statt Rücksicht zu erfahren, werden wir mit Forderungen konfrontiert. Obendrein erklärt uns der junge Kollege aus der Marketingabteilung auch noch, wie gestrig unser Blickwinkel sei und wie konventionell unser »approach«.

Und da sollen wir von der Forderung, weitere Grenzen zwischen Abteilungen und Disziplinen fallen zu lassen, begeistert sein und uns freudig daranmachen, unsere eigenen auszuloten?

Doch zu mauern hilft uns nicht weiter, im Gegenteil. Gerade mit 50* brauchen wir die Auseinandersetzung mit der Jugend, dem Zeitgeist, der Kritik. Verzichten wir darauf, bleiben wir nicht etwa der, der wir sind, sondern wir beginnen zu schrumpfen. Physisch und psychisch, fachlich und persönlich.

## Den Wandel annehmen

Nur der Wandel hält uns jung. Verliert nicht auch eine reife Eiche im Winter ihre Blätter und lässt los, um im Frühjahr wieder neue Blätter zu treiben? Warum diesen Kreislauf nicht auch für uns bejahen? Warum sich nicht von alten Angewohnheiten, Ansichten und Verhaltensweisen trennen und neue entwickeln? Warum nicht den Blick in die Arbeitsweise der anderen Abteilungen als Wachstumsimpuls begreifen, den Blickwinkel fremder Disziplinen als Erweiterung des eigenen betrachten?

»Change-Muffel« nennt Maja Suderland[23], Mitglied der Forschungsgruppe Bildung, Organisation und inkorporiertes Wissen von der TU Darmstadt, die »Hardliner«, die sich der Herausforderung der Transparenz widersetzen, und macht diese Spezies besonders unter den Spezialisten aus. »Hartnäckig und änderungsresistent«, so charakterisiert die Forscherin jene hoch kompetenten Wissenschaftler, die sich weigern, interdisziplinär zu denken und zu handeln. Ein weiterer Hemmschuh: Jede Disziplin entwickelt eine ganz bestimmte Art und Weise des Herangehens an Aufgaben und Probleme und ist oft unfähig, sich in die Sichtweisen der anderen hineinzuversetzen. Die Folge: Man trifft auf Kollegen, die man zwar auf ihrem Gebiet für kompetent, in ihrer Art an die Dinge heranzugehen aber für unmöglich hält.

Doch ist nicht jeder erfahrene Mitarbeiter auf seine Weise ein Spezialist?

Immer wieder hören wir von Klienten, dass sie ihr Fach beherrschen und sich nichts sehnlicher wünschen, als in Ruhe arbeiten zu können, doch den Eindruck haben, dass die Unternehmensleitung gerade dies verhindern möchte: Kein Tag verginge, ohne dass ihnen von anderen Abteilungen neue Ideen und Vorschläge unterbreitet und andere Lösungsansätze präsentiert würden. Gingen sie darauf ein, würde ihnen später wichtige Zeit fehlen, verweigerten sie sich der Kommunikation, würden sie als eigensinnig und teamunfähig gelten. Wie, so möchten sie von uns wissen, sollen sie sich verhalten?

Unser Ansatz mag sie überraschen: wie ein höflicher Gast in einem fremden Land. Sich mal auf sich selbst besinnen und mal mehr auf die anderen eingehen, doch immer bereit, etwas Neues zu erfahren.

»Interdisziplinäre Projekte müssen als interkulturell begriffen werden«, belegen neuere Forschungen der Fachkulturforschung der TU Darmstadt, eines Zweiges der Bildungssoziologie, denn jede Disziplin entwickelt offenbar schon in der Ausbildung so prägende Merkmale, dass eine Zusammenarbeit ohne die Bereitschaft, den anderen in seiner Eigenart anzunehmen und zu schätzen, nicht gelingen kann.

## Starre Blickwinkel

Ein 50-jähriger Ingenieur hat nicht nur seine ganz persönlichen Vorlieben und Schwächen, auch seine Weltsicht ist durch sein Studium und seine Erfahrung eingefärbt. Dort, wo ein Werbetexter ein Produkt mit schmissigen Zeilen beschreibt, wird er mit exakten sachlichen Argumenten aufwarten. Dort, wo ein Kaufmann die Segel streicht, wird er sich so lange festbeißen und nach der richtigen technischen Lösung suchen, bis er sie gefunden hat.

Doch welcher Ansatz ist der richtige? Natürlich der meine, wird der Ingenieur denken und dies mit vielen rationellen Argumenten untermauern. Müssen wir ihm zustimmen? Nein, denn seine Sicht ist eben nicht die ganze Wirklichkeit, sondern nur ein Teil von ihr.

Welche Farbe hat die Wirklichkeit? Wie klar ist glasklar?[24] Diese Fragen weisen uns den Weg. Doch ihn zu gehen, fällt uns mit 50* oft schwer. Zu festgefahren scheinen unsere Perspektiven zu sein, zu eindimensional unser Weltbild! Doch wer sagt uns, was wirklich ist? Warum trennen wir die Felder unseres Lebens so stark, statt zu erkennen, dass sie alle mit einander verbunden sind? Auch wenn wir es vielleicht noch nicht erkennen können, das Netzwerk ist die Organisationsstruktur der Zukunft. Wir bemerken doch schon jetzt, dass wir unser gesamtes Leben nicht länger in streng getrennte Fächer legen können:

hier das geschäftliche, dort das private, hier das philosophische, da das biologische und dort das psychologische.

Vielleicht werden auch Sie bald von zu Hause aus arbeiten und plötzlich bemerken, dass alles miteinander verbunden ist: Beruf und Familie, Freunde, Kollegen und Kunden. Unsere Welten gleiten ineinander – warum dann nicht einmal *bewusst* eine neue Perspektive wagen?

Versetzen Sie sich einmal in eine Maus – ist ihre Weltsicht die richtige? Versetzen Sie sich in eine Katze – hat sie nicht einen größeren Überblick als die Maus, einen größeren Aktionsradius? Nun vergleichen Sie die Katze mit einem Steinadler – wirkt ihr Weltbild nicht plötzlich recht beschränkt?

Jetzt spielen Sie die Konferenz der Tiere, laden Sie die drei zu einem Teammeeting ein und bitten Sie sie, ihre Perspektiven zu präsentieren, und Sie werden ein Bild der Wirklichkeit bekommen, wie Sie es vorher noch nie gesehen haben. Jede Perspektive ist richtig – doch zusammengenommen sind die drei Ansichten unschlagbar. Das ist Teamwork at it's best: Wenn wir uns gegenseitig achten und die Erfahrungen der anderen unseren eigenen hinzufügen, statt sie zu verwerfen – und uns gegenseitig zu fressen.

## Den Blickwinkel erweitern

Der Mensch muss sich nicht von einem Tier in ein anderes verwandeln, um die Welt neu zu entdecken, er muss nur in seinem eigenen Kopf die ausgetretenen Pfade verlassen. Ist 50* dazu nicht eine herrliche Zeit? Wir haben doch bekannte Wege, auf die wir zurücktreten können, sollten sich die neuen doch als unbegehbar erweisen. Wir wissen, wie das Leben funktioniert, zumindest auf unsere Art. Wir kennen den sicheren Hafen, wenn er uns vielleicht auch nicht gefällt. Die Jungen kennen ihn nicht – und darum ist die Zukunftsangst unter ihnen oft viel größer als unsere.

Warum sich also *nicht* auf neues Terrain begeben? Warum also nicht jetzt eine neue Rolle spielen, ein neues Stück kreieren? Der Vorteil? Positive Spannung ins Leben bringen, Aufregung und Glanz. Viele 50* entdecken Welten, die sie früher nie wahrgenommen haben, auch wenn diese Welten um die Ecke lagen. Besonders die Frauen in diesem Alter stellen erstaunt fest, dass sie intensiver leben und genießen können.

Versuchen Sie dies auch einmal im Job! Schlüpfen Sie zur Schärfung Ihrer Wahrnehmung in die Rolle Ihrer Teammitglieder und argumentieren Sie mit sich selbst aus der anderen Ecke heraus. Übernehmen Sie »geistig« den Part Ihres »Kontrahenten« und leben Sie sich mit Herz und Verstand in seine Position ein. Wie fühlen Sie sich? Keimt nicht Verständnis für die Positionen des anderen auf? Entdecken Sie vielleicht sogar ähnliche Züge an sich selbst? Würden Sie als Mitglied der Finanzabteilung vielleicht sogar aus einem ganz ähnlichen Blickwinkel argumentieren? Oder als Marketingexperte genauso strategiebezogen, als Fertigungsleiter ebenso terminbewusst agieren? Wird Ihnen vielleicht plötzlich klar, dass unsere Art, mit Problemen umzugehen, von der Funktion geprägt wird, die wir einnehmen?

Offenbar wird auch die Art, wie wir mit Kritik umgehen, davon geprägt. So fanden die Darmstädter Forscher heraus, dass Kritik zum Beispiel in der Fachdisziplin Geschichte beinahe ein Tabu, in der Architektur jedoch ein »schmerzlich kultiviertes Muss«[25] sei.

Wie ist es bei Ihnen? Wie gehen Sie mit Kritik oder, wie wir heute sagen, mit Feedback um? Doch was genau ist Feedback?

## Feedback

»Feedback stützt und fördert positive Verhaltensweisen, da diese anerkannt werden. Es korrigiert Verhaltensweisen, die dem Betreffenden und der Gruppe nicht weiterhelfen. Es klärt die Beziehungen zwischen Personen und hilft, den anderen besser zu verstehen«, meint Klaus Antons in seiner »Praxis der Gruppendynamik« und unterstreicht damit den positiven Charakter des Feedbacks. Anders als Kritik will Feedback beschreiben statt bewerten, konkret und angemessen sein, sich auf das Verhalten beziehen und die Person nicht als Ganzes abwerten. Es liegt auf der Hand, dass uns das besser mit den so genannten Ich-Botschaften gelingt, oder fühlen Sie sich gut, wenn Ihnen Ihr Chef sagt: »*Sie* haben mich falsch verstanden!«?

Ziehen Sie sich nicht unwillkürlich innerlich zurück? Weil Sie den mitschwingenden Vorwurf aufnehmen? Würden Sie sich nicht besser fühlen, wenn er sagen würde: »Da habe *ich* mich wohl missverständlich ausgedrückt!«?

Vielleicht sind Sie davon überzeugt, über solchen »Lappalien« zu stehen? Es mag Ihnen so vorkommen, doch gerade in der Mitte des Lebens sind wir empfindlich, ob wir es uns eingestehen wollen oder nicht. Doch wenn Sie wirklich über diesen »Feinheiten« stehen, sind Sie sicher, dass Ihre Kollegen es auch tun?

## Der Umgang mit Konflikten

Konflikte im Team werden oft nicht nur durch die Sprache, sondern auch durch unterschiedliche Wertesysteme ausgelöst, die aufeinander prallen, wenn Menschen miteinander leben und arbeiten. Nur selten diskutieren wir über unsere Prioritäten zu Beginn einer Zusammenarbeit – leider auch nicht in den ersten Tagen der Verliebtheit. Wir gehen einfach davon aus, dass unsere Werte automatisch auch die des anderen sein müssen. Auch wenn wir bereits feine Unterschiede erahnen, glauben wir in der ersten Phase eines Projekts oft, sie ausgleichen zu können.

Doch was geschieht, wenn ein Teammitglied für Verspätungen überhaupt kein Verständnis aufbringt, ein anderes aber regelmäßig einige Minuten zu spät kommt? Es wird zuerst auf beiden Seiten eine Vorwurfshaltung, dann Ärger entstehen, mit dem dann wiederum beide unterschiedlich umgehen können: Der eine möchte darüber sprechen, der andere verlagert den Diskurs auf die fachliche Ebene und beginnt sich über Einzelheiten zu streiten, die ohne den unterschwelligen Konflikt schnell zu klären wären.

Auch hier können wir als Erfahrene glänzen: Regen Sie eine Wertediskussion an! Starten Sie den intergenerativen Dialog! Tun Sie dies schon zu Beginn der Zusammenarbeit, so können Sie sich und Ihren Kollegen eine ganze Palette unnötiger Spannungen ersparen.

Viele Unternehmen kennen die Fallstricke der Teamarbeit und versuchen ihre Mitarbeiter schon im Vorfeld durch Seminare und Workshops auf die neue Situation vorzubereiten. Doch nicht alle Firmen sind so weitsichtig und nehmen auf die neuen Erkenntnisse bei der Neugestaltung ihrer Arbeitsstrukturen – dem Reengineering – darauf Rücksicht.

## Das Arbeiten im Team

Es hat eine Weile gedauert, bis uns dämmerte, dass die wahren Spezialisten dort zu finden sind, wo die Arbeit tatsächlich gemacht wird – an der Front. So einleuchtend uns diese Überlegung heute auch erscheinen mag, lange Zeit trauten Wirtschaft und Industrie ihren Arbeitern und Angestellten einfach nicht zu, Zusammenhänge zu verstehen, den Überblick zu behalten und ihre Arbeit selbst organisieren zu können.

Das ist nun anders. Nicht in allen Firmen, doch in den erfolgreichen. Ob im Maschinenbau oder in der Autoindustrie, heute arbeiten Betriebe, die auf ihren Feldern zu den Marktführern zählen, mit Arbeits- und Projektteams und sichern sich dadurch nicht nur die besten Mitarbeiter, sondern auch deren Ideen, Begeisterung und Know-how.

»Ein effektives Arbeiten und Gewährleisten hoher Produktivität ist nur mit einem gut funktionierenden Team möglich«, sagt Sabine Siegl, Arbeits- und Organisationspsychologin, »außerdem macht die Arbeit viel mehr Spaß und die Kreativität ist höher.«

So setzt auch der Autohersteller Audi seit 1996 verstärkt auf Teams. Besonders bemerkenswert: Hier wird nicht nur Wert auf unterschiedliche Disziplinen, sondern auch auf eine unterschiedliche Altersstruktur gelegt, weil die sich gegenseitig »befruchten«. »In einem Enwicklungsteam«, so Audi-Sprecherin Ute Röding, »sitzen Fachleute aus dem Finanzbereich, Techniker und Fertigungsexperten. Ist eine Konstruktionsidee maschinell nicht durchzuführen, kann der Fertigungsexperte das bereits in der Entstehungsphase erkennen und der Vorschlag kann dann gleich umgearbeitet werden.« Das spart Geld. »Früher«, erklärt Röding, »war es so, dass jeder Bereich für sich alleine gearbeitet hat. Fiel dann in der Endproduktion ein Fehler auf, musste die ganze Kette noch einmal von vorne anfangen.« Heute werden vom Unternehmen nur noch die Rahmenbedingungen für ein Projekt vorgegeben, wie das Budget, die Entwicklungsdauer und die Kundenbedürfnisse. Wie das vorgegebene Ziel erreicht wird, entscheidet das Team selbstständig und teilt die Aufgaben unter sich auf. Nun trägt jeder einerseits mehr Eigenverantwortung und andererseits mehr Verantwortung für das Projekt – und fühlt sich ganz anders motiviert.

## Intergenerative Teamarbeit

Doch der positive, produktivitätssteigernde Effekt der intergenerativen Teamarbeit zeigt sich nur, wenn Alt und Jung tatsächlich zusammenarbeiten und sich gegenseitig mit ihrem unterschiedlichen Erfahrungshintergrund ergänzen. Jedes Team ist dabei eine Art »kleine Familie«, in der es »Vater« und »Mutter« gibt – nach diesem Modell arbeitet die Organisationsaufstellung, die aus der Familienaufstellung Bernd Hellingers[26] entstanden ist und Teammitgliedern helfen kann, den für sie richtigen Platz im Team zu finden. Hier zeigt sich – wenn alles gut gegangen ist –, dass Erfahrene über eine höhere Toleranzschwelle und größere Souveränität als die Jüngeren verfügen, dass sie mehr darauf achten, dass in den Diskussionen jeder zu Wort kommt, und dass sie auch die Ruhigen auffordern, ihre Position darzustellen.

Besonders deutlich wurde dies in einem unserer letzten Seminare, als ein 54-jähriger Manager das verbindende Glied zwischen den Teilnehmern wurde. Sehr schnell zeigte sich, dass sich »die Jungen« in seiner Gegegenwart gut aufgehoben fühlten, einen größeren Zugang zu ihrer Kreativität bekamen und mehr Ausdauer zeigten.

Als er nicht mehr an den Treffen teilnahm, weil er inzwischen die Position gefunden hatte, nach der er gesucht hatte, wurde die Gruppe nervös und unsicher, doch einen konkreten Grund für die auffällige Verhaltensänderung konnte niemand nennen.

Schließlich blieb sogar die Pünktlichkeit auf der Strecke – bis einigen bewusst wurde, dass Herr X als Teamältester offenbar die Rolle des »Team-Vaters« übernommen hatte.

Genau diese Souveränität ist es, die unsere intergenerativen Fähigkeiten und unser Charisma ausmachen – wir können eine Gruppe zusammenhalten und ihr Sicherheit geben.

Doch wenn es nicht gut gegangen ist? Wenn wir in der Mitte des Lebens nicht souverän, sondern verbittert, nicht toleranter, sondern empfindlicher geworden sind? Vielleicht sollten wir an uns arbeiten? Nichts »nervt« junge Menschen mehr als ein erfahrener Kollege, der momentan mit seinem Schicksal hadert. Es ist nicht nur Unverständnis, das junge Kollegen so hartherzig wirken lässt – es ist oft auch ihre eigene, nicht eingestandene Angst: Wird es mir vielleicht einmal ähnlich ergehen?

Darum klagen Sie nicht, wenn Sie beruflich und/oder privat am Scheideweg stehen. Werfen Sie der Jugend ihre mangelnde Anteilnahme nicht vor – haben Sie es vor 20 oder 30 Jahren anders gemacht? Vielleicht, doch die heutigen 20-, 30- und 40-Jährigen sind in ganz andere Zeiten hineingeboren worden und ganz anders aufgewachsen.

Sie können sicher sein, dass nur wenige Ihrer jüngeren Kollegen wissen, was Mangel ist. Klopften wir noch einen krummen Nagel gerade, so haben die nachfolgenden Generationen sich neue Nägel gekauft – schließlich wuchsen sie im Wohlstand auf. Viele unserer Kollegen kennen es von ihrem Zuhause nicht, Wünsche aufzuschieben. »Ich will alles, ich will alles, und zwar sofort«, hieß ein Schlager ihrer Jugend und sie sind zu einem Teil der Instantgesellschaft – eben gedacht, sofort gemacht – geworden. Gehen Sie einmal mit wachen Augen durch ihre Stadt: Wie viele Menschen essen und trinken auf der Straße? Es mag Zeitmangel sein, vielleicht sogar Gedankenlosigkeit – oft ist es aber schnelle Bedürfnisbefriedigung. Warum warten? Dieses Verhalten zeigt sich auch am Arbeitsplatz und mag uns wie Rücksichtslosigkeit vorkommen, ist aber nur das Ergebnis anderer Erfahrungen.

Diese Erfahrungen spiegeln sich auch im sozialen Verhalten wider. In unseren Seminaren beobachten wir dies beim »NASA-Spiel«, bei dem es nicht so sehr auf schnelle Ergebnisse ankommt, sondern mehr darauf, dass sich wirklich alle einbringen. Hierbei zeigt sich, dass das Ego eines 50* so gefestigt ist, dass er sich nicht zum Wortführer der Gruppe machen muss, um in den Augen der anderen zu glänzen, sondern positiv zusammenführend wirken kann.

Können wir das nicht auch in unseren Firmen verwirklichen?

Unsere kommunikativen Fähigkeiten im direkten zwischenmenschlichen Kontakt als unsere besondere Stärke sehen? Unsere Aufgabe darin finden, Verbindung zwischen den einzelnen Teammitgliedern und ihren Vorstellungen zu schaffen? Sehen wir uns doch verstärkt in der Rolle des Moderators, der im Zuge der schlanken Hierarchiestufen immer mehr an Bedeutung gewinnt, als »Geburtshelfer« für die Ideen der »jungen Wilden« – die wir mit unserer Praxiserfahrung verbinden können.

Sehen Sie im Team eine willkommene Chance, sich selbst zu erneuern, und öffnen Sie sich nach allen Seiten. Rufen Sie sich spielerisch die Voraussetzungen für erfolgreiche Teamarbeit ins Gedächtnis:

**Bekenntnis zum Team**
Die Angehörigen des Teams verstehen sich als eine Einheit, auch wenn sie sich als Individuen einbringen. Sie erkennen, dass sie in der Gruppe mehr erreichen, wenn jeder über ihre persönlichen Ziele hinausgeht.

Wir können uns über diesen Satz ärgern. Wenn wir glauben, es wäre in unserem Alter angemessener, einem Team vorzustehen, als einem anzugehören.

Aber wir können uns als Erfahrener gut einbringen, wenn wir vorausschauend und unterstützend handeln – und uns fragen, was ist uns wirklich wichtig? Dass das Projekt erfolgreich ist? Oder wir? Wie wäre es, wenn wir sagen: »Unser Projekt und wir sind erfolgreich.«?

**Vertrauen**
Die Mitglieder vertrauen darauf, dass jeder andere seine Verpflichtungen erfüllt, Freundschaft nicht missbraucht, Hilfe anbietet und akzeptiert und sich allgemein berechenbar und angemessen verhält.

Auch hier liegen unsere Stärken. Als kraftvoller Kern eines Arbeitsteams können wir den Jungen vorleben, wie Gemeinschaft funktionieren kann. Lassen wir doch einmal das Ego beiseite und engagieren wir uns füreinander!

**Zielbewusstsein**
Die Gruppe weiß, dass sie einen Platz in der Gesamtstruktur des Unternehmens hat. Die Mitglieder leisten einen Beitrag zum Unternehmenserfolg.

Werden wir der inoffizielle Moderator unserer Gruppe! Entwickeln wir einen Stolz, mit jungen Kollegen zusammenarbeiten zu können. Seien wir großzügig: mit unseren Erfahrungen, unserer Zeit, unserem Vertrauen. Freuen wir uns über jeden Fortschritt und teilen wir diese Freude den anderen mit! Visualisieren wir die Ziele und vermitteln wir sie den anderen mit Begeisterung.

**Kommunikation**
Kommunikation bezeichnet die Interaktionen, die die Gruppenmitglieder untereinander pflegen. Interaktionen laufen aber nicht nur auf der Gesprächsebene, sondern auch auf der Handlungsebene ab.

Das ist unsere Baustelle! Unsere Offenheit und Konfliktfähigkeit sind über die Jahre gewachsen, wir müssen sie nur zulassen. Verschanzen wir uns sich nicht hinter negativen Erfahrungen, sondern arbeiten wir sie auf und lassen wir sie los. Erscheint uns das als zu schwierig, geben wir uns wenigstens die Chance, neue Erfahrungen zu sammeln. Wenden wir doch dabei einmal ein Verfahren aus »The Works« von Byron Katies[27] an. Die Amerikanerin hat einen sehr einleuchtenden Weg gefunden, um mit zwischenmenschlichen Schwierigkeiten umzugehen: sich immer bewusst zu machen, ob etwas auch wirklich wahr ist, und sich zu fragen, was ein Vorwurf, den wir anderen machen, mit uns selbst zu tun haben könnte. Ihr Ansatz ist es, diese Fragen dann umzudrehen. So sind wir zum Beispiel der Meinung, es ginge uns besser, wenn Abteilungsleiter Meier uns höflicher behandelt. Wissen wir, ob das wirklich wahr wäre? Drehen wir dann unsere Forderung im Sinne von »The Works« um: Ich möchte mich höflicher behandeln.

Zu unserem großen Erstaunen werden wir feststellen, dass plötzlich nicht nur wir höflicher mit uns umgehen, sondern auch Kollege Meier. Im Prinzip läuft »The Works« darauf hinaus, dass wir die Verantwortung für unser Wohl nicht auf andere abwälzen und meinen, es ginge uns besser, wenn andere anders handelten oder bestimmte Dinge anders laufen würden.

**Kooperation**
Jeder im Team hat eine bestimmte Rolle, keine ist der anderen übergeordnet. Jeder Beitrag wird respektiert und gemeinsam besprochen, das Team entscheidet im Konsens.

Toleranz ist hier das Thema – eine Fähigkeit, die uns Erfahrene auszeichnen kann, wenn wir denn wollen. Toleranz ist eine Eigenschaft, mit der wir zwar alle auf die Welt kommen, die uns aber später oft verloren geht. Haben Sie sich mal gefragt, warum? Es sind nicht nur die eigenen Erfahrungen, die uns engstirniger werden lassen, oft übernehmen wir Urteile von anderen und machen sie zu unseren eigenen Vorurteilen. Doch damit erweisen wir uns einen schlechten Dienst, besonders wenn wir in Gruppen arbeiten. Lassen Sie Ihre Bewertungen, besonders jungen Menschen gegenüber, los und erlauben Sie sich den Luxus neuer Einsichten.

**Leistungsorientierte Methodik**
Wenn die Gruppe ein Zielbewusstsein entwickelt hat, dann braucht sie eine Methodik, um dorthin zu gelangen. Dazu zählen Problemlösungs-, Planungsverfahren und regelmäßige Teambesprechungen.

Betrachten wir das Team nicht als »Kollektivkränzchen«, als modische Zeitvergeudung oder Zwangsvereinigung unvereinbarer Charaktere. Teambesprechungen müssen keine Last sein, sondern können ein Quell der Motivation sein. Übernehmen wir hin und wieder die Initiative und versuchen wir, positive Akzente zu setzen. Machen wir es uns zur Aufgabe, bei jedem Meeting zwei oder drei neue positive Gedanken zu formulieren und fachübergreifende Gemeinsamkeiten zu stärken!

**Was bedeutet der zunehmende Teamgedanke für uns als Führungskraft?**
Der Chef verwandelt sich vom Kontrolleur, Planer und Aufseher durch Teilung der Verantwortung zunehmend in einen Betreuer, Berater und Förderer. Regelmäßige Teamsitzungen sind erforderlich, um die Aufgaben abzustecken und nicht nur im Krisenfall zu kommunizieren.

Doch noch immer glauben einige Manager nicht an Teamarbeit. »Schlechtes Mannschaftsspiel« – so beurteilt das Weiterbildungsmagazin *managerSeminare*[28] die Teamarbeit an den Schalthebeln der Macht und nennt als Beispiel den Abgang Oskar Lafontaines aus der Politik. Auch das *managermagazin* kommt bei einer Befragung von 272 Topmanagern zu einem »trostlosen« Bild. Doch spiegelt diese Momentaufnahme nicht eher das trostlose Selbstbild der befragten Männer und Frauen als die betriebliche Wirklichkeit wider? Zugegeben, nicht jeder Vorgesetzte kommt mit den neuen schlanken Hierarchien zurecht, nicht jeder ist in der Lage, seine Pflichten gegegenüber der Gruppe – zum Beispiel der Informationspflicht – im erforderlichen Maße nachzukommen. Aber werfen diese negativen Eigenheiten nicht eher ein negatives Licht auf den Chef statt auf das System »Teamarbeit«?

Um ein Team wirklich erfolgreich werden zu lassen, muss der Austausch unter den Mitgliedern stimmen: Sie müssen sich verständigen können. Hier können wir 50* unsere kommunikativen Fähigkeiten voll zur Geltung bringen, unsere Barrieren überwinden und mit Einfühlungsvermögen vermitteln. Ein 50*, der mauert, wird nicht die anderen fern halten, sondern sich selbst ausgrenzen.

## Teamarbeit und intergenerativer Dialog

»Fachsimpelei erschwert Kommunikation« – Maja Suderland[29] bringt es auf den Punkt, doch wir möchten diesen Ausspruch nicht nur interdisziplinär, sondern vor allem intergenerativ verstanden wissen.

Fachsimpelei ist immer eine Einschränkung – und gerade das ist es, was wir verlernen müssen. Wir machten unsere prägenden beruflichen Erfahrungen zu einer Zeit, in der der Teamgedanke kaum eine Bedeutung hatte.

Haben wir vielleicht noch die Befehle im Ohr, mit denen wir unsere Ausbildung begannen? War es nicht unsere Pflicht, Respekt vor dem Chef zu zeigen, Anweisungen zu folgen und Vorgaben zu entsprechen? Waren unsere »Lehr- und Wanderjahre« nicht besonders von Anpassung geprägt?

Dennoch, wir haben wichtige Erfahrungen gemacht und sind stolz darauf. Wer nicht folgen kann, kann auch nicht führen – die Wahrheit dieser militärischen Weisheit ist uns in Fleisch und Blut übergegangen. Gleichzeitig aber wurden wir Zeuge ganz erstaunlicher Entwicklungen: Wir haben den ersten Satellitenstart und den ersten Mann auf dem Mond gesehen und wir hörten Präsident Kennedy an der Mauer sagen: »Ich bin ein Berliner«, und wir sahen genau diese Mauer fallen.

»Verbinden wir doch das Erfahrungswissen und die umfassende Kompetenz langjähriger Manager und Spezialisten mit dem Innovationsstreben des Unternehmens und dem Wissen jüngerer Mitarbeiter zu einem effektiven Ganzen«, meint Unternehmensberater Heinz Uepping[30] und drückt damit aus, was uns am Herzen liegt: die gelungene Verbindung von Jugend und Erfahrung. Durch die enge Zusammenarbeit aller Generationen können Ideen entwickelt und Projekte verwirklicht werden, die uns alle in Erstaunen versetzen werden – wenn wir es richtig anpacken!

Machen wir uns unsere »*Erfahrungsintelligenz*« immer wieder bewusst. Aber verkünden wir sie nicht mit erhobenem Zeigefinger, sondern locker, ermutigend, spielerisch. In dem Wissen, dass alle Dinge im Fluss sind, dass wir nicht automatisch eins zu eins übertragen können. Hören wir auf, belehrend zu wirken, verzichten wir auf theoretische Abhandlungen. Gestehen wir den Jungen ihre eigenen Erfahrungen zu, begleiten wir sie mit dem Herzen. Doch erläutern wir auch unseren Denkprozess und verkünden nicht nur unsere Ergebnisse. Gerade an diesem Punkt können wir unsere »*Erfahrungsintelligenz*« den Jungen sichtbar machen. Oft wünschen sich junge Menschen vom großen Wissensschatz der 50* zu profitieren, was sie aber nicht ausstehen können, ist die *Selbstgefälligkeit*, mit der wir unsere Erkenntnisse präsentieren. Hier müssen wir ganz besonders sensibel und klug agieren, denn die Globalisierung und Digitalisierung unserer Arbeitswelt hat *vieles* verändert.

Hören wir zu! Auch hier machen wir Fehler. Weil wir meinen, schon zu wissen, wie ein Problem zu lösen ist, hören wir uns die Vorstellungen der jungen Kollegen mit äußeren Zeichen der Ungeduld und des Missfallens an.

Damit verbauen wir den Weg zu einer kreativen Lösung und laufen Gefahr, nicht optimal zu entscheiden, sondern *nur* aufgrund unserer Erfahrungen, die aber den neuen Zeiten nicht immer gerecht werden. Verkneifen wir uns rhetorische Fragen! Sie haben unterschwellig immer das Ziel, unseren Gesprächspartner zu verunsichern. Verunsicherte junge Kollegen aber greifen uns an unserer empfindlichsten Stelle an: dem Alter! Darum zeigen Sie Respekt vor der Jugend und ihren Ideen – und Respekt wird zu Ihnen zurückfließen.

# 5. Effektiver Umgang mit Zeit und Energie

*Es ist egal, wie schnell du gehst, solange du nicht stehen bleibst.*

Konfuzius

## Persönliches Management

Wir verstehen darunter mehr, als die Gegenwart terminlich in den Griff zu bekommen. Denn um unsere Gegenwart erfolgreich zu gestalten, müssen wir mit unserer Vergangenheit ins Reine kommen.

Mit 50* sind wir heute *noch lange nicht alt*, aber wir sind auch nicht mehr jung.

Es ist kaum 25 Jahre her, da war diese Zeit des Lebens die Zeit des größten Einflusses. Noch 1976 machten in Amerika die 40- bis 65-Jährigen nur ein Viertel der Gesamtbevölkerung aus, verdienten aber mehr als die Hälfte des gesamten nationalen Einkommens. Das Durchschnittsalter der »Entscheidungsträger« in den höheren Etagen, ob in der Politik, im Bankenwesen oder an den Universitäten, lag bei 54 Jahren.[31] Heute werden Schlüsselpositionen in der Wirtschaft mit Männern zwischen 30 und 40 besetzt und auch Frauen, die etwas zu sagen haben, sind jung. Wie zum Beispiel Shobhna Mohn, mit 36 Jahren Geschäftsführerin von Bertelsmann Valley, einer Tochterfirma des Bertelsmann-Konzerns. Sie unterstützt junge Unternehmen mit Kapital, Know-how und Verbindungen.

## Die Generationen

Soziologen gehen davon aus, dass alle zehn Jahre eine neue Generation heranwächst. Innerhalb dieser Zeit verändern sich

Gesellschaft, Politik und Wirtschaft so stark, dass sich auch die Einsichten grundsätzlich wandeln. Geprägt hingegen wird eine Generation zwischen ihrem 15. und 25. Lebensjahr, denn in diesen Jahren ist sie besonders offen und empfänglich für alles, was um sie herum geschieht.

Natürlich macht jeder Mensch unterschiedliche Erfahrungen, doch es gibt Erlebnisse, die auf alle Menschen einer Altersgruppe wirken – Erlebnisse, die eine ganze Generation prägen. Je stärker diese Kollektiverlebnisse sind, desto deutlicher tritt die Generation hervor.

Unsere Generation in den alten Bundesländern, die 68er genannt, lehnte sich gegen den vermufften Konservatismus des Wirtschaftswunderlandes auf. Mit bissigen Parolen, langen Haaren und brennenden Büstenhaltern. Unter den Talaren vermuteten wir »den Muff von tausend Jahren« und unsere Eltern, von Helmut Schelsky die »skeptische Generation« genannt, gingen uns mit ihrer Illusionslosigkeit und ihrem Sicherheitsdenken auf den Geist. Wir sahen nur eines: Spießige Bürgerlichkeit bestimmte ihr Leben, der Aufbau materieller Werte ihren Alltag.

Was unsere Eltern in ihrer Kindheit und Jugend erlebt hatten, darüber wurde mit uns kaum gesprochen. Krieg und Zusammenbruch waren kein Thema, weder am Familientisch noch in der Schule. Nachkriegsdeutschland baute auf – doch die Jugend suchte sich ihren eigenen Weg. Petticoats und weiße Socken waren angesagt, »Halbstarke« mit Lederjacke und öliger Haartolle eiferten Jerry Lee Lewis nach. »Existenzialisten« im Regenmantel mit Françoise Sagan in der Tasche hörten Jazz und lasen »Twen«. Die »Pilzköpfe« traten im »Starclub« auf, Elvis Presley schmachtete aus dem Lautsprecher und die »Rolling Stones« eroberten die Charts.

Doch dann kamen die Helden – und dann kamen wir: Plötzlich hießen die Idole nicht mehr Horst Buchholz und Peter

Kraus, sondern Che Guevara und Marcuse. Plötzlich wurden Macht und Kapitalismus hinterfragt, wurde den Autoritäten misstraut und materielle Werte verachtet. Timothy Leary und Willy Brandt tauchten auf.

»Woodstock« geschah und plötzlich hieß es: »Make peace not war«. Freie Liebe war angesagt und die Visionen von einer Gesellschaft ohne Hierarchie. An den Hochschulen duzten sich Dozenten und Studenten und diskutierten den Marsch durch die Institutionen. Zum ersten Mal wurde gegen die globale Umweltzerstörung protestiert, wurden Atomkraftwerke angeprangert und Dritte-Welt-Läden errichtet.

Steile Karrieren wurden nicht diskutiert – trotzdem begegnen uns heute prominente 68er in höchsten Positionen. Ein Beweis dafür, dass Vergangenheit zwar prägend, aber nicht zwingend ist. Wir können immer noch eine andere Richtung einschlagen.

Diese menschliche Freiheit wird nicht von allen gleichermaßen gut angesehen: Während die einen sie als die Fähigkeit zum Wachstum schätzen, verwerfen sie andere als opportunistische Flexibilität. Aber sind wir hier nicht gefordert, sorgfältig zu unterscheiden? Der Keim des Wachstums ist in jedem von uns angelegt, sprechen wir ihn niemandem ab!

## Die Midlife-Position

Doch nicht jeder der heutigen 50* findet sich in Amt und Würden. Viele empfinden sich eher in einer Position, die dem Begriff des »Middle-Management« entspricht: nicht oben und nicht unten, doch voll verantwortlich. Sogar unser Privatleben entspricht diesem Bild der Zerreißprobe: Unsere Kinder wollen losgelassen, unsere Eltern aber zunehmend bemuttert werden.

Sitzen wir denn zwischen allen Stühlen?

Zu Beginn der zweiten Hälfte unseres Lebens müssen wir uns einige Fragen beantworten, wenn wir erfolgreich weiterleben wollen. Wie stehen wir zu unseren Eltern und deren Geschichte? Können wir sie liebevoll ansehen? Oder spüren wir ihre »Verfehlungen« noch zu massiv, haben wird ihre Vorwürfe noch zu deutlich im Ohr, tragen wir noch zu viele unausgesprochene Fragen mit uns herum? Und bedrückt uns vielleicht gleichzeitig die Vermutung, wir könnten bei unseren eigenen Kindern dieselben Fehler gemacht haben? Stellen wir vielleicht sogar erschrocken fest, dass wir mit zunehmendem Alter unseren Eltern immer ähnlicher werden – ob wir wollen oder nicht?

Möchten wir manchmal gern aus dieser Situation entwischen, nur um unsere Ruhe zu haben und uns um uns selbst zu kümmern? Dieser Wunsch macht uns aggressiv, denn tief im Inneren wissen wir, dass wir es nicht können. Selbst wenn wir Ausstiegspläne schmieden, kommen wir im Inneren nicht von den uns gestellten Aufgaben los. Natürlich können wir mit unseren Eltern brechen und unseren Kindern eindeutig klarmachen, dass sie nun auf eigenen Füßen zu stehen haben – doch emotional ist damit nicht viel gewonnen. Trennung ist, wie die Familientherapeutin Heike Petschallies[32] sagt, keine wirkliche Lösung, bringt nicht wirkliches Erwachsensein. Nur wenn wir unsere Wurzeln akzeptieren und schätzen, können wir unsere Flügel ausbreiten.

## Die Wurzeln unserer Persönlichkeit

Es gibt zahllose Beispiele dafür, wie Vererbung und Umgebung bei der Entstehung des Individuums zusammenwirken, und wir wollen dieser Sammlung keine weiteren hinzufügen. Wir möchten nur an eines erinnern: Bei jeder Paarung können ein männliches und ein weibliches Wesen zirka 52 Billionen biologisch verschiedene Individuen zeugen – warum also müssen sich Eltern und Kinder ähneln? Warum Geschwister? Sie müssen es nicht – es ist eher Zufall, wenn sie es tun. Der Psychologe und Neurobiologe Robert Ornstein[33] kommt zu dem Schluss, dass es Mut und Angst, Geduld und Ungeduld, Aggressivität und Verträglichkeit, praktische Fertigkeiten und geniale Begabung, also gegensätzliche Prinzipien, sind, aus denen das Wesen des Menschen zusammengesetzt ist und die sein Schicksal bestimmen. Wenn er begreift, dass er unverwechselbar beschaffen ist, kann er sein Leben sinnvoller und kreativer gestalten.

Das bedeutet aber auch zu erkennen, dass Familie und Gesellschaft zwar der Rahmen sind, in dem wir aufgewachsen sind, dass sie uns gewiss durch Lebensart und Weltanschauung geprägt haben, dass wir aber dennoch Individuen sind, die sich selbst bestimmen können. Oft erfahren wir in unseren Seminaren, dass es gerade diese Selbstbestimmung ist, die Angst macht und uns verleitet, wiederum nach Möglichkeiten zu suchen, der Eigenverantwortlichkeit zu entgehen. Ist es der Mond? Das Sonnenzeichen? Die Haarfarbe, die Stellung innerhalb der Geschwisterreihe, das Geburtsjahr – was hat uns zu dem Menschen gemacht, der wir heute sind? Scheinbar aus jedem Detail lässt sich ein System entwickeln, mit dem wir uns zu erklären versuchen, warum die Dinge so und nicht anders gelaufen sind – und so und nicht anders laufen werden.

Wir haben nichts gegen diese Modelle, das Schicksal zu erklären – einige sind faszinierend! Doch nutzen wir sie, um uns besser kennen zu lernen – nicht aber, um Verantwortung abzugeben. Warum nicht sein Horoskop lesen und plötzlich glauben, dass man eine Begabung für den Umgang mit kniffligen Sachfragen hat? Doch wer daraus ableitet, sich um die praktischen Aspekte des Leben nicht mehr kümmern zu müssen, hat unserer Meinung nach etwas falsch verstanden. Wir können von jeder Anregung profitieren. Wenn wir dabei nicht versäumen, uns den Anforderungen der Situation zu stellen und alle »Hausaufgaben« zu machen.

## Sich stellen

Dieses »Sichstellen« wird in der zweiten Hälfte unseres Lebens immer wichtiger, denn wir spüren jetzt ganz deutlich, dass Vermeidungsstrategien zwar oberflächlichen Erfolg, aber keine innere Befreiung bringen.

Was bedeutet das für uns?

Persönliches Management in der zweiten Hälfte des Lebens heißt vor allem: ins Reine kommen. Mit der eigenen Geschichte, den Eltern, den Geschwistern und den Kindern. Aber auch mit dem eigenen Lebensweg. Es heißt, erkennen, dass wir uns auf unserem Lebensweg zu der Persönlichkeit, die wir im Augenblick sind, entwickelt haben – es heißt aber nicht, dass wir uns nicht noch weiter, noch zu einer anderen Persönlichkeit entwickeln können.

Sie runzeln die Stirn? Sich verändern? Mit 50*? Warum denn nicht? Wir erleben immer wieder, dass sich Menschen wandeln, wenn sie sich auch dabei Schrammen holen und in manches Fettnäpfchen treten, oft höhnisch quittiert von jenen selbstgefälligen 50*, die sich zurücklehnen und verkünden: »Es ist doch alles gelaufen.«

»Alles Leidvermeiderei. Wer immer nur versucht, dem Leid aus dem Weg zu gehen, zeigt, dass er kein Eingeweihter ist.« Mit diesem Satz verblüffte uns Ingeborg Döring, eine der erstaunlichsten alten Damen, die wir kennen und die mit 80 Jahren noch jeden Tag forscht und wächst und immer wieder zu ganz neuen Erkenntnissen über ihr Leben und ihre Familie kommt.

## Barrieren überwinden

Wir wollen Sie nicht zu einem Eingeweihten machen, doch gehören zur Entwicklung der Persönlichkeit nicht tatsächlich Barrieren, die überwunden werden müssen? James E. Loehr, der davon überzeugt ist, dass Stress in jeder Form praktisch die Basis der Entfaltung unserer Fähigkeiten ist, erzählt erstaunt, wie ihm ein Gärtner[34] schilderte, welchen Stresssituationen junge Treibhauspflanzen ausgesetzt werden, um sie für das natürliche Klima abzuhärten: Die Pflanzen werden umgetopft und im Freien so niedrigen Temperaturen ausgesetzt, dass sie beinahe Gefahr laufen zu erfrieren. Doch das ist nicht alles: Ihnen wird nicht nur die gewohnte Wärme entzogen, sondern auch das übliche Maß an Wasser, Licht und Nährstoffen. Warum? Um die Pflanzen anzuregen, nun das auszubilden, was sie zum Überleben im Freien brauchen: kräftigere Stängel, tiefere Wurzeln und ein »ökonomisches Ressourcenmanagement«. Ohne dieses Training, so der Fachmann, würden sie den ersten Winter im Freien nicht überstehen.

Betrachten Sie Ihre Kindheit und Ihre Jugend doch einmal unter diesem Blickwinkel: Haben nicht auch Ihre Eltern geglaubt, ihre Erziehung zu erhalten, würde Sie fit fürs Leben machen? Ihnen das mit auf den Weg geben, was Sie ihrer Meinung nach unbedingt brauchten? Wir haben viel über strenge, ungerechte, zu fordernde Eltern gehört, aber noch nie von Eltern, die sich bewusst vorgenommen hatten, ihren Kindern zu schaden. Alles, was Eltern tun, tun sie aus Unwissenheit oder Überforderung, aber auch aus Liebe.

Erweitern Sie Ihren Blickwinkel! Ziehen Sie bewusst jene Erfahrungen, die Ihre Eltern in ihrer Kindheit und Jugend machen mussten, in die Beurteilung Ihrer Eltern mit ein. Inzwischen berichten alle Medien so intensiv über die Jahre zwischen

1930 und 1945, dass sich darüber jeder informieren kann, wenn er will. Wenn Sie heute um die 50 sind, dann fiel die Jugend Ihrer Eltern in diese Periode. Illusionen, Krieg, Vertreibung, ein ganz bitteres Erwachen erlebten die einen, Verfolgung, Gefängnis und KZ die anderen. Alle erlebten die Kapitulation – unsere Mütter und Väter haben harte Erfahrungen gemacht und müssen Erlebnisse verarbeiten, über die viele noch immer schweigen.

War das Verhalten Ihrer Eltern vielleicht gar nicht gegen Sie, das Kind, gerichtet, sondern Ausdruck der inneren Realität von Vater und Mutter? War das Wirtschaftswunder nicht vielleicht Flucht und Betäubungsmittel zugleich?

Immer wieder erleben wir, wie viel distanzierter ein Mensch plötzlich den Ereignissen seiner Kindheit und Jugend gegenüberstehen kann, wenn er seinen Fokus erweitert.

***Irene***

*»Ich habe immer geglaubt, meine Mutter wolle mich klein halten«, gestand uns eine Klientin, »und nun begreife ich, dass es ihre eigene Angst war, die sie so handeln ließ. Sie konnte gar nicht anders.«*

Plötzlich verschiebt sich nicht nur die Perspektive, sondern es erweitern sich auch die Möglichkeiten. Nun können wir uns selbst jene Erlaubnis geben, die wir von unseren Eltern nicht bekamen – eine Erfahrung, die immer wieder erstaunt.

***Ernst***

*Ernst hatte sich immer gewünscht zu fotografieren, doch seine Eltern hielten das nicht für einen Beruf, sondern für Spielerei. Konnten sie ahnen, dass man 30 Jahre später einem Modefotografen zwischen 3000 und 4000 DM am Tag zahlen würde? Nein, natürlich nicht. So wurde der Sohn Drucker – und eines Tages Opfer eines Besitzer-*

*wechsels seines Betriebs. In seiner Branche einen neuen Arbeistplatz zu finden, erwies sich als schwierig, doch der größte Stolperstein war nicht sein Alter, sondern sein unterschwelliger innerer Widerstand: nicht noch einmal zurück in den ungeliebten Beruf! Mit diesen Gefühlen bewarb er sich und wurde immer wieder abgelehnt. Plötzlich hatte ein anderer Teilnehmer im Seminar mehrere Angebote. Eines beeinhaltete die Aufgabe, in ganz kurzer Zeit einen Fotografen für einen Wettbewerb zu finden, der vom Veranstalter zwar schon angekündigt, aber so schlecht geplant war, dass die Organisatoren Angst hatten, der Termin würde platzen. Auch das Budget war schmal und neue Geldgeber in der Kürze der Zeit nicht aufzutreiben. Beide witterten ihre Chance: der eine als Manager, der das fast Unmögliche möglich machen wollte, der andere als Fotograf. Ernst stellte sich vor und bekam den Auftrag. »Weil ich so billig bin«, scherzte er, doch die Entlohnung war ihm in diesem Moment egal. Aufgeregt wie ein Schuljunge fieberte er den ersten Aufnahmen entgegen, glücklich und ängstlich zugleich: Würde sich sein Traum erfüllen?*

## Du musst!

Solange wir die unbarmherzigen »Du musst ...«, »Du sollst ...«, »Du darfst nicht ...« unserer Eltern im Ohr haben, sind solche Schritte kaum möglich. Unsere Eltern sind zwar der Grund unseres Daseins, aber sie sind nicht der Sinn unserer Existenz. Wir sind nicht auf der Welt, um ihre Vorstellungen zu verwirklichen. Besonders das »Du musst«, das unserer Generation eingehämmert wurde, hatte nichts mit unserer Situation zu tun, sondern war die Beschwörungsformel, mit der unsere Eltern versuchten, uns vor Schaden zu bewahren. Wir empfehlen unseren Klienten, diesen Befehl zu hören und locker zu ergänzen: »Du musst ... dir das bitte vielleicht einmal überlegen ...« Plötzlich können wir die Worte annehmen, sie klingen unterstützend und warm und lassen alle Möglichkeiten offen.

Für viele Menschen ist es eine große Erleichterung, sich nicht nur diese Erlaubnis zu geben, sondern auch die Eltern als Menschen zu sehen – als Menschen mit Wünschen und Zielen, aber auch mit Fehlern. Eltern sind weder vollkommen, noch haben sie den klaren Blick in die Zukunft, den sie ihren Kindern vorgeben zu haben, sie urteilen immer aus ihrer eigenen eingeschränkten Sicht heraus. Sie urteilen menschlich, das heißt fehlerhaft.

Das gilt auch für uns, wenn wir selbst Eltern sind. Die Sicht der Generation *unserer* Eltern aber hatte eine Perspektive, die besonders stark von dem Wunsch nach Sicherheit geprägt war, hatten doch bereits *ihre* Eltern einen Weltkrieg und eine Weltwirtschaftskrise mitgemacht, und damit hatten *zwei*, manchmal sogar *drei* Generationen *alles* verloren: Menschen, Hoffnungen und Besitz.

Natürlich gibt es neben diesen kollektiven Erfahrungen auch ganz spezifische. Wir empfehlen unseren Klienten darum, so viel wie möglich über ihre Familie in Erfahrung zu bringen. Mag dieses Wissen auch im ersten Augenblick belasten, so macht es doch frei – weil wir plötzlich verstehen.

## Der Friedenspunkt

Ihre Reise in die Vergangheit wird nie zu Ende sein, doch versuchen Sie, einen Friedenspunkt zu finden. Wir nennen diesen Punkt in unseren Gesprächen »Checkpoint Charlie« in Erinnerung an den legendären Grenzposten an der ehemaligen deutschdeutschen Grenze. An Ihrem ganz persönlichen »Checkpoint Charlie« übernehmen *Sie* die Verantwortung, denn die Auseinandersetzung mit Ihrer Familienchronik ist nur ein Aspekt Ihres persönlichen Managements; der zweite aber ist, zu akzeptieren, dass wir auch selbst verantwortlich sind.

Hören Sie auf aufzuschieben!

## Das Aufschieben

Es ist einer der gefährlichsten Stolpersteine, denn das Aufschieben kann uns zur zweiten Natur werden. Ob es um die Steuererklärung geht oder um die Winterreifen, ob wir unserem Auto sieben Tage Zeit lassen, sich selbst zu kurieren, wie es Ephraim Kishon so trefflich formuliert, oder den Wasserhahn tropfen lassen, bis die Badewanne überläuft, das ist alles schon ärgerlich genug.

Doch was ist mit den großen Zielen? Dem angemessenen Lebensstandard, dem erfüllenden Job, der intensiven Beziehung? Unserer Kreativität, unseren Hobbys ..., unseren Träumen?

Schieben wir auf, was angesagt wäre? Das wichtige Gespräch, die grundlegende Diskussion? Die Auseinandersetzung mit den Themen, die uns wirklich wichtig sind?

Seltsamerweise funktioniert das Aufschieben auf jeder Ebene: Ob Sie dem dringenden Gespräch mit Ihrem Chef aus dem Weg gehen oder der Entrümpelung Ihrer Garage, in beiden Fällen möchten Sie vermeiden, den Tatsachen ins Gesicht zu sehen. Sie scheuen sich, Position zu beziehen. Wollen nicht anerkennen, was tatsächlich ist. Wollen nicht anpacken, was dringend getan werden muss.

Warum nicht?

Wer aufschiebt, vermeidet, sich Rechenschaft abzulegen. Wer aufschiebt, beschließt, noch eine Weile länger in einer Illusion zu leben.

Das Aufschieben kann dem Bedürfnis nach Selbstschutz entspringen. So wie ein Kind die Hände über die Augen legt und meint, es wäre nicht mehr zu sehen, so tun wir, als hätten wir die Sache im Griff. Doch wir spüren ein nagendes Gefühl? Müssen es zudecken? Mit Aktivitäten, Alkohol oder Drogen?

Wir schieben auf, weil wir Angst vor dem Versagen haben. Aus Trotz und Ärger. Aus Perfektionismus, aus Scham, aus Minderwertigkeitsgefühlen.

Selbst erhöhte Selbstdisziplin bringt uns in schweren Fällen nicht voran.

Hartnäckiges Herauszögern als Symptom verrät etwas über die Kräfte, die sich in Ihnen in einem dynamischen Gleichgewicht befinden. Wie zwei japanische Sumo-Ringer kämpft der Wille gegen den inneren Schweinehund. Beide sind gleich stark, schieben und drücken sich – und kommen keinen Millimeter von der Stelle.

Vielleicht schieben wir auf, weil wir das dringende Gefühl brauchen, noch etwas zu tun zu haben. Was wäre, wenn wir alles erledigt haben und feststellen müssen, dass sich nichts Grundlegendes geändert hat? Nur – der Berg ist weg, wir haben nichts mehr, was uns dieses dringliche Gefühl vermittelt?

Schieben wir auf, weil alles, was wir zu tun haben, doch nicht *die* Bedeutung für uns hat? Schieben wir auf nach dem Prinzip »busy going nowhere«?

Oder wollen wir mit dem Aufschieben vielleicht verhindern, dass uns jemand beurteilt? Haben wir Angst, Schwächen zu zeigen? Soll unser Abwehrmechanismus unser Selbstwertgefühl schützen und vor Beschämung bewahren? »Menschen, die wichtige Entscheidungen oder Handlungen aufschieben, sind häufig phasenweise in ihrem Leben Pessimisten, die weder von den Umständen noch von sich selbst etwa Gutes erwarten«, meint Hans-Werner Rückert.[35]

Hand in Hand mit dem Pessimismus, der zu einer sich selbst erfüllenden Prophezeiung wird, geht oft ein Selbstbild, das mit der aktuellen Situation nicht mehr zu vereinbaren ist. Doch die Angst, dem aktuellen Spiegelbild ins Auge sehen zu müssen, ist größer als der vermutete Gewinn.

Es gibt viele Tricks, wichtige Dinge aufzuschieben. Einer davon: immer etwas vorzuhaben, was gerade noch wichtiger ist. Auf diese Weise tragen wir leider den Berg nicht ab, sondern schieben immer noch neue Brocken dazu

Doch auch das Leben fordert Säumniszuschläge, nicht nur das Finanzamt. Ein altes Sprichwort sagt: Wir haben im Leben immer mehrmals die Chance, doch der Preis wird immer höher.

Mit 50* können wir das bestätigen. Außerdem drängt die Zeit. Darum: Überwinden Sie die Scheu vor der Blamage, verbannen Sie den Gedanken, scheitern zu können. Bringen Sie Ihre innere Bilanz auf Kurs. Begleichen Sie die »offenen Rechnungen«, tun Sie, was Sie sich vorgenommen haben.

Wie?

Indem Sie das Aufschieben liebevoll annehmen.

Wieder ist es das Annehmen, durch das wir *Veränderung* erreichen (durch Bewertung erreichen wir nur inneren Trotz, und damit Manifestation des nicht erwünschten Verhaltens).

Nehmen Sie das Aufschieben an ... und entlassen Sie es. Sagen Sie ihm, dass Sie nun Ihren Weg auf eine andere Art und Weise weitergehen möchten.

Tun Sie's gleich.

Zwei Tipps:

Um nicht durch das Aufarbeiten der »Verbindlichkeiten« die täglich neu anfallenden Aufgaben zu vernachlässigen, tragen Sie für einen bestimmten Zeitraum an beiden Enden gleichzeitig ab. Bedienen Sie Ihren »Aufgabenberg« von *oben* und *unten*:

Nehmen Sie sich zu Ihren täglichen Aufgaben jeden Tag zusätzlich eine Aufgabe vor, die schon lange erledigt sein sollte. So bleiben Sie aktuell auf dem Laufenden und holen Versäumtes nach.

Viele Menschen, die zu Beginn der zweiten Hälfte ihres Lebens in eine Krise geraten, zögern, die volle Verantwortung für sich zu übernehmen. Ist es nicht mehr die Familie, dann sind es der Staat, die wirtschaftliche Lage, die Technik, der Chef, die Kollegen, das ganze Umfeld – alle haben Schuld an ihrer Misere. Doch bei dieser Betrachtungsweise übersehen sie eines: Es kommt nicht so sehr auf die Ereignisse, die uns widerfahren, an, sondern darauf, wie man auf sie reagiert.

Wahrscheinlich haben Sie diesen Satz schon gehört und vielleicht haben Sie sich über ihn geärgert. Aber wenn wir ihn nicht annehmen, heißt das, dass wir anderen die Schirmherrschaft über unser Leben übertragen. Wir geben dann anderen die Macht, darüber zu entscheiden, wie wir uns fühlen. Meint es das »Schicksal« gut mit uns, dann fühlen wir uns gut, meint es das »Schicksal« schlecht, dann geht es uns schlecht. Aber ist es so einfach? Wenn wir die Fähigkeit haben, unsere Gedanken zu steuern und unsere Handlungen bewusst auszuführen, können wir dann gleichzeitig davon sprechen, dass wir *»nichts«* tun können?

## Die Herausforderung annehmen

In der Mitte unseres Lebens müssen wir uns entscheiden: Wollen wir aktiv sein oder passiv? Wollen wir unser Leben entscheidend prägen oder überlassen wir es endgültig anderen, es zu gestalten? Persönliches Management bedeutet für uns, verbindlich zu erklären: »Ich nehme die Herausforderung an.«

Gemäß diesem Satz zu leben, mag uns nicht immer leicht fallen. Wir mögen nach links und nach rechts schielen und dabei auf die Idee kommen, andere Menschen hätten es leichter – doch geht es *uns* dadurch besser?

Zu vergleichen ist einer der größten Fehler, den wir machen können, denn wir vergleichen immer nur die Oberfläche, immer nur das für uns Sichtbare. Alles andere nehmen wir nicht wahr und urteilen daher oft falsch. Wenn wir uns aber entschließen, die Herausforderung *unseres* Lebens anzunehmen, dann haben wir – und das ist unsere tiefe Überzeugung – zu genau der Aufgabe Ja gesagt, die zu uns passt und für die wir, wenn wir alle Kräfte mobilisieren, auch ausgerüstet sind. Lassen Sie sich auf Ihr Leben ein und Sie werden die Energie spüren, die Sie zur Bewältigung der Krise brauchen.

Effektiv mit Zeit umzugehen, bedeutet mit 50* nicht nur, sich der Zeitmanagementtechniken zu bedienen, die wir heute kennen. Dass wir beruflich nur 60 bis 80 Prozent unserer Zeit verplanen, um genügend Zeit für Unvorhergesehenes zu haben, ist seit langem gängige Praxis. Doch mit 50* machen wir uns weiter reichende Gedanken: Ist das, was ich in der verplanten Zeit tue, sinnvoll? Führt es mich, mein Unternehmen, mein Privatleben zu den Zielen, die ich mir gesteckt habe? Mit 50* bedeutet Zeit- und Energiemanagement, endlich so *bewusst* mit der Zeit umzugehen, wie wir es vielleicht schon immer vorhatten, doch noch nie getan haben.

***Kai***

*»Wie oft kann ich denn noch segeln?« Mit dieser Frage überraschte uns Kai, ein 52-jähriger Klient, der seinem Sport nur im Urlaub nachgehen konnte. »Zehnmal? Fünfzehnmal? Wenn ich Glück habe und die Kräfte reichen … und ich einen jungen Smutje finde …« Er lachte, doch er war sich des Ernstes dieser Frage bewusst.*

Mit 50* ist Zeit- und Energiemanagement etwas ganz anderes als in jungen Jahren. Die wichtigste Frage nämlich lautet: Entspricht es meinen Werten?

»Ich weiß nur, dass ich nie mehr in den Vertrieb will. Daran ist meine Familie zerbrochen!«

»Unser Aufgabengebiet wird neu strukturiert. Das ist nicht mehr meine Sache. Ich möchte die nächsten Jahre etwas Sinnvolles tun!«

»Die Kinder sind aus dem Haus. Ich möchte endlich das tun, was *mir* Spaß macht!«

Klingen diese Sätze nicht sehr negativ, beinahe traurig? Uns wundert nicht, dass eine Pharmafirma mit einer groß angelegten Checkliste »Alter« über Anzeigen täglich mehrere Hundert Menschen anspricht, die erfahren wollen, was sie gegen das Gefühl von Wertlosigkeit und die Angst vor Arbeitslosigkeit und Verrentung tun können, und nun auf die ganzseitige Anzeige hin bei dem Konzern anrufen. Doch in wie vielen Fällen mögen tatsächlich Psychopharmaka die Lösung sein?

Wir gehen andere Wege.

Zuerst einmal versuchen wir herauszufinden, was unsere Klienten möchten. Oft waren sie schon frustriert, *bevor* das Ereignis eintrat, das sie zu uns brachte. Sie hatten schon lange das Gefühl, dass die Freuden, die sie sich gönnten – ein netter Abend mit gutem Essen und gutem Wein, ein paar Tage Urlaub – nur Makulatur waren, um die gefühlsmäßige emotionale Wüste, die sich langsam um sie herum ausbreitete, zu übertünchen. Manchmal erzählen sie uns, dass sie sich hin und wieder mit Freunden treffen, denen es ähnlich geht. Wer jammert, ist nie allein. Ausstiegspläne schmieden, einfach alles hinter sich lassen! Ruhe! Strand und Sonne satt. Keine Pflichten, keine drängenden Termine, keine Umsatzvorgaben ... sich einmal nur gehen lassen und in den Tag hineinleben. Ach, wäre das schön!

Wieder wollen wir wissen: »Was hielt Sie davon ab auszusteigen?«

»Dazu hätte das Geld nicht gereicht.«

»Ich hatte einen gespickt vollen Terminkalender.«

»Was glauben Sie, was meine Familie dazu gesagt hätte? Ich konnte doch nicht einfach alles stehen und liegen lassen ...«

Wir versuchen unseren Klienten bewusst zu machen, dass sie für die Dinge, die ihnen wirklich etwas bedeutet haben, wunderbarerweise immer die Zeit, das Geld und den Mut aufgebracht hatten ...

»Erinnern Sie sich noch, wie Sie Ihre Frau oder Ihren Mann zum ersten Mal sahen und wussten ... das ist *der* Mensch! Was haben Sie nicht alles angestellt, um ihn näher kennen zu lernen?! Als Sie Ihr erstes Auto entdeckten und alles daransetzten, es fahren zu können? Die erste große Reise planten?«

»Das war früher, da hatte ich noch mehr Mumm, jetzt mit 50* setzt man das, was man hat, nicht mehr so leichtfertig aufs Spiel.«

Ist uns der Preis zu hoch geworden?

## Den Preis zahlen

»Die Entscheidung liegt bei dir«, behauptet Reinhard Sprenger[36], der mit seinen Ideen zur Motivation[37] die Mitarbeiterführung revolutionierte. Und er führt uns vor Augen, dass wir immer, wenn wir etwas tun oder lassen, Preise vergleichen. Auch wenn es uns nicht bewusst ist, schon während wir tagträumen, fragen wir uns, was würde es kosten, dieses ganz andere Leben? Wie teuer käme es mich zu stehen, meinen Job hinzuwerfen? Meinen Partner zu verlassen? In einem anderen Land zu leben?

Unbewusst, so glaubt Sprenger, überprüfen wir ständig, wie auf einer Nebenspur unseres Alltagsbewusstseins, die möglichen Alternativen zu unseren Handlungen und überschlagen die Kosten. Diese »Folgekosten« können materieller oder emotionaler Art sein – unser Lebensstandard kann sinken, unsere Schuldgefühle können wachsen –, blitzschnell kalkulieren wir, welchen Preis die Alternativen nach sich ziehen. Ohne dass es in unser Bewusstsein dringen muss, vergleichen wir die Summen und kommen zu einem Ergebnis – und dieses Ergebnis zeigt sich dann in unserem konkreten Handeln. Wie aktiv unsere Rolle bei diesem Preisvergleich ist, ist uns nicht klar – wir erleben uns als »Opfer der Umstände«.

Wie oft haben Sie sich innerlich schon gefragt, wie hoch der Preis des beruflichen Ausstiegs wirklich wäre? Was es Sie kosten würde, aus dem altvertrauten Leben auszubrechen und etwas ganz Neues zu wagen?

»Alle Kraft steckt in dir! Sprenge deine Grenzen!« Wer hat sie nicht im Ohr, die verführerischen Erfolgscodes unserer Zeit? Aber funktionieren sie wirklich?

Ja und nein. Auch hier stoßen wir auf ein Paradoxon unserer Zeit. Im Prinzip sind sie richtig, aber nicht immer.

Was bedeutet das für uns?

Auch diese Empfehlungen führen nur zum Erfolg, wenn wir bereit sind, den Preis zu zahlen. Denn Voraussetzung dieser radikalen »Du-kannst-wenn-du-nur-willst-Ideologien« ist ungeteilter Einsatz unserer Energie und ein schwindendes Gefühl für Solidarität. Doch kein Mensch ist eine Insel.

Mögen wir auf der geschäftlichen Ebene erst heute erkennen, dass die Organisationsform der Gegenwart das Netz ist, darin gelebt haben wir schon immer. Jeder von uns ist mit anderen Menschen verbunden. Mag der eine nur seine unmittelbare Familie dazu zählen, der andere seinen ganzen Freundeskreis und ein Dritter sein gesamtes Umfeld, zählen der Esoteriker und auch der Physiker sogar die ganze Welt dazu.

Wir leben und handeln nicht allein. Eine Tatsache, die viele Erfolgsprogramme lange Zeit außer Acht ließen, die doch im Augenblick durch den *Balance-Gedanken* wieder in das Bewusstsein rückt. Manchen Menschen mag gar nicht klar sein, dass sie beruflich und privat in Netzwerke eingebettet sind, andere mögen sie nicht als Unterstützung, sondern als Fessel erleben – aber vollkommen unabhängig ist niemand.

Auch wenn Erfolgstrainer diese Illusion genährt haben, für viele Menschen funktioniert das stark egozentrierte Denken und Handeln nicht. Sie brauchen die Unterstützung von gefestigten sozialen Beziehungen. Und die erfordern Rücksicht, Umsicht und Verständnis. Andererseits: »Selbstverantwortung ist keine Floskel.«[38]

Ein Mensch kann erreichen, was er sich vornimmt, wenn es ihm gelingt, die erforderliche Energie und Disziplin aufzubringen. Doch diese Energie muss *auf die Dauer* größer sein als die Energie der Menschen, die *andere* Vorstellungen haben.

## Leben im Netz

Stellen Sie doch ein Netz einmal bildlich vor. Es besteht aus vielen miteinander verknüpften Punkten und hat in der Regel keinen strategischen Mittelpunkt. Der Mittelpunkt ist immer dort, wo gerade die größte Aktion ist. Auf Menschen übertragen, bedeutet das, dass jeder von uns ein Knotenpunkt ist. Die Fäden, die zwei Knoten miteinander verbinden, sind die Ereignisse, die sich zwischen zwei Menschen ereignen. An einem Ereignis können beliebig viele Knoten zu gleichen Teilen beteiligt sein, dann wird das Netz gleichmäßig belastet oder es bildet sich durch einseitige Belastung ein zeitweiliger Schwerpunkt.

Diese Theorie ist leicht zu verstehen und erinnert an Einsteins berühmte Frage: Liegt an dieser Strecke Stuttgart?

Wir stellen ähnliche. Ob auf der neuen Arbeitsstrecke eine Beförderung liegt, wollen wir zum Beispiel schon beim ersten Jobinterview wissen. Was nichts anderes heißt als: Wenn ich mich als Bewerber-Knoten mit dir als Firmen-Knoten verbinde, ist dann das Ereignis Beförderung zwischen uns möglich? Ihr Gesprächspartner wird nun ausführen, was er sich von Ihnen als Gegenleistung wünscht: Einsatz, Umsatz, Begeisterung. Bringen Sie die erforderliche Energie auf, stimmen die Leistung und die soziale Kompetenz, dann werden Sie die Distanz zwischen Ihrem Knoten und dem Firmenknoten bewältigen und dem Ausfstieg steht nichts im Wege. Stimmen Ihre Leistung und Ihr Engagement nicht, bleiben sie auf halbem Wege stecken – der Firmenknoten schickt abwehrende Energie ins Netz. Welche Energie wird sich durchsetzen? Die stärkere. Es sei denn, es gelingt der schwächeren Energie, sich mit anderen Energieströmen – denen der Kollegen – zu verbinden und gemeinsam mit ihnen das Ziel zu erreichen. Auf diese Art und Weise verstärken sich die Knoten und die Fäden zwischen ihnen werden zu einem Strang.

Hier erkennen wir ganz deutlich das Prinzip des Teams: Je mehr Menschen ihre Energie in eine Richtung lenken, desto mehr können sie erreichen – denken Sie nur an die Berliner Mauer!

Doch nicht alle Erfolgstrainer tragen diesem Prinzip Rechnung, im Gegenteil! Manche Rezepte verleiten uns dazu, einen Weg zu gehen, auf dem alle bestehenden Netzwerke zerreißen können. Aber dieser Herausforderung zu trotzen, ist nicht jedem möglich, die meisten Menschen brauchen ihre Netze und müssen anfangen, ein neues Netz zu knüpfen, bevor das alte zerreißt – beruflich und privat.

Netze aber können auch reißen, wenn andere Knoten es so wollen. Ihr Partner möchte sich von Ihnen trennen? Ihr Chef hat es schon getan? Ihre Freunde ziehen sich zurück und manchmal sind Sie sich selbst ein wenig fremd?

Dann müssen Sie sich aufmachen, neue Beziehungen zu schaffen, neue Verbindungen zu knüpfen, neue Strecken zu eröffnen.

Dazu müssen Sie wissen, was Sie wollen. Bewusst und unbewusst.

## Das Unterbewusstsein

Lassen Sie uns einen kleinen Umweg über den Bordcomputer machen, mit dem die Natur uns ausgestattet hat. Einer der besten Vergleiche mit diesem »Bordcomputer« gelang Maxwell Maltz[39], Chirurg und Autor des Buches »Psycho-Cybernetics«. Er untersuchte das Zusammenspiel des menschlichen Gehirns mit dem Nervensystem und vergleicht das menschliche Unterbewusstsein mit dem komplexen Steuerungssystem einer Flugabwehrrakete. Eine Flugabwehrrakete muss, während sie fliegt, nicht nur ständig die Daten des Objekts, das sie verfolgt, aufnehmen und speichern, sondern sie parallel dazu mit dem von ihrem Bordcomputer zu Beginn ihres Auftrags vermuteten Kurs des »Objekts der Begierde« vergleichen. Jede Abweichung muss blitzschnell registriert werden, um die eigene Flugbahn dem feindlichen Flugkörper anzupassen.

Auf den Menschen übertragen heißt das: Er gibt seinem Bordcomputer sein Ziel ein und innerhalb von Nanosekunden, noch wesentlich schneller als der Bordcomputer des Abfangjägers, sorgt dieser dafür, dass der Mensch das tut, was ihn seinem gewünschten Ziel näher bringt.

Genau wie die Flugabwehrrakete hat auch unser Unterbewusstsein einen Basisauftrag, nämlich unser Selbstbild in die Realität umzusetzen. Walter Doyle Staples, Autor und Inhaber eines Beratungszentrums, fand für diesen Vorgang einen sehr zutreffenden Satz: »Der Chef hat sich das so vorgestellt, also soll er es so haben.«

Unser Unterbewusstsein ist relativ einfach programmiert: Es wird versuchen, jede Überzeugung von uns, die wir akzeptieren, von der inneren in die äußere Realität umzusetzen. Viele Menschen haben multiple Überzeugungen und so verhalten sie sich auch – heute sind sie fleißig und strebsam, morgen wieder nachlässig und gleichgültig. Das Unterbewusstsein setzt immer jene Vorstellung um, die gerade mit der stärksten Energie besetzt ist. Hier finden wir auch die Erklärung dafür, warum manche Menschen eine relativ lange Zeit erfolgreich sein können. Doch wenn dann das Schicksal umschlägt, können sie beim ersten »Gegenwind« innerlich nicht auf Kurs bleiben, sie besetzen plötzlich das Scheitern mit größerer Energie als das Siegen.

## NLP

*Wir können sicher nicht alle Ereignisse in unserem Leben kontrollieren. Aber wir haben Kontrolle darüber, was wir fühlen und denken und wie wir mit all den Ereignissen umgehen.* Dies ist einer der Schlüsselsätze des Neurolinguistischen Programmierens, kurz: NLP. Leider gelingt es jedoch den »Schlüsselpersönlichkeiten« in unserem Leben – Eltern, Großeltern, Lehrern, Vorbildern –, uns ihre Programme aufzupfropfen. Später werden diese »wohl gemeinten Ratschläge« dann zu Fallen.

Hier stecken wir in einem Dilemma. Und unsere Klienten

entgegnen uns oft: »Mein Programm ist doch ein Teil meiner Persönlichkeit. Die will ich aber nicht verändern!«

Doch was bleibt uns anderes übrig, wenn wir von gegensätzlichen oder einschränkenden Programmen an unserer Entfaltung gehindert werden? Sollten wir uns nicht entscheiden? Uns bewusst machen, dass unsere frühesten Programmierungen nicht unsere eigenen sind?

Wir *werden* programmiert.

»Sind wir denn«, so werden Sie fragen, »diesen Programmierungen ausgeliefert? Vielleicht sogar im Sinne des heute gängigen Spruches: ›Dumm gelaufen‹?«

Nein, das sind wir nicht. Doch es erfordert Einsatz und Zeit, die Programmierungen zu erkennen und herauszufinden, was wir *wirklich* möchten.

## Wie das Unterbewusstsein arbeitet

Unser Unterbewusstsein steuert unser Verhalten über Bilder und Gefühle. Einen Einblick in seine Arbeit gewinnen wir jede Nacht. Zu träumen heißt, den inneren Dialog in der Sprache des Unterbewusstseins wahrzunehmen.

Ein Pionier auf dem Gebiet der Bildersprache des Unterbewusstseins ist der Schweizer Psychoanalytiker Hanscarl Leuner. Er perfektionierte die Technik des »Katathymen Bilderlebens« oder des »Bildstreifendenkens«, wie es auch genannt wird, eine Technik, mit der innere Bilder sichtbar gemacht und entschlüsselt werden können.

Wir versuchen diesen Aspekt mit unseren Klienten spielerisch herauszuarbeiten, durch Collagen, Bilder, Tests und Gespräche, die verborgenen Wünsche sichtbar zu machen. Oft ist es wirklich nicht leicht, an diese »Bauchbotschaften« heranzukommen. Nicht weil der »Bauch« seine Wünsche nicht hergeben will, sondern weil der Mensch sie nicht annehmen möchte.

Denn den höchsten Preis fordert das Ego.

Welcher Manager gesteht sich schon gern ein, dass er im Grunde seines Herzens gar kein knallhart kalkulierender Geschäftsmann, sondern ein verkappter Idealist ist, der zum Beispiel viel mehr Spaß dabei hat, Jugendgruppen die Feinheiten der Geschäftswelt nahe zu bringen, als seinen Kollegen die neuesten Umsatzzahlen zu präsentieren? Welche Frau gibt gerne zu, dass sie sich trotz ihrer Kinder immer danach gesehnt hat, auch ihre »männlichen« Anteile leben zu dürfen und aggressiv in den Wettbewerb um Preise und Prozente einzusteigen?

Noch nie hatten wir so viele Möglichkeiten zu handeln wie jetzt. Und trotzdem geht es uns manchmal wie dem Esel, der zwischen zwei Heuhaufen verhungert. Lähmt uns das Paradies der Möglichkeiten?

Es gibt Hinweise darauf, dass die Menschen durch ein so breit gefächertes Angebot an Möglichkeiten, wie es uns heute zur Verfügung steht, überfordert sein könnten. Beschert uns die Vielfalt Orientierungslosigkeit? Macht sie uns vielleicht sogar handlungsunfähig?

Marktforscher fanden zum Beispiel heraus, dass die Kauflust der Verbraucher in Supermärkten in demselben Maße abnimmt, wie sich die Variationsbreite *eines* Produkts erhöht.

Fällt uns die Freiheit der Wahl nicht in den Schoß? Müssen wir das Auswählen erst erlernen?

Um zu wählen, brauchen wir innere Klarheit, besonders mit 50*.

Darum ist es wichtig, dass wir die Phase des Umbruchs als Prozess sehen und sie trotz aller Verunsicherung nicht als beschämend abwehren, sondern versuchen, sie gelten zu lassen und zu untersuchen.

# 6. Effektives Selbstmanagement

*»Mit 50 beginnt die Zeit selbst*
*kurz zu erscheinen.*
*Das Gefühl der verrinnenden Zeit*
*nimmt zu.«*

Erica Jong, Keine Angst vor 50

## Neuorientierung 50*

Für viele Menschen ist der 50. Geburtstag eine Schwelle, die mit viel Nachdenklichkeit, sogar mit Melancholie verbunden ist.

Der längste Lebensabschnitt liegt vermutlich hinter uns – wir fangen an, uns mit der Endlichkeit auseinander zu setzen. Wir haben das Gefühl, die Zeit renne uns davon. Sind die letzten 20 Jahre nicht vergangen wie im Flug?

Vielleicht haben wir haben gut »funktioniert« und hatten alles »voll im Griff«. Doch plötzlich gerät unsere Welt ins Wanken: Wir verlieren Menschen, die wir lieben, und plötzlich müssen wir uns mit den wirklich wichtigen Themen auseinandersetzen: Was ist der Erfolg wert, wenn wir menschlich dabei auf der Strecke bleiben?

Sich mit 50* neu zu orientieren ist wie der Aufbruch in eine neue Welt, »auszuwandern« im wahrsten Sinne des Wortes. Was möchten Sie mitnehmen, was zurücklassen?

Sie wissen es nicht?

Vielleicht tröstet Sie ein Sprichwort: »Wen Gott liebt, den stürzt er in Verwirrung«, weiß der Islam. Ist die Verwirrung ein Geschenk? Dann besteht die Kunst nicht nur darin, es anzunehmen, sondern es auch auszuhalten. Sich zu erlauben, alle Regungen zu spüren, die die Verwirrung hervorbringt. Den Zorn. Die Verzweiflung. Die Wut. Und trotzdem weder mit hektischer Betriebsamkeit noch mit Resignation zu reagieren, sondern die Gefühle einfach eine Weile geschehen zu lassen.

Sie glauben, diese Zeit nicht zu haben? Sind Sie davon überzeugt, diesen Preis nicht zahlen zu können? Sich selbst auf die Spur zu kommen, kann die beste Investition Ihres Lebens werden! Sehen Sie diese Krise als Chance! Üben Sie sich im Abwarten und Aushalten – Umbruchsituationen bedeuten Neuanfang und Neuentwicklung, beides jedoch braucht Weile.

Für einen Manager ist dies nach 20 Jahren beruflichen Stresses und 60 Stunden Wochenarbeitszeit nur schwer nachzuvollziehen. Oft fühlt man sich zu Beginn des Umbruchs ausgegrenzt und unnütz und diese Gefühle sind stärker als die Hoffnung, lang verschüttete Talente zu entdecken. Wolfgang Clement, Ministerpräsident von Nordrhein-Westfalen, scheint dies zu wissen, hätte er sonst die Schirmherrschaft über einen Talentwettbewerb für Nachwuchsautoren[40] übernommen? Für die Teilnehmer gilt eine Bedingung: Sie müssen über 50 sein.

## Reflektieren

Doch auch wenn Sie nicht gleich den Bleistift zücken – Sie brauchen die Phasen der Reflexion. Nur wenn Sie sich jetzt mit dem, was Ihnen geschieht, auseinander setzen, können Sie es später loslassen. Dies ist besonders wichtig, wenn die Neuorientierung nicht freiwillig geschieht und Sie keine Erklärung für das, was geschehen ist, finden können. Doch Grübeleien, so verständlich sie sein mögen, bringen Sie nicht weiter, weder persönlich noch beruflich. Vorwürfe binden Energie, die Sie positiver nutzen können. Selbstvorwürfe sind selbst gemachtes Leid. Halten Sie sich nicht selbst in einem Zustand gefangen, in dem es beinahe unmöglich ist, optimistisch und konstruktiv zu denken und zu handeln.

Was aber tun, wenn Sie die Gedanken an das Geschehene nicht loslassen können? Diskutieren Sie mit Ihrem letzten

Arbeitgeber. Reden Sie Klartext – aber nur in Ihren eigenen vier Wänden. Lassen Sie Ihren Gefühlen freien Lauf – seien Sie aber auch ehrlich zu sich selbst. Welche Rolle haben Sie gespielt?

Vielleicht erkennen Sie erst ganz allmählich, dass auch Sie Ihren Teil zu der Entwicklung beigetragen haben. Übersahen Sie die ersten Anzeichen schlechter Zusammenarbeit? Wurden Sie nicht in die Kommunikation mit einbezogen, erhielten Sie Informationen immer zuletzt, wurde Ihre Abteilung mit einer anderen zusammengelegt? Hatte man Ihre Fehler zur Katastrophe hochstilisiert, Sie bei der Post übergangen, Ihre Anrufe nicht erwidert? Oder waren Sie gar der »Punchingball« in Ihrer Abteilung?

Was es auch war, Sie haben auf jeden Fall zu lange geschwiegen. Glauben Sie noch immer, gar keine andere Chance gehabt zu haben? Machen Sie es sich nicht so leicht – die Fehler, die Sie jetzt nicht erkennen, werden sich sonst vielleicht wiederholen. Betrachten Sie beim Nachdenken die Szenen einmal aus einem anderen Blickwinkel: Welche neuen Perspektiven tun sich auf?

Versinken Sie dabei nicht in Selbstmitleid. Vergangenes anzusehen, muss nicht bedeuten, in Verflossenem unterzugehen. Sagen Sie sich immer wieder, dass Sie an einer Kreuzung stehen und selbst bestimmen, wie es weitergeht.

Denn von nun an entscheiden Sie. So wie Sie sich auch vorher entschieden haben. Für den Partner, für den Job, sogar für die Arbeitslosigkeit.

*Doch dieses Mal entscheiden Sie sich bewusst.*

Gelingt es Ihnen schließlich, Ihre Situation zu akzeptieren, werden Sie fähig sein, den Freiraum, den sie mit sich bringt, zu schätzen. Sie werden den Mut aufbringen, etwas Neues zu versuchen und sich auf Experimente einzulassen. Vielleicht sogar auf einen beruflichen Umstieg in einen Bereich, an den Sie bis jetzt noch gar nicht gedacht haben.

## Frühe Wünsche

Immer wieder erleben wir es, dass in dieser Situation alte Kindheitsträume auftauchen. Plötzlich drängen die Dinge, die sich unsere Klienten als Kind gewünscht haben, an die Oberfläche. Sie wollten malen, sie wollten schreiben, sie wollten anderen Menschen helfen. Diese Impulse sind wichtig, denn sie können uns auch mit 50* noch die Richtung weisen.

### *Tilo*

*Tilo war noch nicht ganz 50, als er zu uns kam, doch er war fertig mit der Welt. Der deutsch-deutsche Umbruch hatte sein Leben radikal verändert: Es gab seinen sehr angesehenen Posten einfach nicht mehr. Tilo hatte nichts gegen die Marktwirtschaft, im Gegenteil, doch er hatte sich noch nie um Aufträge oder Kunden bemühen müssen; die Menschen hatten auf ihn gehört, und zwar mit großem Respekt. Als er uns um ein Gespräch bat, wurde uns zum ersten Mal bewusst, wie sehr die Deutsche Einheit in das Leben vieler Menschen hineinspielte – saß da doch ein ehemals sehr erfolgreicher Mann vor uns, der davon überzeugt war, dass sein Leben hinter ihm lag. Was sollte jetzt noch kommen? All seine Netze waren gerissen – und auch in seiner Ehe kriselte es. Doch es dauerte nicht lange und seine Stärken wurden uns bewusst: exzellente Logistik- und Russischkenntnisse – da muss doch etwas zu machen sein?*

*Wir wollen Sie nicht auf die Folter spannen – es war etwas zu machen und es ging sehr schnell. Unser Trick? Wir fragten nach den Kinderträumen. »Bauen, bauen, bauen«, war die Antwort, doch auf Plattenbauten à la DDR hatte er keine Lust gehabt. Wir schickten ihn auf die Münchner Baumaschinenmesse und gaben ihm einen Tipp mit auf den Weg: Sprich Russisch, sofort!*

*Der Überraschungseffekt gelang: Er mischte sich einfach in ein Gespräch ein. Dieser Kontakt führte ihn über ein paar Umwege zu seinem jetzigen Arbeitgeber, einem großen Bauträger, für den er Projekte betreut. Sein Arbeitsplatz? Von Berlin bis zum Ural. Sein Gehalt? »Ich habe nicht geglaubt, dass ich so viel Geld verdienen kann«, bekennt er freimütig. Doch das Beste: seine Zufriedenheit. Er strahlt!*

*Wir wissen,* dass es in jedem Alter möglich ist, etwas Neues zu beginnen – auf jedem Gebiet!

»Vielleicht in Ausnahmefällen. Sonst ist das nicht realistisch!«

Wir kennen diesen Einwand. Doch was ist realistisch? Treffend antwortet der geniale Beobachter menschlichen Verhaltens, Paul Watzlawick, in seinem Klassiker »Wie wirklich ist die Wirklichkeit« auf diese Frage: »Es gibt keine gemeinsame Realität.«

Er steht mit seiner Meinung nicht allein. »Radikale Konstruktivisten«, so nennen sich Forscher wie Heinz von Foerster, Franzisco Varela und David L. Rosenhan. Sie behaupten, nichts anderes als der gesunde Menschenverstand stünde dem Verständnis dessen, was Wirklichkeit ist, im Wege. Das, was wir als Realität bezeichnen, sei eine ganz subjektive Wahrnehmung. In Wirklichklichkeit schaffen wir uns unsere Realität selbst.

Diese Ansicht ist für »Realisten« eine Herausforderung, doch vielleicht sollten wir es einmal so machen, wie es der Biologe T. H. Huxley beschrieben hat: »Setze dich vor ein Faktum hin wie ein kleines Kind und sei bereit, jede vorgefasste Meinung aufzugeben; folge demütig der Natur, in welche Abgründe sie Dich auch führen mag, oder Du wirst nichts lernen.«

Die Elite der Naturwissenschaftler[41] ist sogar der Meinung, dass wir auch Zeit und Raum konstruieren, weil es uns »konveniert«, doch wir wollen uns nicht durch wissenschaftliche Abhandlungen kämpfen. Wir wollen nur verstehen, dass wir uns zu sehr von dem, was wir zu wissen glauben, beeinflussen lassen und dabei zu wenig auf das achten, was tatsächlich ist.

## Die Wirklichkeit

Nehmen wir einmal an, Sie leben in einem Etagenhaus im 2. Stock: Dann ist Ihr Fußboden gleichzeitig die Decke des Nachbarn, der unter Ihnen wohnt. Ihre Decke hingegen ist gleichzeitig der Fußboden des Nachbarn, der über Ihnen wohnt. Decke oder Fußboden – was ist nun Realität? Beides! Es kommt nur darauf an, in welchem Stockwerk Sie stehen.

Mit 50* neigen wir dazu, *unsere* Wirklichkeit mit Zähnen und Klauen zu verteidigen und uns hinter »Killerphrasen« zu verstecken:

»Das geht nicht, das habe ich schon versucht.«

»Dazu bin ich zu alt.«

»Da mache ich mich ja lächerlich.«

Doch machen Sie es doch wirklich wie ein Kind! Sehen Sie sich erst einmal alles an. Dann fragen Sie sich:

»Bin ich bereit, die vertraute Bequemlichkeit und Sicherheit aufzugeben, oder habe ich mir meinen ›wohl gepolsterten Sicherheitscontainer‹ [wie Sprenger es anschaulich beschreibt] so luxuriös ausmöbliert, dass es mir absurd erscheint, etwas davon aufs Spiel zu setzen?« – »Bin ich bereit, das, was ich für Realität halte, zu hinterfragen?«

Wenn wir uns mit 50* neu orientieren wollen oder sollen, müssen wir etwas wagen. Warum es dann nicht mit Mut und Engagement tun? Warum nicht ausprobieren, was wir für beinahe unmöglich halten?

## Die Einstellung

Die entscheidende Rolle spielt nicht das Alter, sondern die persönliche Einstellung! Die einen studieren mit 60 noch politische

Wissenschaften, die anderen sprechen bereits mit 30 nur noch von der Rente! Auch wenn wir kein Studium wagen, auch wenn sich unsere Neuorientierung nach ganz praktischen Erwägungen richten muss, sich neu auszurichten ist heute kein Makel mehr. Wenn Sie es nicht selbst zu einem machen. Prägen Sie sich ein, dass es Stellen auf Lebenszeit, wie wir sie aus unserer Jugend kennen, heute nur noch in Ausnahmefällen gibt. Viele Manager sitzen auf dem Schleudersitz, auch ein Job bei einer großen Firma oder beim Staat ist heute keine Garantie für Sicherheit mehr – schon gar nicht lebenslänglich.

Also lassen Sie uns die Situation akzeptieren. Schnell und freiwillig! Konzentrieren wir uns auf die Möglichkeiten, die wir haben, und auf unsere Ressourcen.

## Unsere Ressourcen

- Wir haben nicht nur erlerntes, sondern erfahrenes Wissen.
- Wir haben unseren Beruf von der Pike auf gelernt.
- Wir haben die Entwicklungen in unseren Berufen mitgemacht und verstehen daher die Kunden und ihre Wünsche oft wesentlich besser als junge Kollegen.
- Wir kennen das Umfeld unserer Firma und die Entwicklungsgeschichte der Konkurrenz.
- Wir wecken bei Kunden aufgrund unserer langjährigen menschlichen Erfahrung Vertrauen.
- Wir haben ein besseres Verständnis und ein offeneres Ohr für die Sorgen und Nöte unserer Kollegen und tragen so zur Mitarbeitermotivation bei.
- Wir sind wesentlich souveräner als mit 25 und können deshalb in einer Firma der ruhende Pol sein, der ein Team zusammenhält.

- Wir sind selbstsicherer und daher toleranter und geduldiger.
- Wir gehen bewusster mit unserer Energie um.
- Wir haben bei langwierigen Projekten einen wesentlich längeren Atem als noch vor 20 Jahren.

Beeindruckt Sie diese Liste nicht? Uns schon. Doch wir wünschen uns natürlich trotzdem etwas von Ihnen: Flexibilität und Mobilität. Diese beiden Eigenschaften, auch *Veränderungsintelligenz* genannt, gehören heute unbedingt zu dem, was Werner Lanthaler, Marketing- und Kommunikationsleiter der österreichischen Industriellenvereinigung, die »Ich-Aktie«[42] nennt und in der er die Abkehr von der Normalerwerbsbiografie beschreibt.

## Die Ich-Aktie

Auf sehr eindrucksvolle Weise schildert Lanthaler mit seiner Koautorin Johanna Zugman, welche Indikatoren heute den Wert eines sich am Markt behaupten wollenden Menschens ausmachen: seine Wissensbasis, seine emotionale Intelligenz und seine Innovationskraft.

Was heißt das?

Zur Wissensbasis gehören für Lanthaler die Aus- und Weiterbildung, die Fähigkeit, Wissen zu managen, und das Unternehmertum des Einzelnen.

Können wir da mit 50* mithalten? Aber gewiss! Doch nur, wenn wir nicht stehen bleiben, wenn wir Neuorientierung auch als Herausforderung an uns und unsere intellektuellen und menschlichen Fähigkeiten sehen. Wenn wir nicht nur emotionale, sondern auch »Veränderungsintelligenz« besitzen! Wie viel können wir an Wissen in die Waagschale werfen! Haben wir nicht in den vergangenen 20 Jahren auf allen Gebieten ganz erstaunliche Entwicklungen mitgemacht? Dabei spielt es unserer Erfahrung nach nicht die entscheidende Rolle, auf *welchem* Feld wir aktiv waren, sondern *dass* wir aktiv waren. Versuchen Sie, sich bei einer Neuorientierung nicht als den Fachmann für das Verfahren, sondern als den Fachmann für den *Prozess* zu sehen. Am besten für einen *Veränderungsprozess,* den Sie mit Ihrer Erfahrung begleiten können. Hier sehen wir für beinahe alle 50* die größten Chancen! Warum nicht anerkennen, dass die Jungen vielleicht mehr aktuelle Daten und Fakten parat haben als wir? Handbücher schneller verstehen, Gebrauchsanleitungen besser umsetzen können? Warum nicht anerkennen, dass moderne Techniken oft von den Jüngeren tatsächlich besser beherrscht werden, weil sie mit ihnen aufgewachsen sind?

Aber haben sie unsere menschliche Erfahrung? Können sie sich selbst um des Projektes willen zurücknehmen? Sich einfügen, ohne unterwürfig zu sein, den Ton angeben, ohne den Boss herauskehren zu müssen?

Sie haben Zweifel, ob Ihnen diese Aufgaben gelingen? Dann entwickeln Sie Ihre *emotionale Intelligenz,* neben der »Wissensbasis« der zweite wichtige Faktor – nicht nur bei Werner Lanthaler.

## Emotionale Intelligenz

Was jedoch ist emotionale Intelligenz? Die Wiederentdeckung des Gefühls? Nicht nur. Am einprägsamsten ist vielleicht die Formel »Intelligenz mit Bauchgefühl«, denn emotionale Intelligenz ist die Verbindung der gefühlsmäßigen mit der rationalen Intelligenz. Sie ist die Fähigkeit, intellektuell *und* emotional angemessen auf eine Situation zu reagieren. Vielleicht ist sie die Wiederentdeckung des »gesunden Menschenverstands«?

So kann es emotional intelligent sein, dem Kollegen nicht vor versammelter Mannschaft einen Fehler nachzuweisen – auch wenn es Sie in den Fingerspitzen juckt.

»Vorsicht ist das Wichtigste«, verrät Mark H. McCormack[43], einer der Pioniere der Sportmarketing-Industrie dem Nachwuchs, wenn es darum geht, hinter die Fassade von Menschen zu sehen. So kann emotionale Intelligenz auch bedeuten, in einer Diskussion großzügig über störende Zwischentöne hinwegzuhören, vor allem, wenn sie von einer Seite kommen, die uns hierarchisch oder rhetorisch haushoch überlegen ist. Ein verständnisvoller Blick kann uns eine peinliche Niederlage ersparen ... und plötzlich wirken wir sogar souverän ...

Emotional intelligent kann es auch sein, junge Kollegen ihre eigenen Ideen entwickeln zu lassen und nicht gleich belehrend dazwischenzufunken, wenn wir spüren, dass ein Vorschlag nicht in die richtige Richtung läuft ...

Emotional intelligent ist es, wenn Sie Ihrer Kollegin nicht mit dem »Hab ich's doch gleich gesagt« ins Wort fallen, wenn sie mit verweinten Augen von den heftigen Eifersuchtsszenen vom vergangenen Wochenende spricht ...,

... wenn Sie in einer Verhandlung Ihrem Gegenüber zu verstehen geben können, dass Sie seine Position verstehen, ohne die Ihre verraten zu müssen ...,

... wenn Sie dem Kunden das Gefühl vermitteln, er sei kompetent, witzig und erfolgreich, auch wenn Sie durchschauen, dass er es zwar sein möchte, aber doch noch lange nicht ist ...,

... oder wenn Sie auch einmal zugeben: »Das weiß ich nicht.«

Doch mit 50* sind wir oft von unseren Überzeugungen so erfüllt, dass wir rechts und links davon nichts mehr wahrnehmen und verständnislos auf die Jungen blicken, mit ihrem Hunger nach Erlebnissen und ihrer Neugier auf neue Erfahrungen. Sind wir nicht sogar neidisch auf das Glitzern in ihren Augen, auf die Lebendigkeit ihrer Mimik, die Wendigkeit ihrer Bewegungen? Schauen wir nicht manchmal dabei irritiert auf die Pölsterchen an unserem Bauch? Und trösten uns mit den »Pölsterchen« auf unserem Konto? Haben wir uns auch »Pölsterchen« um die Seele zugelegt? Leben wir in dem permanenten Gewappnetsein *gegen* etwas? In der Angst *vor* etwas – und können uns das nicht eingestehen?

Haben wir die Scheinsicherheit gewählt und dafür den Preis der Lebendigkeit bezahlt?

»Leiden ist leichter als handeln«, schrieb uns schon Sigmund Freud ins Stammbuch. Und so hoffen wir auf bessere Zeiten und trösten uns mit »mehr desselben«. Für einen kurzen Moment sind wir auch glücklich, wenn wir uns ein neues Auto oder ein neues Kleid geleistet haben, und schieben die latente Unzufriedenheit, die seit einigen Jahren an den Rändern unseres Bewusstseins nagt, wieder zur Seite. Doch innerlich wissen wir, dass wir auch für unser Nichthandeln die Verantwortung tragen.

Doch wenn wir uns neu orientieren wollen, müssen wir handeln und unsere Sinne schärfen. »Die Welt ist so groß wie unsere Wahrnehmung«, sagt Richard Bandler, einer der Väter des Neurolinguistischen Programmierens.

Ist es möglich, dass wir an den Jungen nur jene Facetten wahrnehmen, die zu unserer Überzeugung passen? Vielleicht glauben wir, die Jungen hätten es alle verlernt, richtig zu kommunizieren? Stürzen sich morgens sofort auf ihre E-Mails, statt sich auf ein höfliches Geplauder mit uns einzulassen?

Mit 50* erwarten wir oft Respekt. Achtung sollen die Jungen vor uns haben, sich an unsere »Heldentaten« erinnern: »... der schwere Vertragsabschluss mit den Japanern, die harten Verhandlungen mit dem Bauern aus Tölz und der Lieferantenausfall von 1991«. Die Jungen sollen wissen, wen sie vor sich haben!

Verabschieden Sie sich von diesen Wünschen. Weder die jungen noch die neuen Kollegen wissen oft etwas von Ihren lang begangenen Heldentaten. Seien Sie froh! Oder möchten Sie als Fossil gehandelt werden? Lassen Sie Ihre Vergangenheit hinter sich und konzentrieren Sie sich auf die Gegenwart, auch das ist emotionale Intelligenz!

Im Umgang mit Kunden ist die emotionale Intelligenz die wahre Goldgrube, nicht der unerschöpfliche Schatz an Witzen oder die aufgesetzte Beschreibung der Sylter Szene. Hört sich der Kunde gerne reden – bitte, wir hören ihm gerne zu, sagen sogar einmal: »Das ist aber interessant«, auch wenn wir uns nicht ganz sicher sind, ob das wirklich stimmt, und – schweigen! Zur rechten Zeit zu schweigen ist eine weitere McCormack-Empfehlung. *»Once you have sold, shut up«*, erklärt er und das mit gutem Grund. Dass Sie einiges von der Welt gesehen haben, *sieht* man Ihnen an, lassen Sie es aber bitte nur hören, wenn Sie danach gefragt werden. Denken Sie daran, heute sehen viele 50* um Jahre jünger aus ... machen Sie sich durch Ihre Geschichten nicht selbst älter!

Sie haben es schon bemerkt, »emotionale Intelligenz« ist der Sammelbegriff all jener Eigenschaften, die wir unter so unterschiedlichen Begriffen wie Instinkt, Erziehung und Erfahrung finden. Natürlich gehört das Verständnis kultureller und intergenerativer Unterschiede dazu, genau wie die richtige Prise Humor.

Doch mit 50* wandeln wir auf zwischenmenschlichem Gebiet oft auf unsicherem Boden. Während unserer Lehr- und Wanderjahre wurde größerer Wert auf das lineare Befehlen gelegt als auf kreative Kommunikation. Sich beinahe spielerisch mit Mitarbeitern auszutauschen, war vor 30 Jahren einfach noch nicht angesagt. So entstand ein Heer von Spezialisten, im Volksmund auch Fachidioten genannt, die zwar auf ihrem Feld herausragten, für alles andere aber nicht zuständig waren.

Die heutigen flachen Hierarchien aber verlangen nach dem Miteinander. Teamarbeit lebt von der Fähigkeit, Sachverhalte so zu kommunizieren, dass sie der Einzelne annehmen und umsetzen kann. Erfolgreiche Teamarbeit ist ohne emotionale Intelligenz des Einzelnen nicht machbar – es sei denn, Sie arbeiten nach dem Motto: »Wir entscheiden gemeinsam, was ich will.«

Was bedeutet das für uns?

Seien Sie ehrlich: Verhalten Sie sich emotional intelligent? Oder verschanzen Sie sich hinter Ihrem Wissen? Ihrem Alter? Ihren Erfahrungen?

Manchmal spüren wir Widerstand, wenn wir das Thema »emotionale Intelligenz« in unseren Seminaren ansprechen. Es gibt Teilnehmer, die meinen, dieses Verhalten wäre selbstverständlich, andere aber mauern: Was Hänschen nicht lernt, lernt Hans nimmermehr.

Doch mit dieser Abwehr ist niemandem geholfen.

Wenn wir ehrlich sind, wissen wir alle, wie gut emotionale Intelligenz tut, zu welchen Leistungen sie uns befähigt. Darum: Aktivieren Sie sie!

Oder haben Sie schlechte Erfahrungen gemacht? Wollen nur noch Ihre Arbeit machen und Ihre Ruhe haben? Nach unserer Beobachtung hatten viele der Menschen, die sich neu orientieren möchten, Probleme mit Intrigen, fühlten sich an ihrem Arbeitsplatz ausgegrenzt und abgelehnt und sahen in der Kündigung den einzigen Ausweg aus dem chronisch schwelenden Konflikt. Sollten Sie persönlich in einer ähnlichen Situation sein, dann fragen Sie sich: Geht es wirklich darum, eine neue Stellung oder sogar einen neuen Beruf zu finden? Oder geht es vielmehr um eine angemessene Konfliktbewältigung?

Diese Frage rührt an einen Punkt, der uns mit 50* nervös machen kann, denn es geht nicht ums *Können*, sondern ums *Sein*.

»Ich bin, wie ich bin«, wie oft hören wir diesen Ausruf! Doch dürfen wir es uns so leicht machen? Ist das Alter ein ausreichender Grund, sich nicht mehr zu wandeln?

Hören Sie aus dem Hinweis, Sie mögen doch bitte Ihr Verhalten ändern, einen Vorwurf heraus?

***Carola***

*Carola kam unfreiwillig. Ihr Chef, ein junger Juwelier, der überraschend die Nachfolge seines Vaters angetreten hatte, schickte sie zu uns. Er war bereit, die Kosten für das Coaching zu übernehmen, nicht jedoch noch länger mit den Spannungen zu leben, die sie seiner Meinung nach durch ihre Sturheit auslöste. »Sie ist unsere älteste Kraft«, hatte er uns am Telefon erzählt, »ich will mich nicht von ihr trennen, denn ein großer Teil unserer sehr peniblen Kundschaft kennt und schätzt sie, doch sie lässt keine Kollegin neben sich bestehen. Ich habe schon ein paarmal versucht, ihr das klarzumachen, aber ich kann es offenbar nicht. Ich kann diesen Ton gegen die anderen nicht länger dulden, außerdem ...« Er verstummte. »Verstehen Sie mich bitte nicht falsch, aber ich muss mir Gedanken über ihre Vertretung machen. Unsere Kunden kommen ein-, zweimal im Jahr. Bis die sich an ein neues Gesicht gewöhnt haben ...«*

*Carola überraschte uns: sympathisch, attraktiv und sehr gepflegt. »Ich weiß nicht, was in den Chef gefahren ist. Vielleicht ist ihm die Verantwortung zu groß, ich weiß wirklich nicht, was ich hier soll. Aber Sie arbeiten ja auch mit Entspannungstechniken, das kann ich gut gebrauchen. Dann fangen Sie mal an ...«*

*Es dauerte eine ganze Weile, bis Carola Vertrauen gefasst hatte. Dass wir unter Schweigepflicht stehen, erleichterte ihr schließlich, die Maske fallen zu lassen. »Ich sorge finanziell für meine kranke Mutter«, brach es schließlich aus ihr heraus, »ich muss diese Stellung behalten ... ich will keine Jüngere neben mir. Wer weiß, auf welche Ideen der Chef sonst noch kommt.«*

*Auf welche Ideen der Chef bereits kam, konnten wir ihr sagen, doch sie begriff lange Zeit nicht, dass sie dabei war, genau das heraufzubeschwören, wovor sie sich am meisten fürchtete.*

Carola ist kein Einzelfall. Gekonnt hatte sie jahrelang das Problem mit ihrer kranken Mutter überspielt und jeden Hinweis auf eine mögliche Nachfolgerin vermieden. Im Gegenteil: Sie hatte sich den Anschein der »Unersetzbaren« gegeben. Jetzt, nachdem sie sich geöffnet hatte, erwartete sie allerdings, dass ihr Chef sie verstehen und unterstützen sollte.

Doch wenn wir uns neu orientieren wollen – ob im alten Unternehmen oder in einem neuen –, wenn wir von anderen Menschen erwarten, dass sie uns eine Chance geben, haben wir dann nicht auch die Pflicht, *uns* zu überprüfen, *unsere* besten Seiten herauszufinden?

## Das echte Selbst zeigen

Mit 50* haben wir uns manchmal eine Fassade zugelegt, der wir innerlich gar nicht entsprechen, sind entweder »bossy« geworden oder ziehen uns zu sehr zurück. Heute möchten die Menschen jedoch auch am Arbeitsplatz wissen, wie der Mensch, mit dem sie es zu tun haben, wirklich ist. Harte Schale, weicher Kern, dieses 50er-Jahre-Image deutet eher auf nicht integrierte Anteile hin als auf Selbstbeherrschung, zu weiches Auftreten und zu hartes Handeln auf Unsicherheit.

Wir tun uns mit diesem »Verstellen« auch selbst keinen Gefallen. Fühlen wir uns vielleicht im Alltag oft deshalb wie im »Hamsterrad«, weil wir glauben, ohne unsere »Rüstung« nicht mehr bestehen zu können? Wie viel unnötiges Gewicht schleppen wir dann mit uns herum! Zugegeben, ohne Rüstung werden wir verletzbarer, aber auch authentischer, spontaner und echter. Nur wenn wir wir selbst sind, werden wir auf die Dauer im Alltag erfolgreich bestehen – alles andere wirkt verkrampft, kostet zu viel Energie und blockiert unsere Kreativität. Und emotionale Intelligenz bedeutet auch, kreativ zu sein.

»Genial zu sein heißt eigentlich nur, die Wahrnehmungsfähigkeit in ungewöhnlicher Weise zu steigern«, sagte einst William James, Begründer der amerikanischen Psychologie. Hat er nicht Recht? Wie oft haben Sie schon vor einer neuen Erfindung gestanden und waren erstaunt, wie einfach die Idee war, die dahinter steckte?

## Die Wahrnehmung schärfen

Haben Sie nicht Lust, auch Ihre Wahrnehmung auszudehnen? Sie meinen, dazu wären Sie zu alt? Aber genau das ist der Punkt. Sie sind davon überzeugt, zu alt zu sein, und nehmen daher nur noch wahr, was in dieses Schema passt. Da Sie jedoch nur das wahrnehmen, worauf Sie Ihre Aufmerksamkeit richten, wird sich Ihr Vorurteil immer wieder bestätigen.

Dieses Phänomen gilt für jeden von uns, auch viele junge Menschen laufen mit Scheuklappen herum. Die Welt ist voller Konflikte, die nur entstanden sind, weil Überzeugungen aufeinander prallten: Nordirland, Jugoslawien, Israel, Afghanistan.

*Carola war davon überzeugt, dass ihr Chef sie nur schätzte, weil sie die »traurige Truppe«, wie sie ihre Mitarbeiter nannte, mit eiserner Faust zusammenhielt. Dass ihn ihr Befehlston so störte, dass er nahe daran war, mit der »traurigen Truppe« alleine zurecht zu kommen, kam ihr nicht in den Sinn.*

Einem Menschen zu sagen, er möge doch sein Verhalten ändern, ist immer ein schwieriges Unterfangen. Wer nimmt diese Aufforderung schon begeistert auf?

*Auch Carola wehrte zuerst jede Bitte, ihr Verhalten doch einmal zu überdenken, kategorisch ab. »Der Chef gehört hierher, nicht ich.«*

Emotional intelligent zu sein, bedeutet auch, nicht um jeden Preis auf seinen Rechten zu bestehen.

*»Springen Sie über Ihren Schatten«, rieten wir Carola. »Alter und Erfahrung sind kein Freibrief für Sturheit. Versuchen Sie Ihre Wahrnehmung zu schärfen, betrachten Sie Ihre Umgebung einmal ganz unvoreingenommen! Was müsste geschehen, damit Ihre ›traurige Truppe‹ einmal lacht?«*

*Plötzlich reagierte Carola, wenn auch nur mit einer heftigen Grippe. »Was haben Sie nur mit ihr gemacht?«, wunderte sich ihr Chef, »sie war seit Jahren nicht mehr krank.«*

Doch für uns ist die heftige Reaktion des Körpers nichts Ungewöhnliches – halten wir doch unsere Überzeugungen mit jeder Faser unserer Muskeln fest.

Wundern Sie sich nicht manchmal über die immer wiederkehrenden Verspannungen – mag der Masseur auch noch so gut sein –, sie tauchen immer wieder auf, trotz ergometrischer Tische und Stühle. Sie haben weniger mit Ihren Möbeln zu tun als mit Ihren Überzeugungen; auch dies ist eine Erkenntnis aus dem NLP: Der Körper ist der Handschuh der Seele.

*Carola erholte sich und der Virus zog sich zurück. Sie aber wagte einen Schritt nach vorn und testete ein neues, sanfteres Verhalten. Den Kollegen erklärte sie, es müsse an der Erkältung liegen, sie sei noch zu schwach, um hart durchzugreifen.*

*»Muss sie ganz schön erwischt haben«, meinte der Lehrling vorlaut, doch zu seinem großen Erstaunen erntete er kein Donnerwetter, sondern nur ein verständnisvolles Lächeln. Der Chef wartete ab – auch er trainierte seine emotionale Intelligenz. Wir hatten ihm empfohlen, die Wandlung zu Beginn nicht zu kommentieren.*

Vielleicht möchten Sie wissen, wie es mit Carola weiterging? Sie ist noch heute in der Firma tätig – doch sie hat einen ganz speziellen Service entwickelt: Sie besucht auf Wunsch Kunden zu Hause. Viele Damen öffnen ihr gern die Tür, manche ihren Safe und viele ihr Herz. Wie sie darauf gekommen ist? Sie weiß es selbst nicht so genau. Plötzlich war der Gedanke da – und der Chef einverstanden.

## Flexibilität und Mobilität

Veränderungsintelligenz, so nennt Dieter Wolf von Goddenthow die Fähigkeit, sich möglichst schnell auf eine neue Lebens- und Jobsituation einzustellen. Das kann im Extremfall bedeuten, von A nach B zu ziehen und das vertraute Umfeld aufzugeben – ein Umstand, der mit 50* nicht leicht fällt. Die gewohnte Umgebung verlassen, die Familie, den Freundeskreis?

Sicher, das ist die radikalste Form der Veränderung und sie will gut überlegt sein. Stehen Sie vor der Frage, Ihr Leben so tiefgreifend umzukrempeln, wägen Sie Aktiva und Passiva sehr genau ab. Nicht immer ist die Arbeit der springende Punkt, sondern die Einsamkeit, die zu Beginn eines radikal veränderten Einsatzgebietes droht. Nicht jeder möchte eine Wochenendbeziehung führen und nicht jeder sitzt gern abends allein im Hotelzimmer – doch das ist zu Beginn einer neuen Tätigkeit in einer anderen Stadt normal.

Andererseits, was können Sie dabei gewinnen?

Manchmal fällt es mit 50* bereits schwer, einen Arbeitsplatz am anderen Ende der Stadt anzunehmen. Natürlich, in Berlin, Hamburg oder München kann das mit sehr langen Fahrzeiten verbunden sein – aber einen Arbeitsplatz ausschlagen, nur weil einem der Weg zu beschwerlich erscheint? Mark H. McCormack beobachtete bei seinen Studien, dass erfolgreiche Menschen aus jeder Tätigkeit etwas Besonderes machen. Egal, wo sie eingesetzt werden, ob in der Kantine oder in der Registratur, ob in New York oder Amsterdam, sie verstehen es, jeder Arbeit etwas ganz Spezifisches hinzuzufügen, etwas, was diesen Job zu einem besonderen macht. Glauben Sie, dass sich diese Menschen von ein paar Kilometern mehr oder weniger abschrecken lassen? Ganz gewiss nicht.

Doch Veränderungsintelligenz ist nicht nur geografisch zu verstehen, sondern sie ist besonders in unseren Köpfen gefragt. Verlassen Sie die Begrenzungen Ihrer alten Routen, bewegen Sie die kleinen grauen Zellen! Wundern Sie sich nicht, wenn Ihr neuer Job nicht zu 100 Prozent dem entspricht, was Sie sich vorgestellt haben – machen Sie aus Ihrem neuen Job Ihren Traumjob. Nicht am ersten Tag – aber mit der Zeit.

***Bernd***

*Der größte »Veränderungsspezialist«, den wir kennen, ist Bernd. Er studierte »Ingenieur«, weil der Vater es so wollte, schließlich gab es einen kleinen Familienbetrieb. Doch schon das Studium schmeckte Bernd nicht – bis auf sein Praktikum in Brasilien fand er alles einfach nur öde.*

*Nach dem Diplom jobbte er in verschiedenen Unternehmen, überall wollten sie ihn gerne behalten, doch nirgends gefiel es ihm »so richtig«. Bernd wollte im Grunde den Menschen helfen – aber nicht über einen Umweg über die Maschine, sondern direkter. Aber wie? Er war frustriert und spielte zeitweilig sogar mit dem Gedanken, doch in den väterlichen Betrieb einzusteigen, eine Idee, die er bis dato immer strikt verworfen hatte. Da erzählte ihm ein Freund, eine Finanzberatung suche jemanden, der die EDV-Anlage im Hause betreuen und die Daten pflegen sollte. Die Bezahlung war angemessen, doch Geld war für ihn nie das Wichtigste gewesen, seine Werte lagen auf einer anderen Skala. Zuerst fluchte er über die eintönige Arbeit, doch dann erkannte er seine Chance. Die nächsten Jahre arbeitete er Tag und Nacht: Am Tag gab Bernd Daten ein und nachts studierte er ihre Bedeutung. Und heute? Sie werden es erahnen: Bernd ist selbstständig – mit seiner eigenen Finanzberatung.*

## Flexibel sein

Das ist es, was wir meinen: nicht starr an den Vorgaben kleben, sondern in jeder Hinsicht flexibel sein.

Sie glauben, das funktioniert nicht?

Doch Hand aufs Herz, wenn Sie nicht an sich glauben, wer soll es denn dann tun? Mit 50* haben Sie genug Lebenserfahrung, um zu wissen, dass Sie jede Situation meistern können. Lassen Sie sich von Umbruchsphasen nicht abschrecken, packen Sie sie an und vertrauen Sie auf Ihre Fähigkeiten.

Im Zeitalter der Globalisierung und des Shareholder-Value sind in der Wirtschaft die Stärken *beider* Generationen gefragt. Die Firmen brauchen sowohl die Flexibilität, den Pragmatismus und das kosmopolitische Denken, wie es die Generation der 40-Jährigen hervorbringt, als auch den Sinn für Solidarität und Umweltbewusstsein, die großen Visionen und übergeordneten Ziele. »Krumme« Lebensläufe, wie wir sie aus unserer Generation kennen, mit »Experimentierphasen«, in denen man etwas ausprobierte, zeugen von Kreativität! Auch unsere Fähigkeit,

Prozesse und Entwicklungen hinterfragen und reflektieren zu können, sind in unserer schnelllebigen Zeit wichtige Ressourcen, die von den Personalchefs wieder entdeckt werden.

Waren vor vier Jahren lediglich 25 Prozent der Beschäftigten älter als 50 Jahre, werden es im Jahr 2010 rund 60 Prozent sein. War noch 1996 jeder dritte Angestellte unter 30, so ist es heute nur noch jeder fünfte.

**Altersverschiebungen am Beispiel 30– und 50***

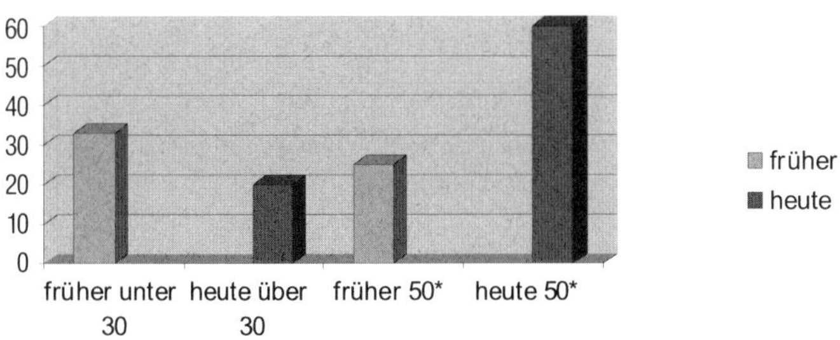


Diese Zahlen gehen aus den Berechnungen des Instituts für Arbeitsmarkt- und Berufsforschung in Nürnberg hervor. Sie sprechen für sich. Es muss das Ziel der Unternehmen werden, das Erfahrungswissen und die umfassenden Kompetenzen langjähriger Manager mit dem Innovationsstreben jüngerer Mitarbeiter zu einem effektiven Ganzen zu verknüpfen.

Das Konzept des Interims-Managers ist dabei ein besonders interessantes Modell. Diese »Führungskräfte auf Zeit« werden immer dann angeheuert, wenn zeitlich begrenzte Projekte anstehen, die mit eigenen Personalressourcen nicht abgedeckt werden können, zum Beispiel Neugründungen von Auslandsgesellschaften oder Reorganisationen von Produktionsstätten. Durch die Verschlankung vieler Unternehmen hat der Leistungsumfang der angestellten Manager so zugenommen, dass es für Zusatzaufgaben keinen Raum mehr gibt. So kümmert sich die Stammbelegschaft um das Kerngeschäft, während spezielle Projekte mit kurzfristig »zugekauften« Experten abgedeckt werden.

***Roland***

*Roland, einer unserer Seminarteilnehmer, ein ehemaliger Marktforschungsspezialist, beschloss mit 54 Jahren, bei einer großen Optikfirma in München sein Wissen einzubringen, und organisierte in einem halben Jahr den Vertrieb neu – in eigener Regie. Danach stand ihm diese Firma als Referenz für seine eigene Beraterfirma zur Verfügung.*

Auch der Führungswechsel in mittelständischen Unternehmen ist ein Einsatzfeld für 50*. Der Junior ist noch nicht richtig eingearbeitet, aber der Senior muss sich schon zurückziehen? Hier liegt ein weites Feld für Interims-Manager, die beraten, unterstützen und begleiten können.

Doch genauso wird die Reorganisation von Produktionsstätten gern in die Hände von Führungskräften auf Zeit gelegt. Voraussetzungen: Führungsfähigkeit, praktische und emotionale Intelligenz, Stresstoleranz und Zielorientierung. Ein Unternehmen, das einen Interims-Manager engagieren will, prüft die Kandidaten genau.

Sind sie fähig,

- sich in fremde Kulturen und Unternehmensphilosophien hineinzudenken und verantwortungsvoll damit umzugehen?
- komplexe Problemstellungen rasch zu erfassen und auf eine Lösung hinzuarbeiten?
- Mitarbeiter mit einem Minimum an Kontrolle, dafür aber einem Maximum an Vertrauen aufbauen zu können?
- zu improvisieren?
- unabhängig zu denken und zu handeln?

Doch das Wichtigste? Jede Firma will wissen: Ist der Kandidat ein Generalist mit großer Berufserfahrung? Denn in diesen Jobs kommt es wirklich auf Führungsfähigkeit, praktische und emotionale Intelligenz, Stresstoleranz und Zielorientierung an.

Heute sind bereits 10 000 Interims-Manager[44] im Einsatz. Die Zuwachsraten in diesem Arbeitssegment liegen bei bis zu 50 Prozent. Es gibt bereits spezielle Zeitarbeitsunternehmen für Interims-Manager, die jährlich bis zu 10 Millionen DM Umsatz machen. Viele ihrer Klienten sind Manager, die nach 20 bis 25 Jahren Festanstellung »hierarchiemüde« geworden sind und eine zweite Karriere anstreben. Eigene Ideen auf freier Ebene umsetzen, das ist ihr größter Wunsch. Und er kann wahr werden – bei Tagessätzen, die sich sehen lassen können. 2000 bis 4000 DM pro Tag sind keine Seltenheit. Ein Einsatz dauert in der Regel zwischen drei und neun Monate.

***Karl***

*Karl, einer unserer Seminarteilnehmer, war seit über acht Jahren international tätig und hatte zuletzt in China eine Fertigungsanlage für eine deutsche Firma installiert. Er machte viele wertvolle Erfahrungen, beruflich und menschlich.*

*»Nach 20 Jahren erfolgreicher Tätigkeit in der Industrie war mir langweilig geworden. Ich vermisste den Reiz neuer Herausforderungen und habe angefangen, Projektaufträge anzunehmen. Meine Erwartungen haben sich dabei voll erfüllt. Interims-Management ist Abwechslung pur, verknüpft mit einem Schuss Abenteuer und Unternehmertum. Ich kann frei agieren, etwas bewegen und lerne dabei die Welt kennen. Dabei kommen mir die Wurzeln meiner Generation zugute: die Fähigkeit, Prozesse zu analysieren und vorgefertigte Muster zu revolutionieren. Was man braucht? Praktische Intelligenz, Sprachkenntnisse und große kommunikative Fähigkeiten.«*

Diese Beispiele zeigen, dass es auf uns ankommt: Wie gehen wir mit uns um, was trauen wir uns zu, wie setzen wir uns ein? Effektives Selbstmanagement bedeutet, sich stets so zu führen, dass Chancen erkannt und wahrgenommen werden können. Effektives Selbstmanagement bedeutet, sich seiner selbst bewusst zu sein.

# 7. Effektiv umsteigen

*Um die Welt zu verändern,*
*brauchen wir sie nur*
*in einem anderen Licht zu sehen.*

Walter Doyle Staples

## Sich selbst erkennen

Sie haben sich vorgenommen, sich neu zu orientieren? In Ihrem Unternehmen nach neuen Herausforderungen zu forschen, sich einen neuen Arbeitsplatz zu suchen oder sich selbstständig zu machen? Sie meinen es auch wirklich ernst?

»Stress ist, wenn man ja sagt und nein meint«, erklärt Reinhard Sprenger, »Erfolg folgt der Entschiedenheit.«[45]

Darum sagen Sie bitte nicht: »Ich will ...«, denn die Gefahr ist groß, dass es bei dieser Willenserklärung bleibt. Sagen Sie auch nicht: »Ich werde ...«, denn dann spekulieren Sie mit der Zukunft. Doch sagen Sie bitte erst recht nicht: »Ich versuche ...«, denn nun nehmen Sie das Scheitern vorweg. Sagen Sie schlicht: »Ich bin ..., ich kann ..., ich tue ...«

## Selbstbild

Wussten Sie, dass nicht der IQ der zuverlässigste Indikator für die Leistungen eines Menschen ist, sondern sein Selbstbild? Es ist allerdings nicht das Selbstbild gemeint, das ein Mensch nach außen zu haben vorgibt, sondern das, was er tief im Inneren in sich trägt.

Viele Menschen machen nicht nur ihrer Umwelt, sondern vor allem sich selbst etwas vor: Selbstbewusst treten sie auf und selbstbewusst scheinen sie sich auch zu verhalten – doch tief im Inneren sitzt ein verängstigtes Kind.

***Robert***

*Robert war der geborene Vertriebsmensch – so schien es. Angeblich war er jahrelang erfolgreich für eine schwäbische Firma in Japan tätig gewesen. Dass es nicht einfach war, eine adäquate Position zu finden, leuchtete uns sofort ein, doch was wir nicht gleich bemerkten: Mit aller Macht hielt Robert an dem Bild des Supermanagers fest und bemerkte nicht, wie die Zeit verging. Aus der kreativen Pause, die er sich gegönnt hatte, drohte ein endgültiges »Aus« zu werden, in das er um seines Selbstbildes willen hineintrudelte – denn auf Anhieb so hoch auf dem Arbeitsmarkt wieder einzusteigen, wie er ausgestiegen war, war aufgrund der wirtschaftlichen Lage nicht möglich. Doch solange Robert keinen neuen Job angenommen hatte, war er in seinen und in den Augen seiner Umgebung »der Deutsche, dem die Welt zu Füßen lag«.*

Das wahre innere Selbstbild aber korrigiert die Vorstellungen, die wir uns vorgaukeln, denn unser »Bordcomputer« richtet sich nach dem wirklichen, dem wahren inneren Bild.

*»Der Junge ist viel zu zart, um sich im Leben auf die Dauer durchsetzen zu können«, hatte die Großmutter von Robert behauptet und mit diesem besorgten, leider aber nicht sehr klugen Ausspruch seinem inneren Bild die entscheidende Prägung gegeben. Er hatte dieses Bild innerlich akzeptiert und sein Bordcomputer hielt Kurs.*

*Robert fiel es schwer, darüber nachzudenken. Zögernd gab er zu, dass es in seinem Leben immer wieder Minicrashs gegeben hatte. Die gab es aber, seiner Meinung nach, im Leben eines jeden Außendienstlers. »Wissen Sie«, meinte er, »manchmal hat man Ärger mit einem Kunden und denkt nicht weiter darüber nach. Solange von einem anderen Kunden der nächste Auftrag kommt ...«*

Natürlich war Robert klar, dass mit dieser Einstellung im Vertrieb nichts mehr läuft. Heute muss ein Außendienstmitarbeiter über jedes Gespräch Rechenschaft ablegen. Konnte es sein, dass Robert nicht in diese engmaschige Kontrolle geraten wollte?

Unser Unterbewusstsein hat zwar einen Basisauftrag, doch es kennt auch Feinabstufungen. Diese Feinabstufungen werden von unseren Werten ausgelöst. Was setzen Sie zum Beispiel mit Erfolg gleich? Vielleicht Rücksichtslosigkeit? Härte? Egoismus? Verhaltensweisen, die Sie innerlich stark ablehnen? Tut Ihnen dann Ihr Unterbewusstsein nicht einen großen Gefallen, wenn Sie nicht *so* erfolgreich werden, wie Sie es sich wünschen?

## Selbstkonzept

Wir müssen uns also nicht nur mit unserem *Selbstbild*, sondern auch mit unseren Werten auseinander setzen, denn unsere Werte haben großen Einfluss auf unser *Selbstkonzept*. Nehmen wir an, Eltern zu sein hat auf Ihrer Werteskala einen hohen Stellenwert. Dann werden Sie wahrscheinlich sehr viel tun, um tatsächlich für Ihre Kinder da zu sein. Zu Ihrem Selbstkonzept gehört, eine gute Mutter oder ein guter Vater zu sein. Hat der Wert »Karriere machen« ebenfalls einen hohen Wert, geraten Sie vielleicht das eine oder andere Mal in einen *Konflikt*.

Oft gelingt es Menschen, sich selbst und ihrer Umgebung eine Weile ein anderes Bild zu zeigen. Sie haben Erfolg, verblüffen durch überzeugende Fähigkeiten, doch dann geraten sie ins Trudeln.

Nicht selten liegt die Ursache in einem Zielkonflikt: Da fällt dem so viel versprechenden »high potential« unmittelbar vor seinem mehrmonatigen Einsatz im amerikanischen Tochterunternehmen ein, dass er doch Erziehungsurlaub nehmen will. Da wird der Mutter bewusst, dass sie sich nicht länger nur um ihre Kinder, sondern endlich auch um sich selbst kümmern muss – gerade in dem Moment, in dem die Sprösslinge aufs Gymnasium kommen und ihre Unterstützung brauchen.

Das Selbstkonzept setzt sich aus den vielen Meinungen zusammen, die wir von uns haben: Bin ich ein guter Chef, eine gute Mitarbeiterin, ein guter Kollege? Ein guter Ehemann, eine gute Mutter?

Ständig werden diese Komponenten überprüft und unserem »Bordcomputer« zugespielt. Er vergleicht: Entsprechen die Daten dem Selbstbild? Wenn nicht, bekommen wir ein schlechtes Gewissen oder werden unruhig – es stimmt etwas nicht.

Nun wissen wir, das wir auch mit einem schlechten Gewissen eine ganze Weile zurechtkommen können – manche Menschen ein Leben lang. Doch das Verdrängen kostet Energie, der Griff zu Alkohol, Drogen und Medikamenten und betäubender Arbeit liegt nahe.

Wollen Sie sich verändern, müssen Sie also nicht nur wissen, wohin Sie gehen wollen, sondern auch welches Selbstbild und welches Selbstkonzept Sie von sich haben. Um unseren Klienten zu helfen, das herauszufinden, haben wir einige Fragen definiert, die wir mit den Worten »Was halten Sie von sich als ...?« einleiten.

Was halten Sie von sich als Mitarbeiter? Wie empfinden Sie sich als Kollege? Als Vorgesetzter?

Wir geben nur einige Fragen vor und bitten unsere Klienten, den Katalog zu vervollständigen. Sie können diese Fragen auf jeden Bereich Ihres Lebens ausdehnen und erhalten so einen Einblick, für welche Person Sie sich wirklich halten. Im zweiten Durchgang fügen Sie hinzu, wie Ihre Kollegen, Freunde und Partner die gleichen Fragen beantworten würden.

Auf diese Weise versuchen wir, dem Selbstbild ein Fremdbild gegenüberzustellen. So können Sie Unterschiede in der Wahrnehmung, vielleicht sogar Ihren blinden Fleck aufspüren.

**Was halten Sie von sich als ...?**

| | **Ihre persönliche Sicht** | **Die Sicht von Kollegen/Freunden/Partnern** |
|---|---|---|
| als Mitarbeiter | | |
| als Kollege | | |
| als Vorgesetzter | | |
| ... | | |
| ... | | |

*Robert hielt oberflächlich viel von sich, er war seiner Meinung nach der »geborene Manager«. Allerdings trug er nicht gern Personalverantwortung, er arbeitete lieber alleine. Sich jeden Morgen pünktlich zur Stelle zu melden oder nach jedem Kundenkontakt die Daten ins Netz zu stellen, wie es bei weltweit agierenden Vertrieben heute durchaus verlangt werden kann, hatte für ihn den Hauch des Versagens. Diese Form der Kontrolle kam für ihn nicht infrage.*

Der schwerste Schritt für Robert war, sich einzugestehen, dass seine Vorstellungen vom weltgewandten, unabhängigen Vertreter heute nicht mehr zeitgemäß waren. Doch nicht nur das, er selbst hatte keine Ähnlickeit mehr mit dem Mann, dem sein Selbstbild zugrunde lag. Auch uns kam es vor wie ein veraltetes Passbild – eine entfernte Ähnlichkeit war noch zu erkennen, doch der heutige Robert war ein ganz anderer.

*Darum wurde er nicht aktiv, seine Droge war die Selbsttäuschung.*

Doch wenn wir uns verändern wollen, dann müssen wir bei uns selbst beginnen. Wir müssen uns fragen, ob unser Selbstbild den Gegebenheiten noch entspricht oder ob wir »nur noch ein Schatten unserer selbst sind«. Sehen wir uns noch verklärt im Stile unserer größten Erfolge? Weil wir uns nicht eingestehen können, dass diese Zeit vorbei ist? Sind wir uns lang verflossener Leistungen wegen vielleicht manchmal zu schade, die Gelegenheiten zu ergreifen, die sich uns tatsächlich bieten?

## Angst vor Erfolg

Wer hat mit 50* noch Angst vor Erfolg?

Viele. Deshalb reden wir uns ein, mit 50* laufe nicht mehr viel. Also können wir uns zurückziehen. Wozu sich in den *»IPS-State«* (s. S. 56) begeben, wenn doch nichts dabei herauskommt?

Hinter dieser Einstellung steckt nicht nur Resignation, sondern auch Angst: Was tun, wenn doch was läuft? Wir kennen viele 50*, die Erfolg haben, warum nicht auch Sie? Doch eines stimmt natürlich: Erfolg ist eine »neverending story«, das heißt, einmal angefangen, müssen Sie dranbleiben. Ist es das, was Sie zurückhält?

Angst vor Erfolg ist unserer Meinung nach die Angst, dem Erfolg nicht gewachsen zu sein. Erfolg wünschen wir uns alle, doch wir scheuen vor den Anforderungen zurück, die *danach* auf uns zukommen können. Doch hier kann Ihnen Ihre *Erfahrungsintelligenz* zugute kommen: Sie können sich vorbereiten. Stellen Sie sich doch selbst die Frage: Was wäre, wenn ich zehn Jahre jünger wäre? Alles, was Sie mit 40 können, können Sie auch mit 50!

Und wenn Sie sich blamieren?

Lernen Sie, diesen Gedanken auszuhalten. Fragen Sie sich, was Sie in 30 Jahren mehr beunruhigen wird: sich blamiert oder an den eigenen Träumen vorbeigelebt zu haben?

## Angst vor positiven Reaktionen

Hinter der Angst vor dem Erfolg kann sich auch die Angst vor der positiven Reaktion der Umwelt verbergen. »Seht her, was er alles erreichen kann, wenn er sich anstrengt. Warum hat er das denn nicht gleich getan?« Vielleicht auch die Furcht, aus der bequemen Ecke der Versager herauszukommen?

Sich mit 50* plötzlich auf den Erfolg einzulassen, kann das ganze Leben verändern. Stellen Sie sich mental darauf ein! Wenn Sie spüren, dass der innere Widerstand zu heftig ist, suchen Sie sich fachmännische Unterstützung. Vergeuden Sie nicht noch mehr Zeit!

## Fehlende Klarheit

Nehmen wir an, Sie sind unzufrieden und verkünden mehrmals am Tag, dass Sie Ihr Leben verändern wollen. Was genau wollen Sie verändern? Warum wollen Sie es verändern? Können Sie sich ein konkretes Bild von der Situation machen, die Sie sich wünschen?

Können Sie diese Fragen nicht klar beantworten, wird sich Ihr Unterbewusstsein nicht anstrengen, Sie Ihren Wünschen näher zu bringen. Sie wissen, es braucht einen klaren Auftrag.

Gefällt Ihnen der Zustand des »ewig Möglichen« und des Träumens vielleicht besser, als Sie zugeben möchten? Dann stehen Sie dazu! Lernen Sie, sich nicht zu verachten oder gar dafür zu bestrafen. Nehmen Sie die Folgen Ihrer Unklarheit in Kauf und betrachten Sie sie nicht als Stolperstein, sondern als Ihre ganz persönliche Art, Ihr Leben in der Schwebe zu halten.

Doch was tun, wenn Sie aus Ihrer Unentschlossenheit herauskommen möchten?

Wagen Sie es doch einmal, sich nach den endlosen unfruchtbaren Diskussionen vom »eigenen Bauch« inspirieren zu lassen!

Es geht dabei darum, in den »inneren Fluss« zu kommen. Die eigene Intuition zu entwickeln. Wegzukommen vom Dialog »aus dem Kopf« heraus, aufgrund dessen wir uns so häufig im Kreise drehen.

**Fragen Sie sich:**

Was genau soll sich in meinem Leben verändern?

---

Warum?

---

Wie soll es sich verändern?

---

Bis wann soll es sich ändern?

---

Woran kann ich erkennen, dass es sich verändert hat?

---

Achten Sie auf Ihr Bauchgefühl und verfeinern Sie diese Liste, bis Sie wissen, was Sie *gefühlsmäßig* wollen. Fragen Sie sich dann, ob Sie tatsächlich bereit sind, den Preis zu zahlen, den diese Veränderungen mit sich bringen.

## Mangelnde Selbstannahme

Müssen Sie Ihr Selbstwertgefühl vor Bedrohung schützen und weichen vor Hindernissen zurück? Laufen Sie ständig Ihrem Idealbild hinterher und geben sich ständig selbst eins »auf den Deckel«?

Permanente Selbstvorwürfe und Selbstverurteilung sind die Folgen dieser mangelnden »Selbstliebe«. Sie fühlen sich ständig kritisch von anderen betrachtet, tragen jedoch Ihren übelsten und gnadenlosesten Kritiker in sich selbst. Damit behindern Sie Ihre eigene Weiterentwicklung. Wenn Sie 150-prozentige Resultate verlangen, dürfen Sie nur Dinge tun, die Sie bereits perfekt beherrschen, und dürfen sich keinerlei Experimente zugestehen, aus denen Sie lernen könnten. Selbstentwertung ist ein weiterer Schritt auf diesem Weg: Sie trauen sich nichts mehr zu, halten sich nicht für wert, dass Ihnen etwas gelingt. Unter diesem Blickwinkel kann es für Ihr inneres Gleichgewicht klug sein, nichts zu beginnen. Sie kommen nicht mehr in Gefahr, etwas anpacken zu müssen, und gehen dem Scheitern, das für das Selbstwertgefühl so verheerend wäre, aus dem Weg.

Doch ganz so einfach, wie es sich anhört, ist es nicht. Der innere Kritiker spricht meistens mit einer ganz bestimmten Stimme – versuchen Sie herauszufinden, von wem sie stammt. Setzen Sie sich mit dieser Stimme auseinander und fragen Sie sie, woher sie die Autorität nimmt, so mit Ihnen zu verfahren. Diskutieren Sie mit ihr und sagen Sie ihr, dass Sie nun wirklich alt genug sind, selbst der Herr im Haus zu sein.

## Sich neu entwerfen

Entwickeln Sie den Mut, bewusst gegen Ihr Idealbild zu verstoßen. Trainieren Sie bewusst neue Verhaltensweisen, entwerfen Sie, vielleicht mit fachlicher Unterstützung, ein neues Selbstkonzept.

Mangelnde Selbstannahme kann bis zum Selbstboykott gehen: Wir nehmen Chancen einfach nicht wahr, obwohl wir sie erkennen. So nehmen manche Menschen zum Beispiel ein Stellenangebot unter den fadenscheinigsten Gründen nicht an. Es ist, als ob sie es sich nicht gönnten, erfolgreich zu sein.

Oder gibt es einen anderen Menschen, der in gutem Glauben Ihrem Erfolg im Wege steht?

*Der Schlüssel zu Roberts Schwierigkeiten war nicht allein sein Selbstbild oder sein Selbstkonzept, es war der Satz seiner Großmutter: »Um auf die Dauer Erfolg zu haben, ist der Junge viel zu zart.«*

Um auf diesen Satz zu stoßen, mussten wir schon detektivischen Spürsinn entwickeln. Immer wieder fragten wir Robert, wer in seiner Kindheit an seinem Erfolg gezweifelt habe. Schließlich fand er die Antwort: die Großmutter. Seit seiner Jugend lag ihr Ausspruch, mittlerweile zu einem Glaubenssatz verdichtet, seinen Handlungen zugrunde – auch wenn es auf den ersten Blick nicht zu erkennen war. Doch irgendwie hatte er Selbstbild und Selbstkonzept durchdrungen und sich durchgesetzt.

*Roberts Großmutter hatte ihrem Enkel nicht schaden wollen, im Gegenteil. Sie hatte sich gewünscht, er möge als Beamter dem Druck, dem sein Vater als selbstständiger Handelsvertreter ausgesetzt war, entgehen. Früh hatte sie erkannt, dass Robert in die Fußstapfen seines Vaters steigen wollte, und drückte ihre Angst um den Enkel aus – ohne zu wissen, dass sie damit seine widersprüchliche Ausrichtung förderte.*

## Modellieren

Doch wenn wir unser Verhalten in *bestimmten* Situationen ändern wollen, dann können wir es. Wir können uns, wie es Anthony Robbins[46] nennt, modellieren. Damit ist gemeint, dass wir dadurch, dass wir Menschen, die uns imponieren, nachempfinden – wir können auch sagen nachmachen –, neue Verhaltensweisen erwerben können.

*Ob er ein Vorbild habe, fragten wir Robert, eines aus heutiger Zeit. Nach langem Überlegen fiel ihm ein Onkel ein, der mit 60 noch sehr erfolgreich tätig war – auch im Außendienst. Wodurch sich der Onkel auszeichne, wollten wir wissen. »Durch seine positive Ausstrahlung«, geriet Robert plötzlich ins Schwärmen, »jeder ist gern mit ihm zusammen. Der ist jeder Situation gewachsen! Wenn ich nur etwas mehr von seiner Art hätte ...!«*

Wir schlugen Robert vor, sich seinen Onkel ganz genau vorzustellen. Wie handelte der Onkel, wie gab er sich? Dann sollte er versuchen, einen Teil dieser Eigenschaften in sein eigenes Verhalten einzubauen. Wir empfahlen ihm eine Übung, die auch Sie machen können, wenn Sie Ihr Verhalten in einer bestimmten Situation ändern möchten.

Wählen Sie eine Situation aus, in der Sie sich in Zukunft anders geben möchten. Nehmen Sie im Geiste ein weißes Blatt zur Hand und entwerfen Sie darauf ein Bild von sich im »Istzustand«, vielleicht wie Sie eine Rede halten und dabei nervös sind und ins Stocken geraten. Sie sollen sich nicht zeichnen – das weiße Blatt dient Ihnen nur als Projektionsfläche –, Sie sollen sich nur vor Ihrem geistigen Auge sehen.

Nun nehmen Sie ein zweites Blatt und entwerfen wieder ein Bild von sich. Diesmal jedoch sind Sie selbstbewusst, ruhig und gelassen. Sie sprechen überzeugend und flüssig, sehen sich in Farbe und können am Rande des Bildes sogar begeisterte Zuhörer erkennen.

Jetzt haben Sie zwei geistige Bilder in Ihrer »inneren Galerie«, den Istzustand und den gewünschten Idealzustand. Nun geht es darum, mit Ihrer Energie zu arbeiten. Wandern Sie geistig wieder zum Istzustand zurück. Versuchen Sie, das Bild vor Ihren Augen langsam schwächer werden zu lassen. Lehnen Sie es nicht ab, sondern lassen Sie es innerlich langsam los, so wie

Sie einen Igel in die Freiheit entlassen würden. Mit allen guten Wünschen, doch mit dem festen Vorsatz, ihn ziehen zu lassen. Erlauben Sie dem Bild, langsam vor Ihrem geistigen Auge kleiner zu werden.

Nach einer Weile wenden Sie sich wieder dem zweiten Bild zu. Besetzen Sie es mit aller Energie. Sehen Sie sich mit Begeisterung vor einer Gruppe sprechen.

Wiederholen Sie die ganze Übung so oft, wie es Ihnen möglich ist, und beenden Sie sie immer mit Ihrem *neuen* Bild, in das Sie so viel geistige Energie wie möglich stecken. Am Ende der Übung lassen Sie blitzschnell das neue Bild an die Stelle des alten treten.

Allmählich wird sich das neue Bild in Ihrem Unterbewusstsein immer stärker durchsetzen. Sie werden anfangen, so zu handeln, wie es ihm entspricht.

*Robert brauchte eine ganze Weile, seine Übung konsequent durchzuführen, irgendetwas in ihm weigerte sich, das neue, handlungsorientierte Bild aufzubauen. Was, so wollten wir wissen, könne das denn sein? »Ich habe Angst vor dem Vergleich mit jungen Kollegen«, kam überraschend schnell die ehrliche Antwort, »in manchem sind die nämlich wirklich besser.« Wir empfahlen ihm, die bildhafte Vorstellung mit Entspannungstechniken zu verbinden, um so den Widerstand zu unterlaufen, und bauten die Szene mit dem »neuen« Robert noch etwas um: Er sah sich jetzt inmitten von jüngeren Kollegen und berichtete freimütig von seinen Erfahrungen, bat die Jungen sogar um Rat und um ihre Meinung.*

Entspannungtechniken sind ein idealer Weg, um die Bilder im Unterbewusstsein zu entdecken und zu steuern. Hanscarl Leuner[47] baute seine Imaginationstechniken sogar in Anlehnung an das autogene Training in Grund-, Mittel- und Oberstufe auf. Lernen Sie, sich zu entspannen. Oft tauchen dann die inneren Bilder von alleine auf. Erlauben Sie den Bildern, sich zu Szenen zu entwickeln!

*Robert trainierte nun täglich nach dem Muster des autogenen Trainings. Er sah sich vor seinem geistigen Auge mit aufgekrempelten Ärmeln im Kreise junger Leute. Begeistert entwarf er eine Marketingstrategie.*

*Eines Morgens aber rief er ganz spontan den bewunderten Onkel an. »Ich möchte dich besuchen. Ich brauche deinen Rat. Bist du einverstanden?«*

*Dieses Telefonat war der erste Hinweis darauf, dass sein Unterbewusstsein eine neue Richtung einschlug. Es forderte Robert auf, etwas zu tun, was ihn seinem neuen Ziel näher brachte. Wir rieten ihm nun, sein geistiges Bild mit positiven Suggestionen zu verstärken.*

Suggestionen sind einfache Formeln, die Sie bitte in der Gegenwartsform motivierend und griffig formulieren. Denken Sie dabei immer an den von Walter Doyle Staples[48] so einprägsam formulierten Leitsatz Ihres Unterbewusstseins: »*Der Chef hat sich das so vorgestellt, also soll er es so haben!*« Formulieren Sie bitte nicht in der Zukunftsform.

»*Ich werde eine neue Herausforderung finden*«, ist keine Erfolgsformel, sondern eine unendliche Geschichte: Ihr »Bordcomputer« nimmt schließlich alles wörtlich! Aber Sie möchten doch mit 50* erfolgreich sein und nicht irgendwann!

## Sich auf ein Ziel hin entwerfen

Nehmen wir an, Sie suchen ein neues Betätigungsfeld. Wäre es dann nicht gut, wenn Sie Ihre innere Programmierung auf dieses Ziel hin überprüfen?

Sie möchten gerne im PR-Bereich tätig werden, aber Sie sind schüchtern – was tun?

Ein beinahe unglaublicher Bericht kommt von einer Klientin, die inzwischen als erfolgreiche Unternehmerin tätig ist: Um sich von ihrer Schüchternheit zu befreien, jobbte sie in einer Pizzeria. Am ersten Abend hatte sie die größten Schwierigkeiten, die Leute richtig anzusehen, die Bestellung korrekt aufzunehmen und gleich zu kassieren. Einige der Gäste nutzten die Situation leider aus – sie machte einen riesigen Verlust! Doch am zweiten Abend lächelte sie schon dann und wann: Es lief bereits besser. Am dritten Abend konnte sie zum ersten Mal einen Teil des sauer verdienten Trinkgelds in die eigene Tasche stecken. Von da an machte ihr der Job richtig Spaß – und Geld verdiente sie auch!

Zugegeben, das war eine Radikalkur, aber sie hat erstaunlich gut gewirkt.

Fragen Sie sich, welches Ihrer Talente Sie entwickeln, welche Schwäche Sie überwinden möchten? Unserer Erfahrung nach können viele Menschen gerade auf jenen Gebieten Erstaunliches leisten, die sie sich zu erobern wünschen, es sich aber nicht trauen. Zögern Sie nicht länger! Fügen Sie Ihrem Bild jene Farbe hinzu, die ihm bisher gefehlt hat. Verlernen Sie Angewohnheiten, die Ihnen nichts mehr nützen, trainieren Sie neue Ansätze.

## Mentales Training

Wir sind davon überzeugt, dass jeder von uns alle Voraussetzungen und Möglichkeiten in sich trägt, die er braucht, um seine individuellen Erfolgsziele zu erreichen.

Vielleicht zweifeln Sie an dieser Aussage, aber in unserer

Praxis bewahrheitet sie sich immer wieder. Doch manchmal scheint es, als hätten wir mit 50* zu lange nur funktioniert und das Zutrauen zu unseren inneren Ressourcen verloren. Unsere kreative Quelle, ist sie versiegt? Fragen Sie sich doch einmal, wie die Realität des Menschen, der Sie gerne sein möchten, aussehen würde? Erlauben Sie sich, wieder zu träumen – doch bitte spielen Sie nicht *»Ich bin gerade Millionär geworden«*, sondern schaffen Sie sich eine Wirklichkeit, die Sie auch ohne Gewinn erreichen können, und malen Sie sich diese *richtig* aus. Können Sie das nicht, dann trifft diese Realität auf Sie nicht zu.

***Ulrike***

*Ulrike träumte davon, als Schauspielerin Karriere zu machen, doch ihre mentale Vorstellung scheiterte bereits am Flughafen; sie konnte es nicht über sich bringen, ihre drei Katzen längere Zeit alleine zu lassen. Sie überlegte hin und her, doch sie fand keinen Ausweg. Schließlich wurde ihr bewusst, dass ihre Katzen etwas mit ihrer Heimatverbundenheit zu tun hatten: Sie wollte München innerlich nicht verlassen, schon den Dialekt aufzugeben erschien ihr wie Verrat. Doch Bayerisch taugt nur etwas fürs Münchner Volkstheater.*

*Als Ulrike diesen Zusammenhang verstanden und akzeptiert hatte, atmete sie auf. Ein ungeheurer Druck fiel von ihren Schultern. Jetzt versucht sie, sich in der Münchner Szene durchzusetzen – mit Erfolg.*

Vorstellungen, die uns nicht entsprechen, können unserem wahren Erfolg sehr im Wege stehen! Auch die heute so gängige Kombination von Erfolg und Glück stellt uns manchmal ein Bein! Glück und Erfolg sind nicht dasselbe, auch wenn es sich bei manchen Trainern so anhören mag. Wir kennen Menschen, die nach den gängigen Kriterien *nicht* erfolgreich sind: Sie verdienen weder viel Geld, noch haben sie ein Haus, ein Auto oder gar ein Pferd, doch sie empfinden sich als glücklich und machen auch einen dementsprechenden Eindruck.

Finden Sie Ihre eigene Definition der beiden Begriffe heraus und fragen Sie sich, was Ihnen ganz persönlich wichtiger ist. Beantworten Sie diese Fragen ehrlich und schielen Sie nicht auf prominente Zeitgenossen.

Vergleichen Sie sich nicht mit anderen. Das gilt besonders für das weibliche Geschlecht. Ihm hat Gayan S. Winter ins Stammbuch geschrieben: »*Die Sucht, dich mit anderen Frauen zu vergleichen, ist wie bitteres Gift. Reinige dich von ihr und du wirst erblühen!*«[49]

Wenn Sie Ihre Vorstellungen gefunden haben, dann besetzen Sie sie mit Energie. Spielen Sie im Geiste durch, was Sie in der Realität erleben wollen.

Halten Sie im Geiste eine Rede oder sehen Sie sich in einer Betriebsversammlung – was immer Sie sich in der Realität wünschen, können Sie im Geiste üben. Sie werden es dadurch nicht nur praktisch besser ausführen können, Sie werden es auch energetisch anziehen.

### *André*

*So kam eines Tages André in unser Seminar, der sieben Jahre lang im Bereich der Chemie tätig gewesen war. Die Routine seines Berufs hatte ihn sehr unglücklich gemacht. Im gemeinsamen Gespräch stellten wir fest, dass er regelmäßig in seine Heimat Israel flog, um seine zahlreichen Verwandten zu besuchen, und sich sehr für das Tote Meer und die Salzgewinnung interessierte. Seit langem stellte er sich vor, all seine Kontakte nutzen zu können und dieses Salz in Deutschland zu vermarkten.*

*Noch hatte er nicht daran gedacht, es hauptberuflich zu versuchen, es erschien ihm einfach zu unsicher. Doch nun war sein Leidensdruck so stark geworden, dass er aktiv nach einem Ausweg such-*

*te. Vielleicht setzte er sich aus diesem Grunde neben Karl, einen Marketingexperten, der den Generationswechsel in seiner letzten Firma mit seinem Job bezahlt hatte.*

*Die erste Tüte Salz überzeugte Karl. Zusammen mit uns und einem Gründungsberater der IHK erarbeitete er eine Marketingstrategie. Natürlich hatte André als Chemiker beste Voraussetzungen, um Kosmetikfirmen vom Nutzen dieses Rohstoffs zu überzeugen. So gelang es ihm relativ schnell, einige Firmen dazu zu bewegen, sein Salz in ihre Produktpalette aufzunehmen. Heute ist er stolzer Chef seiner eigenen Vertriebsfirma und hat 15 Mitarbeiter.*

*Unser Werk? Nein, wir motivierten ihn, gaben ihm Informationen und trainierten mit ihm vor der Videokamera jene rhetorischen Elemente, die er für seine Gespräche mit den Kosmetikfirmen brauchte. Der entscheidende Anstoß jedoch kam von ihm.*

## Ziele

*»Wenn Sie zum Himmel hochschauen, was sehen Sie?«*
*»Wolken«, meinte der Offizier.*
*»Ja, Wolken« antwortete Napoleon, »und dahinter ist mein Stern und ich weiß immer, dass er da ist.«*

Quelle: Vera F. Birkenbihl

Wenn wir ein großes Ziel haben, das uns wie ein Fixstern begleitet, lassen wir uns auch durch psychologische Wolken nicht davon abbringen, es zu erreichen. Wo aber liegen unsere Ziele? Diese Fragen (siehe Seite 196) sind weder vollständig noch ein Psychotest, doch sie führen uns auf die Spur dessen, was wir wirklich wollen.

Viele unserer Klienten nehmen sie als Vorlage, um sich nach vielen Jahren wieder einmal einen ganz persönlichen Wunschzettel zu schreiben: Das hätte ich gern!

1. **Persönliche Ziele**
- Gibt es etwas, das Sie als Ihre Lebensaufgabe betrachten?
- Haben Sie Anlagen, die Sie entwickeln oder optimieren möchten?
- Wollen Sie etwas für Ihre Gesundheit oder Ihr Aussehen tun?

2. **Berufliche und finanzielle Ziele**
- Haben Sie ein Karriereziel?
- Haben Sie eine besondere Fähigkeit?
- Können Sie sie auf dem Markt verwerten?
- Wie viel Geld möchten Sie zur Verfügung haben?
- Möchten Sie Vermögenswerte aufbauen?
- Wollen Sie sich selbstständig machen?

3. **Zwischenmenschliche Ziele**
- Wie stellen Sie sich Ihren idealen Partner vor?
- Wie stellen Sie sich das Zusammenleben vor?
- Welchen Stellenwert haben Kinder in Ihrem Leben?
- Wie viel Kontakt wollen Sie mit Ihren Eltern haben?
- Wer sollte zu Ihrem Freundeskreis gehören?

4. **Soziale Ziele**
- Wie können Sie für andere Menschen einen Nutzen bieten?
- Wollen Sie sich für soziale Zwecke engagieren?
- Welche Ehrenämter könnten Sie ausüben?
- Wo oder wem können Sie Hilfe anbieten?

5. **Freizeit- und Prestigeziele**
- Welche Länder wollen Sie kennen lernen?
- Welche kulturellen Veranstaltungen interessieren Sie?
- Wollen Sie sich in einer Sportart verbessern?
- Welches Traumauto stellen Sie sich vor?

## Wünsche und Ziele

Dann aber kommt der Feinschliff, denn ist der Wunsch wirklich ein Ziel? Ein Wunsch wird erst dann zum Ziel, wenn wir bereit sind, etwas dafür zu tun. Wenn wir Zeit, Energie, Schweiß und Geld dafür einsetzen, um ihn zu realisieren.

Viele Menschen staunen zuerst über diese Unterscheidung. Wer wünscht sich keinen Porsche? Keine Uhr von Cartier? Keine Traumschiffreise? Kein Haus in Spanien? Doch nur wenn wir bereit sind, uns für diesen Wunsch auch wirklich einzusetzen, wird aus dem Wunsch ein Ziel.

Während der Wunsch noch vage ist, wird das Ziel klar definiert. *»Ich möchte nach Australien ...«*, ist ein Wunsch. *»Ich fliege am 12. September 2002 nach Sydney«*, ist ein Ziel.

Es ist es wichtig, dass Sie Ihre Ziele so konkret wie möglich *schriftlich* fixieren. Sie müssen genau definieren, was Sie tun werden: Ich bewerbe mich in drei Wochen bei 20 verschiedenen Firmen. Ich optimiere mit einem Fachmann meine Bewerbungsunterlagen. Ich trage in vier Wochen alle Informationen und Unterlagen, die ich zum Selbstständigmachen benötige, zusammen.

Ihre Ziele sollten realistisch und messbar sein. Realistisch sein bedeutet, es muss eine faire Chance bestehen, sie auch erreichen zu können. Messbar sein heißt, Sie müssen an einem Gradmesser ablesen können, dass Sie sie erreicht haben. Mag bei einem Gewichtsverlust der Blick auf die Waage genügen, so sind andere Ziele nicht so leicht zu verifizieren. Woran erkennen Sie zum Beispiel eine erfolgreiche Partnerschaft? Was zeichnet in Ihren Augen eine glückliche Familie aus? Wie verhält sich Ihrer Meinung nach ein echter Freund? Was beinhaltet ein gutes Jobangebot wirklich? Woran erkennen Sie ein gutes Betriebsklima?

Legen Sie schriftlich fest, für welche Definition Sie sich entscheiden. Dieser Punkt ist wichtiger, als er auf den ersten Augenblick erscheint. Da Ihr Selbstkonzept die Schaltstelle ist, die in Ihrer Psyche über die Qualität ihrer *Performanc*e entscheidet, kann es geschehen, dass Sie sich selbst austricksen, wie es viele der Menschen tun, die nie mit ihrer Leistung zufrieden sind.

Sind Sie vielleicht ein Perfektionist?

Perfektionisten akzeptieren nur selten, was sie vollbracht haben. »Ein Sieger findet für jedes Problem eine Lösung, ein

Verlierer in jeder Lösung ein Problem«, meinen die Erfolgstrainer Jörg Löhr und Ulrich Pramann[50]. Und so ergeht es auch den Perfektionisten. Noch problematischer: Es fällt ihnen so schwer, die eigenen gelungenen Leistungen anzuerkennen, dass sie sich nur selten freuen. Damit aber verhindern sie, dass ihre innere Kraftquelle sprudelt! Ist es da ein Wunder, dass sich viele Perfektionisten chronisch überlastet und erschöpft fühlen?

Haben Sie Ihre Wünsche als Ziele formuliert, überprüfen Sie sie auf ihre »innere« Machbarkeit. Stehen sie mit Ihrem Selbstkonzept in Einklang?

## Stimmigkeit

Ein Beispiel: Gehören die Werte »christlicher Glaube« und »Tradition« zu Ihren Grundwerten und Sie bekommen das Angebot, eine PR-Aktion für die freie Forschung an embryonalen Stammzellen zu konzipieren, werden Sie wahrscheinlich in einen »Zielkonflikt« geraten.

Nicht immer sind diese Konflikte so dramatisch wie in diesem Beispiel, doch am erfolgreichsten werden Sie sein, wenn Ihre Ziele mit Ihren Werten, Ihrem Selbstbild und Ihrem Selbstkonzept in Einklang stehen. Wenn sie sich gegenseitig fördern und anderen Menschen nicht schaden.

Ganz wichtig ist diese Übereinstimmung, wenn Sie sich selbstständig machen wollen. Ein überzeugter Nichtraucher wird mit einem Zigarettengeschäft sicher nicht so erfolgreich sein wie ein passionierter Zigarrenraucher, doch auch ein Mensch, der sich gerne an feste Arbeitszeiten hält, kann als Selbstständiger in einen Konflikt geraten.

Noch größer können Ihre Konflikte werden, wenn Sie ganz bestimmte Vorstellungen davon haben, wie Sie mit Ihren Mitarbeitern umgehen wollen, sich diese Vorstellungen aber nicht so einfach durchsetzen lassen. Sie träumen vielleicht davon, all die Fehler, die Ihre Chefs in der Vergangenheit gemacht haben, nicht zu machen. Doch dann stellen Sie fest, dass dieses Konzept auch nicht funktioniert. Viele »neue« selbstständige Chefs überfordern ihre Mitarbeiter, weil sie innerlich von einem Führungsstil zum anderen wandern.

## Sich selbstständig machen

Sie zweifeln? Ob der Zeitpunkt günstig, der Standort richtig, der Markt aufnahmefähig ist? Ob sich die Kunden für Ihr Produkt interessieren, nach Ihrem Service fragen werden?

Sie befinden sich im Zustand des *Abwägens*. Eine erwachsene Haltung. Sie dürfen sich nicht »kopflos« in etwas stürzen, müssen die Risiken ausloten.

Doch auch das Abwägen kann eine Falle sein. Solange wir uns nicht sicher sind, welchen Weg wir gehen wollen, müssen wir nicht handeln. Doch die meisten erfolgreichen Menschen zeichnet das Gegenteil aus: Sie haben gelernt, ihrer Intuition zu vertrauen, emotional intelligent und relativ schnell zu handeln.

Viele erfolgreiche Manager und Geschäftsleute führen ihre Erfolge auf ihr Gespür zurück, wie Hermann, der nach 20 Jahren in leitender Tätigkeit in der Industrie nun zehn Jahre als selbstständiger Interims-Manager erfolgreich ist: *»Intuition ist nichts Magisches. Es ist letztendlich nichts anderes, als alle Erfahrungen, die man bisher gemacht hat, auf einen Punkt zu bringen.«*

Doch unsere Intuition muss sich entwickeln dürfen. Dazu müssen wir lernen, die eigenen unmittelbaren Gefühle zu einem Menschen oder einer Situation wieder zu erspüren und sie ernst zu nehmen.

Schreiben Sie auf, was für Ihr geplantes Projekt spricht und was dagegen. Legen Sie das Blatt ab und lassen Sie die Frage gedanklich los. Nehmen Sie sich die Zeit, im Strudel der täglichen Aktivitäten einige Minuten auf Ihre innere Stimme zu hören. Eines Morgens werden Sie aufwachen und wissen die Antwort.

Legen Sie eine Frist fest, innerhalb derer Sie ihr Ziel erreichen wollen. Das können sechs Monate, aber auch zwei Jahre sein – es hängt von der Branche und der Größe des Projekts ab.

Fragen Sie sich eindringlich: Worauf muss ich verzichten, um dieses Ziel zu erreichen? Sich mit 50* selbstständig zu machen, ist zwar oft finanziell einfacher als in jungen Jahren – Sie haben Ersparnisse, eine Altersvorsorge, Kontakte –, doch dafür bringt eine Selbstständigkeit oft große Einschnitte im alltäglichen Leben mit sich. Weniger Zeit für den Partner und die Familie zu haben, weniger Zeit für sich selbst, das ist ganz selbstverständlich, wenn Sie Ihr eigener Chef werden.

Ist Ihnen bewusst, dass »Erfolg keine Endstation, sondern ein Hürdenlauf ist, bei dem man ständig um den Sieg kämpfen muss«, wie es der Unternehmer Eric Lejeune formuliert? Es ist heute selten, dass ein Unternehmen von selbst läuft. Doch erfolgreiche Selbstständige betrachten Probleme als Herausforderung. Sie haben ein Gefühl für Prioriäten und begeistern sich für das, was sie sich vorgenommen haben. Sie haben Geduld und Ausdauer. Sie zeigen Risikobereitschaft und Mut. Sie haben eine hohe Frustrationstoleranz. Vor allem aber haben sie zweierlei: Selbstdisziplin und den Glauben an die eigenen Fähigkeiten.

Bringen Sie diese Eigenschaften mit?

Übrigens, die Bedeutung der inneren Einstellung wird auch den Personalverantwortlichen großer Firmen immer klarer. Eine Harvard-Studie bestätigt, worauf es bei der Jobvergabe immer stärker ankommt: auf Ihre innere Einstellung. Zum Beruf, zu den Aufgaben, zu den Mitarbeitern. Und zu sich selbst.

In Einstellungsgesprächen und durch Tests versuchen Ihre Gesprächspartner mit folgenden Fragen Ihrer Einstellung auf die Spur zu kommen:

»Was verstehen Sie unter Erfolg? Loyalität? Verantwortung?«

»Wie würden Sie sich selbst charakterisieren?«

»Was sind Ihre wichtigsten Ziele?«

»Was sehen Sie als Ihre wichtigste Aufgabe bei uns an?«

Genauso wichtig ist es natürlich, sich diese Fragen zu stellen, wenn Sie sich selbstständig machen wollen.

Sind Sie bereit, den Preis zu zahlen? Dann kann es gelingen.

## Existenzgründung

Viele Menschen mit 50* spüren plötzlich den großen Wunsch, all das, was sie in ihrem Leben gelernt haben, in ein eigenes Unternehmen einzubringen. Doch wie sollen sie herausfinden, ob das, was sie sich vorstellen, auch in der Praxis tatsächlich so funktioniert, wie sie es sich vorstellen? Für diese Klienten haben wir das betriebliche Training entwickelt, das ihnen die Möglichkeit eröffnet, in Bereiche hineinzuschnuppern, die ihnen sonst verschlossen bleiben. Ein solches Training bietet ihnen viele Vorteile: Wo sonst haben sie die Gelegenheit, ein völlig neues Berufsfeld kennen zu lernen und sich – zunächst unverbindlich – darin zu bewähren?

***Jochen***

*Jochen war zweimal durch das Jura-Staatsexamen gefallen, weil er sich nicht als »typischer trockener Jurist in einer verstaubten Kanzlei« sehen wollte. Schließlich hatte er mit Ach und Krach sein Examen gemacht.*

*Er war ein bewegungsorientierter Mensch, der Spaß an Kontakten mit Menschen hatte und es sich beim besten Willen nicht vorstellen* *konnte, den ganzen Tag »paragrafenreitend und erbsenzählend« hinter einem Berg von Ordnern zu hocken. Doch nun wurde es allmählich brenzlig, denn wenn Jochen auch noch kein 50* war, so rückte dieses Datum doch in greifbare Nähe. Er hatte in den vergangenen Jahren »alles« gemacht, sogar in einem Zirkus die »Personalabteilung« auf Vordermann gebracht und sich mit der »Künstlersozialkasse« auseinandergesetzt. Doch nun wurde ihm bewusst, dass er noch etwas Anspruchsvolleres aus seinem Leben machen wollte.*

*Wir zeigten ihm eine Reihe von Möglichkeiten auf, doch am meisten begeisterte ihn die Idee, auf selbstständiger Basis mit einer Unternehmens- oder Personalberatungsfirma zu arbeiten. Hier würde er alles vereinen können: seine Grundausbildung, seine Freude, mit Menschen umzugehen, und seinen Drang, unterwegs zu sein.*

*Unsere Empfehlung: in einer renommierten Firma ein betriebliches Training zu absolvieren, um in den neuen Bereich hineinzuschnuppern und Kontakte zu knüpfen.*

*Trotzdem, Jochen war skeptisch. Würde ihn überhaupt eine Firma akzeptieren? War sein Lebenslauf nicht zu bunt, um vor den Augen eines Personalverantwortlichen »Gnade« zu finden?*

Doch dann war sein Ehrgeiz geweckt, er wollte unbedingt ein Unternehmen seiner Wahl kennen lernen. Schnell erfuhr er die erstaunliche Offenheit vieler Firmen Quereinsteigern oder fachverwandten Einsteigern gegenüber. Auch das Alter ist – geht es um einen berufliches Training – für viele Unternehmen kein Problem, obwohl es ein großer Aufwand für eine Firma ist, Mitarbeiter mit hoher Qualifikation einzuarbeiten, noch dazu, wenn es sich um Quereinsteiger handelt.

Darum überlegen sich die Firmen bei einem betrieblichen Training genau, wen sie nehmen, auch wenn es nur für einen kurzen Zeitraum ist. Jeder Bewerber wird interviewt und durchleuchtet wie bei einer Bewerbung. Fragen Sie sich deshalb, was

Sie mit diesem Training erreichen wollen: Ihre Kenntnisse erweitern und vertiefen? Oder viel Know-how und Kontakte sammeln? Oder einen totalen Neueinstieg in den Bereich, der Sie schon immer interessiert hat?

Unsere Stärke ist die »engpasskonzentrierte Strategie«, das heißt, wir suchen berufliche Nischen, in denen unsere Klienten auf ihre bisherigen Berufserfahrung aufbauen und zugleich etwas Neues ausprobieren können.

Ganz wichtig aber ist die Eigeninitiative. Bei vielen Firmen muss man sich sein Arbeitssetting selbst abstecken und strukturieren. Nur selten wird man »beim Händchen« genommen – zeigen Sie also Pioniergeist!

Unser ältester Klient stieg mit 59 Jahren bei einer Antivirensoftwarefirma in den Vertrieb ein – und blieb! Wer behauptet, im Vertrieb sei man mit 40 schon zu alt? Wer predigt, im Softwarebereich liefe bereits ab 35 nichts mehr? Rüdiger strafte sie alle Lügen.

***Rüdiger***

*Rüdiger war ein Phänomen. Er entwickelte sich bereits während des Seminars zu einem Feedbackfreak und machte dabei aus einem Handicap ein großes Plus: Als er zu uns kam, war er, seinen eigenen Aussagen nach, teamunfähig. »Einen alten Gaul kriegen Sie nicht mehr ins Geschirr«, kündigte er uns an und setzte sich an den äußersten linken Rand. Dort blieb er auch alleine sitzen – doch allmählich rückte er verbal an die Gruppe heran und gab Feedback. Er hielt sich streng an die Regeln: nicht persönlich werden, sachlich und konstruktiv bleiben.*

*Prompt bekam er von der Gruppe Feedback zurück. Leider fiel es zu Beginn nicht immer ganz genauso sachlich aus – Rüdigers elitäres Auftreten weckte Aggressionen. Manchmal konnten wir beobachten, wie es in ihm arbeitete. Langsam kam er aus seinem Elfenbein-*

*turm heraus. Mit diesem Intensivtraining bereitete er sich optimal auf sein berufliches Training vor, denn auch dort ging es »zur Sache«.*

Es gibt Firmen, die für Quereinsteiger kleine Projekte ansetzen und nach erfolgreicher Bewältigung manchmal den Trainee gerne weiter beschäftigen möchten. Andererseits klagen manche Klienten auch über »mangelnde Struktur« am Arbeitsplatz – ihnen fällt es schwer, mit den offenen, sich selbst organisierenden Systemen zurechtzukommen. Sie wirken auf manchen 50* eher chaotisch und nicht wie seriöse Betriebsführung. Gerade klassische Manager »älterer Bauart« sind daran gewöhnt, strenge Zielvorgaben zu erhalten und zu geben. Um diese Irritationen zu diskutieren, haben wir ein Netzwerk etabliert, in das sich alle Klienten zum gegenseitigen Erfahrungsaustausch einklicken.

Wir bitten unsere Klienten, sich während des Trainings Feedback geben zu lassen. Viele 50* scheuen diesen sensiblen Punkt. Ihnen fehlt einfach der Mut, in einer ihnen noch fremden Branche Punkte offen anzusprechen. Doch wenn wir uns selbstständig machen wollen, müssen wir trainieren, jüngere Kollegen vorurteilsfrei anzunehmen und um ihre Meinung zu bitten. Bitte tun Sie nicht so, als wüssten Sie schon alles – selbst wenn es teilweise stimmen sollte. Stellen Sie lieber Fragen!

Nach dem Training können unsere Klienten viel besser beurteilen, ob sie sich wirklich im dem von ihnen ausgesuchten Bereich auf eigene Füße stellen wollen. Sie können alles besser einschätzen: die Kosten, den Arbeitsaufwand, die Marktchancen. Sind das nicht unschätzbare Vorteile? Und manchmal haben sie durch das betriebliche Training nicht nur Kontakte und Referenzen, sondern sogar die ersten Kunden gewonnen.

Doch wenn Sie sich nicht selbstständig machen wollen? Wenn Sie ein neues Betätigungsfeld in einem festen Rahmen suchen? Wenn Sie sich neu bewerben wollen?

# 8. Effektiv starten

*Viele Menschen verfolgen*
*hartnäckig den Weg,*
*den sie gewählt haben,*
*aber nur wenige das Ziel.*

Kurt Tepperwein

## Sich bewerben

»Wenn Sie das Gefühl haben, beruflich festzusitzen, sind Sie sich Ihrer Möglichkeiten vielleicht nicht bewusst«, meint die Bestsellerautorin Laura Day, »Sie können sich entweder innerhalb Ihrer Firma eine neue Tätigkeit suchen – vielleicht auch eine Beförderung anstreben – oder Sie bewerben sich bei einer anderen Firma.«[51]

Doch wie bewerben wir uns effektiv?

Immer wieder stellen wir fest, dass sich unsere Klienten noch nie bewusst Gedanken über die Werte gemacht haben, die für sie bei einer beruflichen Tätigkeit wirklich ausschlaggebend sind. Woran liegt ihnen wirklich etwas? Möchten sie sich zugehörig fühlen? Oder sich fachlich entfalten? Ist ihnen ein freier Entscheidungsspielraum wichtig, wollen sie etwas ins Rollen bringen? Oder ist es die Freude am Wettbewerb, der intensive Kontakt und Austausch mit anderen – was bewegt sie?

»Arbeit macht Spaß – oder krank«, meint Reinhard Sprenger[52], und wie wahr diese Formel ist, erleben wir immer wieder. Eine Untersuchung der Unternehmensberatung Gemini Consulting besagt, dass fast zwei Drittel der Deutschen keinen Spaß an ihrem Job haben und ein Drittel davon bereits innerlich seit längerem gekündigt und das Engagement auf das Notwendigste beschränkt hat.

Geht es Ihnen ähnlich? Dann überlegen Sie sich bitte genau, was Sie wechseln möchten, wenn Sie sich neu orientieren wollen: den Beruf, die Funktion oder das Tätigkeitsfeld?

Nehmen wir an, Sie sind Ingenieur und möchten gern neu anfangen. Wo würden Sie gerne als Ingenieur arbeiten? Bei einer Maschinenbau- oder Elektronikfirma, bei einem Telekommunikationskonzern, einem Energieunternehmen, einer Haushaltsgerätefirma, einer Software-Entwicklungsfirma oder bei einer Bank? Diese Feinabstimmung ist wichtig, wenn die Jobsuche gelingen soll.

## Sich auf die Spur kommen

Erstellen Sie schriftlich eine Liste über folgende Fragen. Am Beispiel einer Teilnehmerin zeigen wir Ihnen, wie die Antworten aussehen können.

| | |
|---|---|
| • **Welche konkrete Funktion habe ich ausgefüllt?** | *Diplompädagogin und Orchestermusikerin, Lehrtätigkeit an einer Musikschule* |
| • **Welches sind meine bisherigen Tätigkeitsfelder gewesen?** | *Mitarbeit in einem Orchester für klassische Musik (hauptberuflich), Organisation und Lehrtätigkeit in der Musikschule (stundenweise nebenbei)* |
| • **Welche Tätigkeiten/Dinge innerhalb meiner Funktion fallen mir eher schwer oder mag ich nicht?** | *Das viele Üben als Orchestermusikerin, das sklavische Unterordnen im Orchester, wenig eigener Spielraum und Raum für Kreativität, die viele Reisetätigkeit belastet die Partnerschaft.* |

| | |
|---|---|
| • **Welches sind meine besonderen Fähigkeiten?** | *Kenntnis der Musikszene; Fähigkeit, Menschen zu begeistern, Projektorganisation* |
| • **Welches sind meine besonderen Eigenschaften/Stärken?** | *Menschenkenntnis, Zuverlässigkeit, Flexibilität, Kompromissbereitschaft, Kreativität, Improvisationsvermögen, Schnelligkeit, hohe Eigenverantwortung und Eigeninitiative* |
| • **Was wäre mein »Traumjob«, wenn ich wählen könnte?** | *Kultusminister* |
| • **Was sind meine Prioritäten im Leben? (Was ist mir besonders wichtig?)** | *Selbstständigkeit, Kontakt mit Menschen, Einflussnahme, Vielseitigkeit* |
| • **Was sind meiner Meinung nach meine momentanen Einschränkungen auf dem Arbeitsmarkt?** | *Mein Alter: 47 Jahre und eine große Konkurrenz in dem Tätigkeitsbereich Musikerin* |
| • **Welche Alternativen zu meinem bisherigen Tätigkeitsfeld könnte ich mir vorstellen?** | *Verantwortungsvolle Aufgabe im Kulturmanagementbereich.* |

Aus den Antworten unseres Fragenkatalogs ist zu entnehmen, dass unsere Klientin Spaß am Kulturbereich hat und gerne bereit ist, sich zu engagieren und Verantwortung zu übernehmen. Doch sie braucht das Gefühl, eigenständig etwas bewegen zu können. Ihr bisheriges Haupttätigkeitsfeld macht ihr zwar Spaß, aber die Begleitumstände entwickeln sich negativ, sodass sie sich einen Wechsel des Tätigkeitsfelds vorstellen kann.

Nach einigen Coachingstunden entwarfen wir ein Stellengesuch für das Internet, das folgendermaßen lautete:

*»Engagierte, organisationsstarke Diplom-Musikpädagogin mit langjähriger Orchestererfahrung und einschlägigen Kontakten zur Musikszene, guten Englisch- und Französischkenntnissen und der Fähigkeit, Menschen zu begeistern, sucht verantwortungsvolle Aufgabe im Kulturmanagement oder -referat, gerne auch im Bereich Kunst oder Kleinkunst.«*

Über diese Anzeige bekam unsere Klientin zunächst eine befristete Stelle im Kulturmanagementbereich des Kulturreferats und daran anschließend über Kontakte ihren »Traumjob«: Redakteurin beim Rundfunk, Abteilung Klassische Musik.

Das ist es, was Richard Nelson Bolles[53] kreative Jobsuche nennt, und sie ist gekennzeichnet von den drei Ws: **Was? Wo? Wie?**

## Was? Wo? Wie?

Viele Menschen fühlen sich durch ihre Ausbildung und bisherige spezifische Berufserfahrung so eingeengt, dass sie gar nicht auf die Idee kommen, dass ihre Fähigkeiten auch auf andere Bereiche übertragbar sein könnten. Sie tragen ein festes Bild in sich, wie ihre Arbeit *auch in Zukunft* aussehen wird.

Damit aber setzen sie sich selbst Grenzen und behaupten, die Umwelt enge sie ein!

Darum definieren Sie bitte die drei Ws ganz genau:

**Was**: Sie müssen sagen, was Sie zu bieten haben, das heißt eine Liste aller Gaben, Talente und Fähigkeiten machen. Hier handelt es sich um übertragbare Fähigkeiten, die sie überall – in jedem Beruf, auf jedem Feld – einbringen können.

Sobald Sie Ihre Fähigkeiten kennen, verfügen Sie über die Grundbausteine Ihrer Funktion und können eine Tätigkeit finden, die Sie gerne ausüben würden.

**Wo:** Sie müssen ganz genau entscheiden, **wo** Sie Ihre Fähigkeiten einsetzen wollen.

Definieren Sie Ihre Lieblingsthemen oder Interessengebiete und Ihre Prioritäten. Hier geht es um die Wissensgebiete, die Sie bereits gut kennen und die Sie mögen. Aber es geht auch um Ihre bevorzugten Arbeitsbedingungen und um die Art von Themen, Menschen oder Produkten, mit denen Sie am liebsten arbeiten würden.

Mit diesen Bausteinen können Sie das Tätigkeitsfeld definieren, auf dem Sie gerne Ihre Stellung finden würden.

**Wie:** Bemühen Sie sich um die Organisationen, die Sie am meisten interessieren, ohne Rücksicht darauf, ob es dort Ihrem Wissen nach freie Stellen gibt oder nicht. Nutzen Sie Ihre Kontakte, um einen Termin mit jenen Personen zu bekommen, die Sie einstellen könnten.

Konzentrieren Sie sich besonders auf die »übertragbaren Fähigkeiten«.

Immer wieder erleben wir, dass sie ausschlaggebend für einen gelungenen Berufsumstieg sind.

Das Beispiel unserer Musikerin zeigt uns, dass die Kreativität, das Improviationsvermögen, die Schnelligkeit, Eigeninitiative und Kontaktfreudigkeit, die sie als Orchestermusikerin bewiesen hat, auch auf den Bereich Kulturmanagement und die redaktionelle Mitarbeit beim Hörfunk übertragbar sind.

»Verbiegen« Sie sich nicht, um sich möglichst genau den Bedingungen des Arbeitgebers anzupassen, sondern gehen Sie genau andersherum vor: Analysieren und definieren Sie Ihre Fähigkeiten. Haben Sie nicht zu viel Respekt vor Berufsbezeichnungen, sondern präsentieren Sie sich als »potenziellen Mitarbeiter mit relevanten Fähigkeiten und Talenten« und schreiben Sie sich Ihr »Traumstellengesuch«, wie am Beispiel unserer Musikerin gezeigt, selbst. So konkret wie möglich.

Mit dieser Vorarbeit ist die wichtigste Arbeit getan. Jetzt werfen Sie sich mit Ihren Begabungen »auf den Markt«.

## Die Bewerbung

Wir können Sie unterstützen, doch nur Sie können Ihre innere Haltung ändern. Ob Sie das Bewerben für eine »Ochsentour« halten und sich dabei fühlen, als müssten Sie »Klinkenputzen«, oder ob Sie auf die Firmen zugehen und ihnen mit einem passgenauen Angebotsprofil entgegenkommen. Bitten Sie um eine Chance oder *bieten* Sie eine Chance.

### Die schriftliche Bewerbung

Es gibt kein Patentrezept für Bewerbungen. Sich zu bewerben ist ein kreativer Akt und unserer Meinung nach verschicken Sie lieber wenige, aber zielgerichtete und auf die jeweilige Firma zugeschnittene Bewerbungen als 100 Standardanschreiben, bei denen sich kein Mensch angesprochen fühlt.

Sie haben Ihr Angebotsprofil entwickelt? Jetzt müssen Sie Ihre Ansprechpartner finden.

Es gibt verschiedene Möglichkeiten, an Adressen zu kommen: Sie können einfach Familienmitglieder und Freunde fragen. Sie können die Printinformationen nutzen, das »Hoppenstedt-Handbuch der mittelständischen und der Großunternehmen«, »Commerce and Industrie«, Fachzeitschriften, regionale und überregionale Zeitungen, die »Gelbe Seiten«, Branchenbücher, »das Alternative Branchenbuch« und das Firmenregister der IHK. Die dritte Möglichkeit: das Internet.

Suchen Sie sich die Firmen heraus, die Sie besonders interessieren.

Unser Tipp: Bei kleineren Unternehmen bestehen die größten Chancen. Mittelständische Unternehmen sind – zu diesem Ergebnis kommt auch das »Institut der Deutschen Wirtschaft« – die »einzige deutsche Jobmaschine«.

Während die großen Unternehmen bis zum Jahr 2000 rund

480 000 Stellen abbauten, schufen mittelständische Betriebe eine etwa ähnliche Zahl von neuen Jobs.

Wir haben mit kleineren Firmen, mit 20 bis 50 Mitarbeitern, die besten Erfahrungen gemacht. Hier finden Sie flexible Strukturen, ein persönliches Arbeitsklima und ein breit angelegtes Tätigkeitsfeld. Auch Start-up-Firmen bieten ausgezeichnete Chancen. Lassen Sie sich von Gründer- oder Technologiezentren eine Liste der dort ansässigen Firmen schicken. Junge Unternehmen suchen erfahrene »Allrounder«, die sie auf dem Weg nach oben tatkräftig unterstützen.

Auch wenn es ums betriebliche Training geht, engagieren sich die kleinen und mittleren Firmen wesentlich intensiver und übernehmen die befristeten Mitarbeiter auch gern in feste Arbeitsverhältnisse.

Bleibt die Frage:

**Wie bewerbe ich mich am besten?**

Jede schriftliche Bewerbung hat ein Ziel: zu einem Gespräch zu führen. Das heißt, eine schriftliche Bewerbung muss verkaufen können.

»Es sind tatsächlich nur 30 Sekunden, die heute bei der Erstauswahl von Bewerbungsunterlagen für jeden einzelnen Bewerber verwendet werden«, weiß Klaus Aden von der Kienbaum Personalberatung, und Jürgen Hesse, Karriereexperte, meint: »Viele unterschätzen die Bedeutung des Fotos, aber das sieht sich jeder an!«

90 Prozent aller schriftlichen Bewerbungen scheitern an einer Sekretärin oder Sachbearbeiterin. Sie haben oft keinen detaillierten Einblick in das jeweilige Sachgebiet, sondern selektieren nach rein formalen Kriterien: Wie sieht die Bewerbungsmappe aus? Hat der Kandidat eine »Loseblattsammlung« geschickt? Fehlen Arbeitszeugnisse? Und wieder: Ist das Foto ansprechend?

**Die Bewerbungsmappe**

Bitte machen Sie sich bewusst, dass eine Firma auf eine interessante Anzeige Hunderte von Bewerbungsmappen erhält.

Wie also können Sie sich aus der Masse herausheben?

Wählen Sie eine neutrale Mappe in Weiß, Schwarz oder Dunkelblau, nicht zu aufwendig, aber bitte auch nicht jedes Blatt in einer Klarsichthülle – oberlehrerhaft und unökologisch, wie Jürgen Hesse meint.

**Zum Inhalt der Bewerbungsmappe gehören:**
ein individuelles Anschreiben (vorne auf die Mappe),
ein Lebenslauf mit Foto, die wichtigsten – nicht sämtliche – Berufszeugnisse.

**Das Anschreiben**

Was würde Sie ansprechen, wenn Sie 30 bis 50 Bewerbungsmappen pro Tag anschauen müssten, so wie es Personalverantwortliche tun?

Eine Mappe die »quadratisch, praktisch, gut« ist? Die eine individuelle Note zeigt? Eine, an der man ein Stück Persönlichkeit erkennen kann? Es kommt auf den Job an, der zu vergeben ist.

Verfassen Sie ein Anschreiben, von dem man sich persönlich angesprochen fühlt. Grundsätzlich gilt: Weniger ist mehr! Das Anschreiben soll neugierig machen, den Wunsch wecken, Sie kennen zu lernen. Ein Tipp: Rufen Sie an, bevor Sie Ihre Unterlagen verschicken, dann können Sie Ihren Ansprechpartner mit Namen ansprechen und können sich auf das Telefonat beziehen.

»Sehr geehrter Herr Müller, darf ich mich noch einmal herzlich für unser interessantes Gespräch vom 2.7. bedanken und Ihnen meine Unterlagen ...«

Mit dieser Strategie laufen Sie nicht mehr Gefahr, auf dem so genannten »linken Stapel« zu landen.

Danach formulieren Sie, warum Sie sich für die Stelle interessieren und weshalb Sie »der richtige Mann« oder »die richtige Frau« für diese Position sind. Bewerben sie sich auf eine Anzeige, beziehen Sie sich besonders auf die gewünschten sozialen Komponenten, die zu zwei Dritteln zählen.

Die Firma sollte sich speziell angesprochen fühlen. Verwenden Sie keine Standardfloskeln, sondern bessere Einstiegssätze:

»Ihre Firma ist mir bekannt als innovatives Unternehmen im Bereich der Telekommunikation ...« Danach in folgendem Grundtenor: »Ich biete Ihnen fachlich ...«, danach: »Zu meinen persönlichen Stärken gehören ...« Danach sollte ein Satz folgen, in dem Sie erklären, wie Sie der Firma Nutzen bieten können.

Bitte keine Konjunktive (könnte, hätte, würde) verwenden, sondern so selbstbewusst wie möglich formulieren! Belegen Sie Ihre fachlichen und persönlichen Stärken anhand von Beispielen: »... Mein organisatorisches Geschick und meine Flexibilität kamen mir bei meiner letzten Tätigkeit im Bereich Eventmarketing sehr zugute.«

Fünf bis acht Sätze genügen – nicht mehr! Je kürzer die Sätze sind, desto überzeugender wirken Sie! Bitte keine »hegelschen Schachtelsätze« über fünf Zeilen hinweg. Keine Experimente mit verspielten Computerschriften, auch eng beschriebene Seiten schrecken ab.

Verwenden Sie die Wörter »Spaß« und »Freude«, sie zeigen Motivation und machen sich ausgezeichnet.

### Der Lebenslauf

Der Lebenslauf ist der wichtigste inhaltliche Faktor der Bewerbung. Damit vermitteln Sie Ihre Kompetenz und zeigen sich als

Person. Der Lebenslauf sollte knapp und chronologisch gegliedert sein. Nicht mehr als zwei Seiten! Bei langjähriger Erfahrung lieber ein Profil an den Lebenslauf anhängen, in dem spezielles Fachwissen genauer aufgeführt wird. Von den Zeugnissen nur die wichtigsten in chronologischer Reihenfolge – das aktuellste zuerst – dazulegen. Bei 50* wirken Schulzeugnisse lächerlich, lediglich das Diplom und/beziehungsweise das Abschlusszeugnis sind erforderlich.

Denken Sie daran: Die Mitte des ersten Blattes fällt zuerst und am längsten ins Auge, alles, was danach kommt, bleibt nicht so intensiv im Gedächtnis hängen. An diese Stelle gehört, was *Sie* für den Arbeitgeber interessant macht!

Nehmen Ausbildung/Studium die ganze erste Seite ein und folgt die relevante Berufserfahrung erst auf Seite 2, vielleicht sogar weit unten, stellen Sie sich selbst ein Bein!

***Regina***

*Regina hatte nach ihrer Ausbildung zur Floristin auf dem zweiten Bildungsweg Betriebswirtschaft studiert. Jetzt bewarb sie sich im Bereich Personalrecruiting bei verschiedenen namhaften Personalberatern.*

*Die komplette erste Seite ihres Lebenslaufs wurde von ihrer Erstausbildung eingenommen: Floristin. Mehrere Jahre Mitarbeit im Blumengeschäft, danach Übernahme der elterlichen Gärtnerei. Da diese Tätigkeit 15 Jahre in ihrem Leben bestimmt hatte, nahm sie einen breiten Raum ein. Auf der zweiten Seite befand sich ganz oben in einer schlichten Zeile das Studium: BWL. Berufserfahrung: keine.*

*Sie wunderte sich, dass sie nur Absagen bekam, und wandte sich schließlich an uns. Schnell konnten wir ihr deutlich machen, dass die mit der Erstselektion betrauten Mitarbeiter sich wunderten, was eine »Floristin« bei ihnen zu suchen hatte.*

»Schneiden« Sie also Ihren Lebenslauf auch von der äußeren Form her auf die jeweilige Stelle »zu«. Lassen Sie die Fakten, die für den Arbeitgeber relevant sind, hervortreten und andere, unwichtigere Dinge vom Schriftbild und Umfang her zurücktreten.

Regina empfahlen wir einen so genannten »amerikanischen Lebenslauf«, das heißt einen Lebenlauf, bei dem der berufliche Werdegang vom aktuellen Zeitpunkt aus rückwärts aufgelistet wird.

*Regina positionierte ihre persönlichen Daten, wie gehabt, zuerst. Danach erschien ihr BWL-Studium mit breiten Lettern in der Mitte der ersten Seite und diverse mehrmonatige Praktika bei Beratungsfirmen, für die sie den Überbergriff »organisatorischer Bereich« verwendete. Einen weiteren breiten Raum nahm ihre Diplomarbeit im Bereich »Personal« ein. Die hatte sie in ihrem bisherigen Lebenslauf glatt unter den Tisch fallen lassen. Rechts oben positionierten wir ein gutes Bild – die erste Seite war perfekt.*

*Auf der zweiten Seite platzierten wir ihren beruflichen Werdegang bis zum Studium. Dabei empfahlen wir ihr, dem Führen des elterlichen Betriebs einen breiten Raum zu geben, denn diese Tätigkeit zeigte ihre Unternehmerpersönlichkeit, ihre Eigeninitiative, ihren Kontakt zu Kunden, ihre Serviceorientierung ... Fähigkeiten, die auch in ihrer zukünftigen gewählten Tätigkeit eine wichtige Rolle spielten.*

Dieser veränderte Lebenslauf brachte eine »Ausbeute« von eins zu fünf, das heißt, aus fünf Verschickungen resultierte ein Vorstellungsgespräch. Dies ist eine gute Quote und ein Zeichen dafür, dass die neue Bewerbungsstrategie erfolgreich war.

## Allgemeine Tipps

**Lücken im Lebenslauf?**

»Nicht lügen«, empfiehlt Jürgen Hesse, »doch etwas Kosmetik darf sein.«

Wir empfehlen, den Lebenslauf nur noch nach Jahreszahlen zu gliedern, nicht mehr nach Tag, Monat, Jahr. Auf die Weise verschwindet manchmal auch eine Phase der Arbeitslosigkeit. War man in einem Jahr beispielsweise nur drei Monate tätig, so schreibt man:

Im Jahre 1985:

Firma ...

Große Lücken sind ein absolutes K.-o.-Kriterium. Manche verstecken diese Zeit hinter der Floskel »freiberuflich als Berater« tätig gewesen. Aber Vorsicht, bitte auf Rückfragen vorbereiten!

Man kann auch Überbegriffe schaffen: »... als Teamassistentin in der Textilbranche, zuletzt bei der Firma X.«

Auf diese Art kann man auch meinen, Sie hätten zwischendurch für Zeitarbeitsfirmen gearbeitet.

Man kann auch schreiben: »... projektbezogen im Immobilienbereich«, und führt diejenige Firma auf, in der man am längsten gearbeitet hat.

Nennen Sie Tätigkeiten mit besonderer Kompetenz immer zuerst. Danach geht es um Zusatzqualifikationen wie Sprachkurse, Fortbildungen etc. Im Anschluss erfolgen persönliche Daten, wie Schulbildung, soziale Fähigkeiten (zum Beispiel Ehrenämter) und Hobbys.

Im an den Lebenslauf angehängten »fachlichen Profil« sind neben Ihren speziellen Fachkenntnissen, wie zum Beispiel Marktanalysen, Strategieplanerstellung, Durchführung von Verkaufsveranstaltungen, Investitionspläne, Controlling, auch Ihre persönlichen Stärken gefragt. Dies können Improvisationsvermögen, Durchsetzungsfähigkeit und Belastbarkeit, aber auch Verhandlungsführung, Flexibilität und Kontaktfähigkeit sein.

Die Übersichtlichkeit muss gewahrt sein. Es ist nicht nötig, für jeden Monat in Ihrem Lebenslauf ein Zeugnis beizulegen.

Eine Bewerbungsmappe mit 20 Seiten, bei der noch dazu alle Weiterbildungen aufgeführt sind, liest keiner. Für Berufserfahrene empfiehlt sich ohnehin der so genannte »amerikanische Lebenslauf«, da bei diesem die komplette Berufserfahrung, die für den Arbeitgeber am interessantesten ist, sofort auf der ersten Seite erscheint.

Die Ausbildung der 50* liegt so lange zurück, dass sie nur noch am Rande interessiert. Viel wichtiger können zum Beispiel für den Vertrieb Berufserfahrungen sein, in denen Kundenorientierung und erfolgreiche Verhandlungsführung eine Rolle spielten, auch wenn sie nicht mit Ihren Ursprungsberuf in Zusammenhang stehen.

Zeugnisse und Nachweise runden das Bild ab und sollen den Personalverantwortlichen von Ihren Kompetenzen überzeugen. Wählen Sie bewusst aus: den höchsten Bildungsabschluss, Zertifikate, die zum angestrebten Job passen – aber nicht mehr als fünf Anlagen. Je nach Job können Sie noch einige Arbeitsproben beilegen.

Auslandsaufenthalte und Sprachkenntnisse sollten besonders hervorgehoben werden.

Wichtig für den Gesamteindruck ist ein großzügiges Schriftbild.

Ort, Datum und Unterschrift nicht vergessen.

### Abschluss des Schreibens

Gehen Sie davon aus, dass Sie eingeladen werden, also: »Ich freue mich auf ein persönliches Gespräch.« Und nicht: »Ich würde mich freuen, wenn Sie mir die Gelegenheit zu einem eventuellen Gespräch geben würden.«

## Initiativbewerbung

Bewerben hat etwas mit werben zu tun – fällt es uns deshalb so schwer?

Haben wir Angst vor Ablehnung? Fühlen uns bei Absagen persönlich abgewertet? Oder haben wir noch den Spruch unserer Eltern im Kopf: »Eigenlob stinkt«? Wandeln wir ihn doch um in »Eigenlob stimmt«. Nennen wir doch die »Selbstvermarktung« – welch ein hässliches Wort – »Marketing in eigener Sache« und haben Spaß daran!

Eine unserer Klienteninnen, eine Ökotrophologin, schoss mit ihrer sehr unkonventionellen Initiativbewerbung »den Vogel ab« und wurde bei drei Bewerbungen einmal zu einem Vorstellungsgespräch eingeladen. Wie hat sie das geschafft?

Sie kreierte ein orangegelbes Faltblatt (dickes, angenehm aufgerautes Papier) und platzierte vorne auf dem Deckblatt ihr Foto mit Namen, Adresse, Berufsbezeichnung und E-Mail-Adresse. Schlug man das Faltblatt auf, erschienen im Inneren drei Spalten. Auf der linken Seite stand ein sehr übersichtlicher Lebenslauf in Kurzform mit den Rubriken: Persönliche Daten, Schulbildung, Auslandsaufenthalt nach dem Abitur, Hochschulstudium, studieninterne Praktika, die sie als Berufstätigkeit »verkaufte«, und fachfremde Berufserfahrung, die sie jedoch mit dem Begriff »Gesundheitsberatung« möglichst berufsrelevant angab.

In der mittleren Spalte erschien die »Berufliche Kompetenz«: Erfahrungen in der Qualitätssicherung und Produktentwicklung, Erfahrungen in der modernen Sensorikforschung, theoretische Kenntnisse und praktische Erfahrungen im Bereich der klinischen Ernährung. Unter dieser Rubrik, die eine halbe Seite umfasste, standen ihre exzellenten PC- und Fremdsprachenkenntnisse. Darunter ein breites Feld: »Persönliche Kompetenz«: Kreativität, Organisationsvermögen, schnelle Auffassungsgabe, Engagement, Kontaktfreudigkeit, Zuverlässigkeit.

Am interessantesten jedoch war der Text der rechten Rubrik:

»Sehr geehrte Damen und Herren,

suchen Sie eine kreative und engagierte Mitarbeiterin, die ihre Kenntnisse und Fertigkeiten gewinnbringend in Ihrem Hause einbringt?

Ich bin Ökotrophologin mit Fachrichtung Ernährungswissenschaft. Zurzeit befinde ich mich ...« und dann beschrieb sie ihre momentane Situation. Die Bewerbung wirkte frisch und hob sich durch Farbe und Gestaltung wohltuend von vielen anderen »Blindbewerbungen« ab.

**Die schriftliche Initiativbewerbung**

Dieses Beispiel einer Initiativbewerbung war noch nicht speziell auf eine Firma ausgerichtet. Noch besser ist es, wenn Sie nicht nur ein Faltblatt, sondern eine komplette, individuell auf eine ganz bestimmte Firma zugeschnittene Bewerbung versenden. Dies setzt voraus, dass Sie sich umfassend über die Firma informieren und Bedarf wecken können.

Vielleicht kommt Ihre Bewerbung zum richtigen Augenblick. Ein Mitarbeiter hat gekündigt und Sie sind zufällig der Erste, der dem Personalchef »auf den Tisch flattert«. Und der Erste hat die besten Chancen! Initiativbewerbungen bei kleinen und mittleren Firmen haben eine Erfolgsquote von zirka 70 Prozent!

Wie steht es mit E-Mail-Kurzbewerbungen?

Laut Angelika Fuchs[54], die für den Personaldienstleister Westerwelle unter anderem die Personalrekrutierung für mehrere international tätige Großunternehmen leitete, ist davon überzeugt, dass »der Trend, Informationen schnell und effizient einzuholen und zu übertragen, zu Missverständnissen führt«. So werden Bewerbungen unvollständig auf den Weg geschickt, weil man den Empfänger nicht überfrachten möchte. Der aber hat den Eindruck, der Bewerber hielte es nicht für nötig, die kompletten Daten zu liefern.

Ihrer Meinung nach wird das Bewerben in Papierform weiterhin der Weg sein, sich bei Unternehmen zu präsentieren.

Unsere Erfahrung ist ähnlich. Wir bemerken auch, dass Online-Bewerbungen häufig zu einem zu saloppen Tonfall verführen, der bei den Firmen nicht gut ankommt.

Andererseits sehen offenbar nicht sehr viele Arbeitgeber ins Netz, wenn sie einen Arbeitsplatz zu vergeben haben. Auch hier scheint sich in Deutschland der amerikanische Trend fortzusetzen. Peter Weddle stellte die Zahlen für die größten amerikanischen Jobbörsen zusammen und kam zu einem traurigen Ergebnis: Im Januar 1998 fanden sich 59 283 Gesuche, aber nur 1366 Arbeitgeber riefen innerhalb von 90 Tagen an.

Auf einer anderen Seite waren 85 000 Gesuche hinterlegt, aber nur 850 Arbeitgeber sahen sich während eines Zeitraumes von drei Monaten die Seite an.

## Die Online-Bewerbung

Wie eine Umfrage bei den größeren Firmen ergab, bevorzugen mehr als 80 Prozent aller Firmen nach wie vor die konventionelle Form der Bewerbung. Lediglich zirka 10 Prozent der Bewerbungen via Internet führen zur Einstellung.

Andere Arbeitgeber, wie »debis« oder auch die Versicherungsbranche, haben jedoch bereits die Erfahrung gemacht,

»dass das Einstellungsverfahren im Haus durch das Netz effektiver wurde«.

Geschätzt wird das Medium – laut einem *Focus*-Bericht – eigentlich nur da, wo es konsequent dazu eingesetzt wird, die Mitarbeiterakquisition zu vereinfachen, sprich, der Personalabteilung Arbeit zu ersparen. Trotzdem sollten Sie sich die Möglichkeiten, die das Medium bietet, nicht entgehen lassen und neben einer klassischen Bewerbung auch eine Online-Bewerbung starten. Wer weiß? Vielleicht ist Ihr Gesuch oder Ihr Angebot genau jenes, das einem Personalverantwortlichen nach fünf frustrierenden Bewerbungsgesprächen auf den Bildschirm flattert?

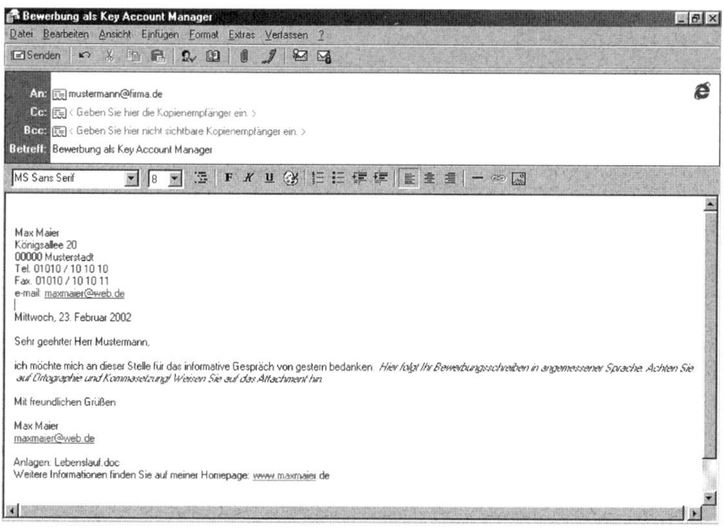
Bewerbung als Key Account Manager
Datei Bearbeiten Ansicht Einfügen Format Extras Verfassen ?
Senden
An: mustermann@firma.de
Cc: < Geben Sie hier die Kopienempfänger ein. >
Bcc: < Geben Sie hier nicht sichtbare Kopienempfänger ein. >
Betreff: Bewerbung als Key Account Manager
MS Sans Serif 8

Max Maier
Königsallee 20
00000 Musterstadt
Tel. 01010 / 10 10 10
Fax. 01010 / 10 10 11
e-mail: maxmaier@web.de

Mittwoch, 23. Februar 2002

Sehr geehrter Herr Mustermann,

ich möchte mich an dieser Stelle für das informative Gespräch von gestern bedanken. *Hier folgt Ihr Bewerbungsschreiben in angemessener Sprache. Achten Sie auf Ortographie und Kommasetzung! Weisen Sie auf das Attachment hin.*

Mit freundlichen Grüßen

Max Maier
maxmaier@web.de

Anlagen: Lebenslauf.doc
Weitere Informationen finden Sie auf meiner Homepage: www.maxmaier.de

**Tipps**

- Das Bewerbungsanschreiben auf die jeweilige Firma »zuschneiden«.
- Bitte immer den vollständigen Absender mit Adresse und Telefonnummer (nicht nur E-Mail-Adresse) angeben, damit sich der Empfänger bei Nachfragen an Sie wenden kann.
- Nennen Sie den Namen des zuständigen Personalverantwortlichen. Wichtig: die Subjektzeile, zum Beispiel »Bewerbung als Key-Account-Manager« ausfüllen.
- Das Bewerbungsanschreiben sollte knapp und präzise gefasst sein, selbstverständlich in angemessener Sprache.
- Vergessen Sie am Schluss die Grußformel, Ihren Namen und nochmals Ihre E-Mail-Adresse nicht. Lebenslauf mit eingescanntem Foto als Anlage (Attachement) mitliefern.
- Haben Sie eine eigene Homepage, können Sie darauf aufmerksam machen.

## Der telefonische Erstkontakt

Die Vorbereitung eines jeden Telefonates ist zunächst einmal das A und O. Erarbeiten Sie sich einen kleinen Gesprächsleitfaden (siehe nebenstehende Seite).

Die schriftliche Fixierung dieser Punkte gibt Ihnen amTelefon Sicherheit. Wenn Sie gut vorbereitet sind, können Sie das Gespräch im Wesentlichen steuern.

Doch die erste Frage sollte immer sein: »*Haben Sie einen Moment Zeit?*« Stellen Sie die Frage so, dass Ihr Gesprächspartner spürt, dass Sie gegebenenfalls auch bereit sind, zu einem anderen Zeitpunkt noch einmal anzurufen. Nicht weil Sie sich abwimmeln lassen, sondern weil Sie solche Situationen souverän handhaben können.

## Der telefonische Erstkontakt

- Was weiß ich über die Firma?

  ________________________________________________

  ________________________________________________

- Was interessiert mich an dieser Firma?

  ________________________________________________

  ________________________________________________

- Das Wichtigste aus meinem Lebenslauf:
  *(Entweder Sie wissen es auswendig oder Sie legen Ihren Lebenslauf neben Ihren Notizzettel)*

  ________________________________________________

  ________________________________________________

  ________________________________________________

- Was prädestiniert mich für diese Stellung?

  ________________________________________________

- Kann ich meine »Veränderungsintelligenz« einbringen?

  ________________________________________________

- Erste Frage: »Haben Sie einen Moment Zeit?«

**Weitere Fragen:**

- »Wie hoch ist der Anteil von Innen- und Außendienstmitarbeitern?«
- »Wie groß ist Ihr technisches Team?«
- »In welchen Bundesländern sind Sie vertreten?

etc.

Inhaltlich gilt: Kurze Sätze! Konkrete Fragen! Knappe Antworten! Stellen Sie offene, keine Suggestivfragen. Sprechen Sie *nicht* über das Alter! Stellen Sie sich als berufserfahrenen Menschen vor, der Kompetenzen in die Firma einbringen und sich auf neue Gegebenheiten einstellen kann. Sprechen Sie Ihren Gesprächspartner mit Namen an, doch bitte übertreiben Sie dabei nicht!

Gehen Sie in *Resonanz* zu Ihrem Gesprächspartner, passen Sie sich dem Sprechtempo und der Lautstärke Ihres Gegenübers an.

Bitte verkneifen Sie sich jede negative Formulierung: »Ich habe Interesse an der Position als Salesmanager, aber bin schon 54. Macht meine Bewerbung überhaupt noch Sinn?«

Möchte sich Ihr Gesprächspartner sich erst dann mit Ihnen unterhalten, wenn er Ihre Unterlagen eingesehen hat, bieten Sie an, diese persönlich vorbeizubringen. Vielleicht erstaunt es Sie, aber bei kleineren und mittleren Unternehmen ist dies durchaus möglich. Nutzen Sie die Chance! Sie können sich einen Eindruck von der Firma verschaffen und mit ein wenig Glück vielleicht sogar dem zuständigen Mitarbeiter oder sogar dem Chef begegnen. Und Sie haben die Chance, die Kraft des ersten Eindrucks für sich zu nutzen: Ist er positiv, tritt das Geburtsdatum oft in den Hintergrund.

**Noch ein Tipp:**
Rufen Sie zum *richtigen Zeitpunkt* an. Unserer Erfahrung nach sind der Dienstag und der Donnerstag die besten Tage, der beste Zeitpunkt liegt zwischen 16 und 17 Uhr. Um diese Uhrzeit dringen Sie manchmal sogar unmittelbar zum Fachvorgesetzten oder Personalverantwortlichen durch. Je später Sie anrufen, desto größer sind Ihre Chancen, ohne den Umweg über das Sekretariat den »richtigen« Partner an der Strippe zu haben. Meldet sich jedoch zuerst eine Assistentin, seien Sie bitte sehr höflich und sagen Sie genau, was Sie wollen:

»Guten Tag, mein Name ist Werner Müller. Ich interessiere mich für die Stelle als Salesmanager und habe eine *kurze Frage* zu Ihrer Anzeige. Sind Sie so nett und verbinden mich mit dem zuständigen Personalverantwortlichen?« Kaum jemand wird Sie abweisen.

Machen Sie sich während des Gesprächs Notizen und flechten Sie alle Informationen, die Sie bekommen haben, in Ihr Bewerbungsanschreiben ein. Damit haben Sie eine perfekt zugeschnittene Bewerbung mit guter Erfolgsaussicht.

Fällt Ihnen der Erstkontakt am Telefon schwer, bewerben Sie sich auf Stellenangebote, die Sie *nicht* haben wollen. Mit jedem Telefonat werden Sie sicherer.

## Telefonische Nachfassaktion zur Bewerbung

Verschicken Sie nach dem telefonischen Erstkontakt eine ausführliche Bewerbungsmappe. Haben Sie nach zwei bis drei Wochen noch kein Feedback (Empfangsbestätigung, Absage, Einladung) erhalten, fassen Sie telefonisch nach.

Bei Initiativbewerbungen ist der Unternehmer nicht verpflichtet, Ihre Bewerbungsunterlagen zurückzusenden. Bitte betrachten Sie dies nicht als Geringschätzung Ihrer Person, viele Unternehmen bekommen auf interessante Anzeigen eine Flut von Bewerbungen.

Dennoch: Warten Sie nicht wochenlang auf eine Nachricht, sondern handeln Sie und fassen Sie nach. Sind Sie nicht unter den »Auserwählten«, empfehlen wir, nach den Gründen zu fragen. Sie haben jetzt nichts mehr zu verlieren und bekommen eventuell Hinweise, die Ihnen bei der nächsten Bewerbung helfen. Lassen Sie sich nicht mit einem simplen »Zu alt« abspeisen, sondern fragen Sie: »... angenommen, ich wäre zehn Jahre jünger?« Mit dieser Frage geben Sie auch Ihrem Gesprächspartner noch eine Chance, denn wenn er unter den jüngeren keinen geeigneten Kandidaten findet, kann er mit einem »... Wir sollten noch einmal darüber sprechen« wieder auf Sie zugehen.

## Das Vorstellungsgespräch

Sie finden die Einladung zum persönlichen Bewerbungsgespräch in Ihrem Briefkasten, Ihr Adrenalinspiegel steigt. Vielleicht ist es seit 20 Jahren das erste Mal, dass Sie nur für sich sprechen und nicht für ein Unternehmen. Vielleicht aber haben Sie schon eine gewisse Routine in diesen Gesprächen. Doch wie es auch sei, planen Sie jedes Vorstellungsgespräch wie eine Premiere und bereiten Sie sich *richtig* vor.

**Machen Sie sich Gedanken über folgende Punkte:**
- Wie kann ich einen guten ersten Eindruck erwecken?
- Wie kann ich zum entspannten Gesprächsklima beitragen?
- Wie kann ich Sympathie für mich gewinnen?
- Wie kann ich den Gesprächsparter von mir überzeugen?

**Der erste Eindruck**
Das A und O ist die innere Einstellung, mit der Sie ins Gespräch gehen, denn sie spiegelt sich in allem wider, was Sie tun. Sagen Sie sich, bevor Sie in das Gespräch gehen: »Ich führe ein interessantes Gespräch mit einem interessanten Menschen.« Bitte distanzieren Sie sich innerlich ganz entschieden von allen negativen Überlegungen: »Da stellt mir einer kritische Fragen und ich muss Rede und Antwort stehen.« Mit dieser Einstellung fordern Sie es geradezu heraus, verurteilt zu werden.

Stellen Sie sich darauf ein, zunächst einmal fünf Minuten frei über sich zu sprechen. (»Jetzt erzählen Sie doch mal was über sich.«) Achten Sie auf kräftige, lebendige Stimmpräsenz. Kurze Sätze, ohne Konjunktive. Zeigen Sie Selbstbewusstsein, ohne überheblich zu wirken. Auch in Ihrer Körperhaltung. Sitzen Sie nicht da wie an den Stuhl gefesselt. Unterstreichen Sie Ihre Worte mit Gestik, Mimik und Körperhaltung.

Sehen Sie in Ihrem Gesprächpartner einen Menschen, der gern für ein paar Minuten am Tag etwas Neues und Interessantes hören möchte, und bieten Sie ihm eine informative, intelligente »Unterhaltung«.

Sehen Sie beim Betreten des Raums *alle* Anwesenden an. Gehen Sie selbstsicher auf die Menschen zu. Grüßen Sie mit fester Stimme und verschaffen Sie sich Ruhe und Sicherheit in dem Wissen, gut vorbereitet zu sein. Treffen Sie mindestens zehn Minuten vor dem vereinbarten Termin ein, dann haben Sie genug Zeit, um in Ruhe alle Eindrücke aufnehmen und verarbeiten zu können. Stellen Sie sich darauf ein, beim Warten von den Mitarbeitern Ihres Gesprächspartners taxiert zu werden. Seien Sie sicher, dass der Chef nach diesem Eindruck fragt! Also: Höflichkeit und Respekt der Sekretärin gegenüber, kein unwirsches »Ist Ihr Chef immer noch nicht zu sprechen?«

Wie lange sollten Sie warten? Es gibt Menschen, die empfinden es als Zumutung, eine halbe Stunde warten zu müssen, und gehen, bevor der Termin stattgefunden hat. Doch denken Sie daran, es kann auch etwas dazwischenkommen, das den Termin verzögert. Fragen Sie nach, wie lange es noch dauern könnte. Werden Sie länger als eine Dreiviertelstunde warten müssen, lassen Sie sich einen neuen Termin geben.

**Sympathie und Antipathie**

Sie sehen Ihren Chef und empfinden Antipatie auf den ersten Blick. »Jetzt ist alles vorbei«, denken Sie, »ich kann mir das Gespräch sparen. So zu schauspielern, das werde ich nicht können.«

Bitte machen Sie sich bewusst, was hier geschieht: Wenn der erste Eindruck emotional so negativ ist, ist fast immer Projektion im Spiel. Vielleicht erinnert Sie dieser Mann unbewusst an Ihren Vater, Ihren großen Bruder oder an einen unangenehmen Lehrer. In solchen Augenblicken neigen wir dazu, nur das wahrzunehmen, was uns von dieser Person *trennt*.

Werden wir uns der Projektionen bewusst, können wir bewusst gegensteuern. Wir können also versuchen, nicht das Trennende, sondern die *Gemeinsamkeiten* in den Vordergrund zu stellen.

Manche Menschen verraten ihre innere Haltung durch das Wechselspiel von Kommunikation und Körpersprache.

»Die Position ist für mich eine große Herausforderung«, sagen sie, lehnen sich aber gleichzeitig zurück. Damit ist für den Arbeitgeber klar: Sie haben Angst vor dem Job. Oder sie wenden ein: »Ich sehe meine Perspektiven bei Ihnen langfristig« – und sitzen auf der äußersten Stuhlkante. Dies signalisiert aber: Ich möchte hier am liebsten ganz schnell wieder weg.

Ein anderer Kardinalfehler: Während des Vorstellungsgesprächs mit dem Kugelschreiber spielen, vielleicht sogar damit auf den Gesprächspartner deuten und mehrmals hintereinander auf den Minendruckknopf drücken. Dies ist eindeutig ein »massiver Angriff«. Entsprechend negativ kann sich das Gespräch entwickeln.

**Das Gesprächsklima**

Wenn Sie sich mit den möglichen kritischen Fragen des Arbeitgebers gründlich auseinander gesetzt haben, dann können Sie jetzt loslassen. Erinnern Sie sich an eine Situation, in der für Sie alles so lief, wie Sie es sich vorgestellt haben. Versetzen Sie sich ganz in diese Erinnerung, bis Sie sie fühlen können. Dann greifen Sie sich fest um ein Handgelenk und sagen sich: »Ich kann« – und gehen Sie beschwingten Schrittes zu Ihrem Termin. Natürlich ist es sinnvoll, diesen »Mind-Switch« vorher zu trainieren.

Neigen Sie dazu, während eines Gesprächs mit gesenktem Kopf oben über die Brillenränder zu schauen? Damit wirken Sie leicht bevormundend und belehrend. Dies ist besonders ungünstig, wenn wir mit jüngeren Gesprächspartnern verhandeln. Halten Sie den Kopf gerade (signalisiert Selbstbewusstsein) und vor allem: Halten Sie Blickkontakt, *während* Sie sprechen. Viele Menschen gehen aus dem Augenkontakt heraus, während sie konzentriert sprechen, und die Augen gehen ins Leere. Wie wir bereits gesagt haben: Es geht in erster Linie um den Kontakt. Außerdem ist es wichtig, Ihren Gesprächspartner zu beobachten, während Sie sprechen, da Sie an seiner Körperhaltung ablesen können, ob und wie Ihre Erfahrung Zustimmung findet.

**Stellen Sie viele Fragen!**

Ergreifen Sie die Initiative! Es versteht sich von selbst, dass dies Fragen zur Position sind, zum Beispiel zur Einarbeitung, zur Anzahl der Mitarbeiter, zur genauen Abgrenzung des Aufgabengebiets. Versuchen Sie auch herauszufinden, was Ihrem Gegenüber besonders wichtig ist, und gehen Sie darauf ein.

Machen Sie sich vorher Notizen auf Karteikärtchen, das gibt Ihnen Sicherheit. Sie haben Fragen vor sich und Sie haben etwas in der Hand. Notieren Sie auch hin und wieder eine Antwort. Das kann sehr professionell aussehen. Aber achten Sie darauf, dass Sie nicht den Eindruck machen, einen Einkaufszettel abzuhaken.

Wenn Sie mehreren Ansprechpartnern gegenübersitzen, sehen Sie jeden einzelnen an und bestätigen Sie die Aufmerksamkeit durch zustimmendes Nicken und kurze unterstützende Worte.

Gehen Sie konkret auf Fragen ein, wie zum Beispiel: »Warum bewerben Sie sich bei uns?«, und stellen Sie dar, was genau Sie an dieser (und keiner anderen) Firma interessiert.

Verurteilen Sie sich nicht selbst, wenn Sie das Gefühl haben, dass eine Antwort danebengegangen ist oder das Gespräch stockt. Jeder Personalverantwortliche versteht Ihre Nervosität. In Black-out-Situationen ist es wichtig, die Situation anzusprechen und die entsprechende Frage noch einmal wiederholen zu lassen. Damit lassen Sie den Kontakt nicht abreißen, sondern intensivieren ihn sogar. Und der Kontakt ist das Wichtigste im Vorstellungsgespräch. Haben Sie Mut zu Pausen im Gespräch! Vermeiden Sie »Negativ-Anker«, wie »müssen«, »sollen«!

Achten Sie auf eine entspannte, offene Körperhaltung. Keine ineinander verknoteten Beine und kein »schützender Armschild«! Barrieren schaffen unnötigen Abstand und nehmen Ihnen Überzeugungskraft. Wenn Sie nervös sind, versuchen Sie gleichmäßig zu atmen. Mit fließendem Atem fließt auch die Energie und Sie gewinnen an Ausstrahlung.

Sehen Sie sich im Büro Ihres Gesprächspartners um. Wenn es sich im Laufe des Gesprächs ergibt, können Sie zum Beispiel auf die Bilder von den Oldtimern an den Wänden oder das Segelschiff auf dem Schreibtisch eingehen.

**Das Stressinterview**

Laut Falken Bewerber-Knigge versteht man unter einem Stressinterview Vorstellungsgespräche, »in denen Bewerber mit persönlichen Fragen, Wertungen oder Kommentaren konfrontiert werden«. Das Unternehmen will herausfinden, ob die Bewerber bestimmten Anforderungen gewachsen sind. Sie werden unter psychischen Druck gesetzt, damit sie nicht nur ihre »Schokoladenseite« zeigen.

Zum Stressinterview gehört auch, dass Sie meist einen zugewandten und einen eher ablehnend scheinenden Gesprächspartner vor sich haben. Er gibt Ihnen keinerlei Resonanz oder Zustimmung, Sie fühlen sich sozusagen »kalt« beobachtet.

Sitzen Sie mehreren Gesprächspartnern gegenüber, hat jeder der Teilnehmer eine bestimmte Funktion in diesem Gespräch. Wieder geht es um Ihre Stressresistenz.

Eine unserer Klientinnen absolvierte ein solches Interview mit Bravour, entwickelte aber massive Vorbehalte der Firma gegenüber. Sie hatte plötzlich Angst, mit der »Negativperson« aus dem Vorstellungsgespräch zusammenarbeiten zu müssen. Wir konnten ihr nur schwer vermitteln, dass ihre Gesprächspartner nur eine *Rolle* gespielt hatten und im Arbeitsalltag vermutlich ganz anders waren.

Schlagfertigkeit ist in diesen Gesprächen ein großes Plus. Auf die Frage »Wie stellen Sie sich Ihren idealen Chef vor?« kann man natürlich sagen: »Wie Sie zum Beispiel!«

Aber die meisten von uns sind in solchen Situationen eher gehemmt. Darum versuchen Sie, das, was Sie sagen, freundlich, witzig und offen rüberzubringen. Ihr Gegenüber beobachtet Ihre Körpersprache genau. Welche Haltung nehmen Sie bei welchem Thema ein? Viele Menschen »verraten« schwierige Phasen in ihrem Leben durch eine bestimmte Geste oder Haltung, die ihnen selbst nicht bewusst ist. Auch Stimme und

Wortwahl geben unbewusste Hinweise. Trainieren Sie, über problematische Passagen Ihres Lebens mit offenem Blick und gleich bleibender Tonlage zu sprechen.

Üblicherweise dauert ein Vorstellungsgespräch zwischen einer und zwei Stunden, anwesend sind der Personalchef, der Fachvorgesetzte und eventuell ein Mitarbeiter der Abteilung. Interessieren Sie sich für die anderen Gesprächsteilnehmer und sehen Sie diese als Menschen, nicht nur als Funktionsträger.

### Überzeugen

Sammeln Sie vor dem Gespräch Informationen über die Firma, zum Beispiel:

- Wie sieht die aktuelle Situation der Firma aus?
- Welches Image hat die Firma?
- Welche Produkte, Kunden und Wettbewerber erreicht die Firma?
- Wie lautet die Unternehmensphilosophie?

Halten Sie sich über die neuesten technischen Entwicklungen der Firma auf dem Laufenden. Eine unsere Klientinnen bewarb sich bei einem großen Automobilkonzern und wurde gefragt: »Was wissen Sie über uns?«

»Dass Sie sehr schöne Autos bauen« – und das Gespräch war beendet.

Kurz zuvor war eine technische Neuentwicklung dieser Firma durch die Presse gegangen und man hatte erwartet, dass eine potenzielle Bewerberin mehr über Produkte dieser Firma wisse als das, »was jedes Kind weiß«.

### Die häufigsten Fragen

- **Warum haben Sie sich bei uns beworben?**
  *Zeigen Sie, dass Sie an dieser speziellen Firma Interesse haben. (Das geht nur mit guter vorheriger Information.)*

- **Was interessiert Sie an dieser Position?**
  *Der Arbeitgeber möchte wissen, ob Sie eine realistische Vorstellung vom Job haben.*
- **Was war Ihr bislang größter beruflicher Erfolg?**
  *Ihr Chef will sehen, wie motiviert Sie sind und ob Sie eigene Ideen einbringen.*
- **Was war Ihr größter Misserfolg im Leben?**
  *Man möchte wissen, welche Lernerfahrungen Sie daraus gezogen haben.*
- **Weshalb haben Sie so häufig die Stelle gewechselt?**
  *Verbuchen Sie bisherige Wechsel als wichtige Erfahrungen.*
- **Weshalb möchten Sie sich von Ihrem momentanen Arbeitgeber trennen?**
  *Betonen Sie positive Zukunftsperspektiven, wie zum Beispiel neue berufliche Herausforderungen.*
- **Arbeiten Sie lieber in einem Team oder allein?**
  *Betonen Sie nie nur einen Aspekt, sondern immer: sowohl als auch. (Wer sich fürs Team entscheidet, gilt als unselbstständig. Einzelgänger werden auch ungünstig beurteilt.)*
- **Wie werden Sie von Ihren Freunden und Kollegen eingeschätzt?**
  *Überzeugen Sie dadurch, dass Sie sich vorher mit Ihren Stärken und Schwächen auseinander gesetzt haben. Nennen Sie besonders Stärken, die für die Position wichtig sind. Wenn zu Ihren Schwächen mangelnde Kontaktfähigkeit gehört, werden Sie für einen Vertriebsjob nicht der Richtige sein.*
- **Wo sehen Sie im Beruf Ihre Prioritäten?**
  *Der Arbeitgeber möchte wissen, ob Ihre Motivation von innen herauskommt, das heißt, ob Sie eine »Mission« in Ihrem Job haben, zum Beispiel ein Team mitreißen können oder Ihrer Firma gegenüber loyal sind. Oder ob Sie zum Beispiel im Vertrieb das schnelle Geschäft anstreben, statt sich »den Kunden zum Freund zu machen«.*

- **Haben sich Ihre beruflichen Erwartungen erfüllt?**
  *Damit sind die Barrieren in Ihrer beruflichen Laufbahn und die Wahl des »richtigen« Berufs gemeint.*
- **Welche beruflichen Aufgaben innerhalb Ihres Berufs bereiten Ihnen Schwierigkeiten?**
  *Hier werden die fachlichen und sozialen Defizite angesprochen.*

Immer häufiger werden auch die so genannten »Was-verstehen-Sie-unter-...«-Fragen gestellt, zum Beispiel:

- **Was verstehen Sie unter Erfolg?**
  *Nennen Sie hier nicht nur Beförderungen oder Umsatzzahlen. Man versucht herauszufinden: Wo liegen Ihre ganzheitlichen Werte?*
- **Welches Verhältnis haben/hatten Sie zu Ihren Kollegen?**
  *Betonen Sie die Wichtigkeit von Harmonie im Team. Aber halten Sie auch fest, dass Konflikte verbindende Wirkung haben können, wenn man sie konstruktiv austrägt.*
- **Können Sie mir erklären, weshalb Sie so lange nicht beziehungsweise fachfremd gearbeitet haben?**
  *Zeigen Sie, dass Sie schwierige Phasen in Ihrem Leben als Herausforderung und Lernmöglichkeit gesehen und dass Sie sich für eine begrenzte Zeit berufliche Alternativen gesucht haben. Oder eine Zeit der Arbeitslosigkeit mit einer Weiterbildung sinnvoll überbrückt haben.*
- **Fühlen Sie sich für diese Stelle nicht überqualifiziert?**
  *Diese Frage betrifft besonders uns 50*, wenn wir uns zum Beispiel nach 20 Jahren Führungserfahrung wieder mehr »an der Basis« bewerben. Hier müssen wir signalisieren, dass diese Stelle für uns kein Abstieg, sondern ein Schritt in eine neue Richtung ist. Und dass wir in jeder Tätigkeit unser Bestes geben.*
- **Sind Sie in Vereinen oder sportlich aktiv?**
  *Ihr Gesprächspartner möchte wissen, ob Sie mehrdimensional sind und ob Sie einen Ausgleich zum Stress in der Arbeit haben. Ehren-*

*ämter werden positiv beurteilt, wenn sie nicht zu viel Raum einnehmen. Sie zeugen von der Bereitschaft, Verantwortung zu übernehmen. Ebenso haben sportliche Hobbys, insbesondere, wenn sie mit Mannschaftssport zu tun haben, eine hohe Akzeptanz.*

- **Bei Frauen: Kinder und Beruf – sind Sie da nicht oft überlastet?** *Zeigen Sie, dass Sie Ihr Zeitmanagement im Griff haben, auch wenn es manchmal nicht leicht ist. Signalisieren Sie, dass Sie in Krisensituationen (Krankheit der Kinder) vorgesorgt haben (Oma pflegt die Kinder).*
- **Bei Frauen: Wie sieht es mit Ihrer Familienplanung aus?** *Eigentlich ist diese Frage nicht zulässig, wird aber doch oft direkt oder »durch die Blume« gestellt. Auch wenn Sie noch ein Kind in Planung haben sollten, sagen Sie: »Das ist für mich im Moment kein Thema: Mein berufliches Weiterkommen geht mir jetzt vor.«*
- **Sind Sie verheiratet?** Oder: **Leben Sie mit Ihrem Partner/Ihrer Partnerin zusammen?** *Für viele Chefs bedeutet eine stabile Partnerschaft Ausgeglichenheit im Beruf.*
- **Wie steht Ihr Partner/Ihre Partnerin zu Ihrer Tätigkeit bei uns?** *In vielen Jobs, zum Beispiel im Vertrieb, ist es wichtig, dass die Partnerin hinter der beruflichen Tätigkeit steht, besonders, wenn sie mit vielen Terminen und Verpflichtungen auswärts oder an Abenden stattfinden.*
- **Hatten Sie schon einmal gesundheitliche Probleme?** *Betonen Sie, dass Sie viel zum Erhalt Ihrer Gesundheit tun. Wenn Sie vorübergehende gesundheitliche Probleme haben sollten, bemerken Sie, dass diese nicht im Beruf relevant sind.*
- **Welches Auto fahren Sie? Sind Sie zufrieden?** *In Deutschland ist das Auto Identifikationsmittel Nummer eins und der Autotyp sagt viel über die Person aus.*
- **Lesen Sie Bücher? Welches im Moment?** *Man möchte wissen, für welche Themenbereiche Sie sich interessieren.*

- **Was möchten Sie in fünf Jahren erreicht haben?**
  *Der Arbeitgeber möchte wissen, ob Sie Ziele haben. Beantworten Sie diese Frage im Hinblick auf Ihren Beruf und Ihr Privatleben. Sie können angeben, Ihr Aufgabenspektrum verbreitern oder eine Sprache erlernen zu wollen – und private Ziele nennen.*
- **Was haben Sie bislang verdient? Was möchten Sie bei uns verdienen?**
  *Das Gehalt hängt von der Branche und von der Größe der Firma ab. Wenn Sie nicht sicher sind, fragen Sie zurück: »Wie hoch ist die Stelle von Ihrer Seite aus dotiert?« Oder Sie beziehen eine klare Position, signalisieren jedoch Verhandlungsbereitschaft.*

Fühlen Sie sich bei den persönlichen Fragen nicht »auf den Schlips getreten«, sondern denken Sie daran: Der Interviewer hat die »undankbare« Aufgabe, Sie in ein bis zwei Stunden *als Person* einschätzen zu müssen.

# 9. Effektiv einsteigen

*Der längste Weg beginnt*
*mit einem ersten Schritt.*

## Die ersten 100 Tage im Job

Sie haben es geschafft! Sie haben im Auswahlverfahren überzeugt. Jetzt stehen Sie vor der Nagelprobe!

Es gibt Personalfachleute, die beschreiben die Bewerbungsaktion als eine Art Flirt, bei dem sich jeder von seiner besten Seite präsentiert.

Doch im Job heißt es statt verliebt, verlobt, verheiratet: bewerben, bewähren, bewahren.

Die Probezeit dauert in der Regel ein halbes Jahr und soll zeigen, ob Firma und Bewerber auch wirklich zusammenpassen. In den ersten Tagen werden die Weichen gestellt, doch Achtung: Bereits bei der »ersten Begegnung schlagen urzeitliche Programmierungen durch, gegen die man sich kaum wehren kann«, meint der Bonner Wirtschaftspschychologe Harald Ackerschott[55], »ob man den anderen als Feind oder Freund betrachtet, entscheidet sich in Sekunden«.

Viele unserer Klienten fühlen sich am ersten Tag wie auf dem »Präsentierteller«. Neugierige und skeptische Blicke verfolgen sie. Das soll der Neue sein? Vielleicht hatte sich einer der Kollegen Hoffnungen auf die Stellung gemacht, vielleicht musste ein anderer Kollege gehen – und dem Neuen wird unterschwellig die Schuld daran gegeben.

Am ersten Tag wissen wir nur, was uns im Vorstellungsgespräch gesagt wurde. Dieser »Lagebericht« aber kann an der alltäglichen »Realität« vorbeigehen, viele Chefs wissen nicht so ganz genau, wie es an der »Front« *wirklich* zugeht. Darum bleibt uns am ersten Tag nur der eine Weg: aufmerksam und natürlich zu sein. »Sich selbst sein, Benimmregeln einhalten«, empfiehlt Ackerschott.

Haben Sie ein Problem mit Ihrem Alter? Diese ersten Stunden werden es Ihren neuen Kollegen offenbaren. Treten Sie selbstbewusst und entspannt auf, so wie es Ihrem *inneren* Alter entspricht. Wach, interessiert, gut gelaunt. Haben Sie auf die Personalverantwortlichen schon einen vorteilhaften Eindruck gemacht, steht und fällt in den ersten Tagen Ihre Akzeptanz bei Mitarbeitern und Kollegen.

## Zurückhaltung üben

Es gibt Menschen, die sich bereits in den ersten Stunden fast alle Chancen verbauen. Darum vermeiden Sie bitte jede Wichtigtuerei, jedes Besserwissen, jede Aufforderung in Richtung »Nun lassen sie mich mal machen«, auch wenn es Ihnen noch so unter den Nägeln brennt. Auch jeder Hinweis darauf, was Sie verändern werden, wenn Sie erst einmal eingearbeitet sind, wird wie ein Bumerang wirken – Ihre neuen Kollegen werden sich überlegen, wie sie Sie schnell wieder loswerden können. Jeder Verbesserunsgvorschlag kann als versteckte Kritik am Chef und der eigenen Arbeit aufgefasst werden. Gehen Sie bitte sehr sensibel mit Verbesserungsvorschlägen um, auch dann, wenn Sie extra eingestellt worden sind, um Veränderung herbeizuführen.

Merken Sie sich beim ersten Vorstellen so viele Informationen wie möglich. Versuchen Sie aber auch schnell herauszufinden, wie »der Hase läuft«. Welche Seilschaften gibt es? Wer richtet sich nach wem, wer arbeitet wem zu, wer geht mit wem in die Pausen?

Natürlich werden Sie am ersten Tag keine abschließenden Antworten auf diese komplexen Fragen finden, doch es ist wichtig, sie schon zu Beginn der Tätigkeit im Hinterkopf zu haben. Oft *geben* sich die Kollegen einem neuen Mitarbeiter gegenüber in den ersten Tagen sehr aufgeschlossen, verzichten Sie aber nicht darauf, sich ein eigenes Bild zu machen.

Schnelligkeit ist ein Schlüsselfaktor in der Startphase, wie Marie-Luise Müller, Fachverbandsvorsitzende beim Bund Deutscher Unternehmensberater, betont: »Rasch erfassen, was Sache ist. Sinne schärfen und Augen und Ohren offen halten – je schneller man erkennt, wie eine Firma tickt, desto besser.«

Flexibilität und die Fähigkeit, umzudenken aber sind Teil der *Veränderungsintelligenz* und davon bringen Sie doch genügend mit!

Beobachten Sie, stellen Sie Fragen. Zeigen Sie Interesse und machen Sie sich nach Möglichkeit Notizen. Seien Sie allen Kollegen gegenüber, auch jenen, mit denen Sie nicht unmittelbar zusammenarbeiten, freundlich und aufgeschlossen. Begegnet man Ihnen mit Skepsis, sehen Sie darüber hinweg. Hüten Sie sich davor, zu erzählen, was in der alten Firma anders und eventuell besser lief, sprechen Sie möglichst nicht über Ihre berufliche Vergangenheit, sondern konzentrieren Sie sich auf das Hier und Jetzt. Gehen Sie ohne Vorurteile an die neue Aufgabe heran und bewerten Sie nicht (gut/schlecht, positiv/negativ). Damit engen Sie sich selbst ein.

Seien Sie sich bewusst, dass Sie sehr genau beobachtet werden. Vielleicht hofft der Chef, dass Sie nach dem Motto »Neue Besen kehren gut« sofort organisatorische Fehler aufdecken oder Strukturen infrage stellen, doch gehen Sie zu zügig vor, machen Sie sich für lange Zeit unbeliebt. Üben Sie sich in Zurückhaltung und sammeln Sie zunächst Eindrücke. Das heißt nicht, dass Sie unauffällig wie eine graue Maus herumschleichen müssen, doch es heißt, Sensibilität zu entwickeln. Erklären Sie unter Umständen auch Ihrem Chef, dass Sie Neuerungen nur *mit* den Kollegen und nicht *gegen* sie werden durchsetzen können und es deshalb darauf ankommt, dass Sie das Vertrauen der Mitarbeiter gewinnen. Dieser Punkt ist besonders wichtig, wenn Sie als neue Führungskraft mit Personalverantwortung ausgestattet sind. Lernen Sie Ihre neuen Mitarbeiter in Ruhe kennen und zeigen Sie Ihnen nicht gleich am ersten Tag, wer der neue »Herr im Haus« ist.

Bei einer Umfrage unter Hunderten von Befragten erinnerte sich nach drei Jahren noch jeder an seinen ersten Arbeitstag. Optimal erlebt aber hatten ihn nur wenige. 70 Prozent schilderten Probleme. Unstrukturierte Informationen, ungeordnete Abläufe und Spannungen unter den Kollegen machten ihnen den ersten Arbeitstag in einer neuen Firma unvergesslich. Die häufigste Klage: Die zuständigen Ansprechpartner waren nicht zur Stelle. Manchem »Neuling« wurde kommentarlos ein Organigramm in die Hand gedrückt, ein »Briefing« gab es nicht.

Machen Sie sich also auf den »worst case« gefasst. Bleiben Sie ruhig, sachlich, freundlich. Vielleicht können Sie später einen Leitfaden zur Einarbeitung neuer Mitarbeiter anregen?

Für die meisten unserer Klienten war die erste Zeit im neuen Unternehmen eine Zeit von »trial and error«. Knapp 70 Prozent wurden ins »kalte Wasser« geworfen und mussten schwimmen lernen.

»Learning bei doing« aber ist eine wunderbare Devise! Nehmen Sie die Herausforderung an! Beweisen Sie Pioniergeist und Kollegialität. »Das wichtigste Kapital in der Einarbeitungsphase sind nicht Fachwissen und Können, sondern Interesse, Eigeninitiative, Einsatz- und Lernbereitschaft«, meint Achim Rohde, Gesellschafter der MEOR Personalmanagement-Gesellschaft. Also, packen Sie's an!

Doch leider ... jeder zweite Job endet während der Probephase. Die »Verlobungszeit« wird nicht von der »Hochzeit« gekrönt, sondern die Partner entschließen sich zur Trennung.

Warum? Weil die Integration nicht gelingt. Weil Unternehmen und Kandidat auf unterschiedlichen Spuren wandeln. Jeder ging nach dem Vorstellungsgespräch von anderen Voraussetzungen aus.

Unser Tipp: Holen Sie sich spätestens nach zwei Wochen Feedback. Von Ihrem Chef *und* Ihren Kollegen. Gleichen Sie die Prioritäten mit den Ihren ab. Hier gibt es unserer Erfahrung nach die meisten Probleme und Missverständnisse.

Wenn Sie gefragt werden, wie Ihnen Ihr neuer Arbeitsplatz gefällt, nennen Sie zuerst die Pluspunkte und bringen Sie die Fakten, mit denen Sie unzufrieden sind, als Vorschläge ein.

Manchmal aber scheitert die »Ehe« an mangelnder Ausdauer und Belastbarkeit der Partner. Gerade wenn ein 50* ins Team kommt, brauchen beide Seiten Geduld, um sich mit der neuen intergenerativen Situation zurechtzufinden. »Der ist ja viel zu alt«, denkt die eine Seite, »die sind ja alle noch grün hinter den Ohren«, die andere. Beide Fraktionen müssen ihre Vorurteile erkennen und abbauen.

Doch die 50* sind für diese Phase gut gerüstet!

Machen wir uns unsere gesamte Erfahrung zunutze und beweisen wir, wie gut wir kommunizieren können. Unser Startkapital ist Fingerspitzengefühl und Fachwissen. Wir steuern weder einen zu autoritären noch zu sanften Kurs, sondern zeigen Führungspräsenz und Verantwortungsvermögen. Wir vermitteln unseren Mitarbeitern Sicherheit.

Doch Achtung, es gibt ein paar Hindernisse:

**Projektionen**

Stellen Sie all Ihre Meinungen infrage. Mit 50* haben Projektionen oft mit den unerledigten Geschäften und mit Neid zu tun, den wir uns nicht eingestehen können. Überlegen Sie sich immer, was sagt dieses Urteil über *mich* aus? Verbannen Sie die Bewertungen aus Ihrem Kopf. Denken Sie weder in den Kategorien jung/alt noch gut/schlecht. Denken Sie nur noch zielorientiert.

**Frustrierte Überheblichkeit**

Manchmal treten wir mit 50* auf wie eine beleidigte Majestät. Leider erweckt dieses Gebaren aber keine Hochachtung, sondern das Gegenteil. Alter ist kein Verdienst und der Zugriff auf das Wissen ist heutzutage so einfach, dass wir uns auch darauf nichts einzubilden brauchen. Das, was uns auszeichnet, sind gerade die Fähigkeiten, die weder auf einer Festplatte noch zwischen Aktendeckeln zu finden sind. Doch wenn wir glauben, aufgrund unseres Alters schulde unsere Umgebung uns etwas, schüren wir den Konflikt.

**Intergenerativer Konflikt**

Projektionen und frustrierte Überheblichkeit sind meistens die Auslöser des intergenerativen Konflikts – oft von beiden Seiten. Doch unsere Klugkeit sollte uns befähigen, nicht in diese Falle zu stolpern. Spüren Sie, dass der Konflikt droht, verzichten Sie ganz bewusst auf alle »rhetorischen Statussymbole« und auf jede Form der Überheblichkeit. Ziehen Sie sich weder beleidigt zurück, noch greifen Sie aggressiv an. Verzichten Sie auf alle altersbedingten Vorteile, wie »Wer geht in welches Büro?« oder »Wer ist der Ranghöhere?«, sondern seien Sie aufgeschlossen und zugänglich. Verkörpern Sie eine Haltung des Lernens. Wer sagt Ihnen denn, dass Sie Recht haben? Sagen Sie, was Ihnen unter den Nägeln brennt. Ohne Vorwurf und ohne belehrend zu wirken. Geben Sie offen zu, dass Sie von den Jungen etwas lernen möchten. Zeigen Sie Engagement, aber auch Humor.

Denken Sie daran, dass sich die Jungen nicht wirklich mit Ihnen streiten wollen. Machen Sie sich bewusst, dass sich die Generationen immer versuchen gegeneinander abzugrenzen. Bieten Sie an, miteinander zu *denken* – nehmen Sie Papier und Bleistift zu Hilfe, fordern Sie locker konstruktives Engagement und Ideen ein. Halten Sie den intergenerativen Dialog immer offen, durch *Nichtsprechen* grenzen Sie sich nur selbst aus.

**Ausdauer, Belastbarkeit und Frustrationstoleranz**

Diese drei Eigenschaften brauchen wir in der ersten Zeit, ob wir einen Job angenommen oder uns selbstständig gemacht haben. Diese drei Werte erregen in unseren Existenzgründerseminaren immer ungläubiges Kopfschütteln, denn niemand hält sie in der Gründungsphase für wichtig. Mut, Risikobereitschaft, Engagement, das sind die Eigenschaften, die unsere Klienten erwarten.

Doch Aktiveigenschaften wie Mut, Initiative, Pioniergeist sind heute *selbstverständlich*. Warum viele Unternehmen die Zweijahresfrist nicht überleben oder Angestellte in der Probephase scheitern? Weil sie die »Knochenarbeit« unterschätzen.

Wir geben zu schnell auf und streichen die Segel, weil wir die Frustrationstoleranz nicht haben. Bei der Akquise nach der 20. Absage den 21. Kunden erneut mit Begeisterungsfähigkeit und Elan in der Stimme anzusprechen ist schwierig, ob Sie der Chef sind oder der Mitarbeiter.

**Angst vor negativen Gefühlen**

Die Furcht vor Kritik und Zurückweisung hält uns oft davon ab, unser ganzes Potenzial auszuschöpfen. Aber wer immer nur positive Gefühle spüren möchte, hängt am »Tropf der Bequemlichkeit«. Wenn wir wachsen wollen, müssen wir uns den unangenehmen Gefühlen stellen, denn nur sie zeigen uns an, wo noch Wachstumspozential liegt.

**Versagensängste und Zweifel**
Diese sind in den ersten 100 Tagen beziehungsweise während der ganzen Probezeit völlig normal. Doch wir dürfen uns von ihnen nicht so beeinflussen lassen, dass sie unsere Leistungsfähigkeit blockieren. Wichtig ist, dass wir uns immer wieder auf unser Ziel konzentrieren – und nicht jeden Tag den Weg beurteilen.

## Die zweiten 100 Tage

Die Probezeit dauert heute in der Regel ein halbes Jahr und es ist selbstverständlich, dass alles, was für die ersten 100 Tage richtig ist, auch in den zweiten 100 Tagen gilt. Doch jetzt kommt es darauf an, dass Sie auch zeigen, was Sie können.

- Arbeiten Sie sich so professionell ein, wie es nur möglich ist.
- Rechnen Sie mit Überstunden, nehmen Sie eventuell nach Absprache Unterlagen mit nach Hause, um sich schneller mit den Fakten vertraut zu machen.
- »Zeigen Sie Leistungsbereitschaft«, rät das FAZ Trainingsbuch für Bewerber, »versuchen Sie, das neue Aufgabengebiet so schnell wie möglich in den Griff zu bekommen. Entwickeln Sie Initiativen. Arbeiten Sie konstruktiv im Team. Entwickeln Sie Integrationsfähigkeit und beachten Sie die ungeschriebenen Spielregeln des Unternehmens ...«
- Zeigen Sie, dass Ihnen die Arbeit Spaß macht. Dass Sie mit ganzem Herzen dabei sind. Geben Sie Ihren Kollegen das Gefühl, dass es ein großer Verlust wäre, Sie wieder zu verlieren.

# 10. Effektiv leben

*Leben ist, was dir passiert,*
*während du andere Pläne hast.*

John Lennon

## Balance – die Kraft, die aus der Vielfalt kommt

Balance heißt das neue Zauberwort, das wir ganz schlicht mit Ausgeglichenheit übersetzen können. Doch nicht nur die innere Ausgeglichenheit ist hier gemeint, obwohl sie Voraussetzung und Folge der neuen Balance zugleich ist, sondern die Ausgeglichenheit zwischen den Lebensbereichen, wie Lothar J. Seiwert[56] sie einteilt:

| | |
|---|---|
| Arbeit / Leistung | Sinn / Kultur |
| Familie / Freunde | Gesundheit / Fitness |

Doch diese Ausgewogenheit bezieht sich auch bei ihm auf das ganze Leben. Konsequente Gleichzeitigkeit lässt sich in unserer Welt kaum verwirklichen. Als Führungskraft in einem Unternehmen nicht und als Selbstständiger noch weniger.

Dennoch: »Balance« heißt das neue Traumziel und danach zu streben, bringt uns in jedem Lebensabschnitt Gewinn. Bald wird zu den Auswahlkriterien bei der Besetzung von Spitzenpositionen auch gehören, wie gut wir es verstehen, die einzelnen Komponenten unseres Lebens zu verbinden.

Warum?

Immer mehr Unternehmen erkennen, dass betonte Einseitigkeit Spuren hinterlässt. Sind Kopf und Körper aber bereit, Strömungen und Entwicklungen auch außerhalb des Betriebs wahrzunehmen, werden Denken, Fühlen und Handeln durch neue Einsichten und Impulse stimuliert, bleiben Körper und Geist wach und vital. Bilden dann noch Familie und Freunde ein positives Netz, sorgt der Sport für gesunden Ausgleich, sieht der Mensch in dem, was er tut, einen Sinn, haben »Managerkrankheit« und »Burn-out-Syndrom« keinen Nährboden mehr.

Das totale Ausgepowertsein zwingt immer häufiger auch Führungskräfte in die Knie: Eine 70- bis 80-Stunden-Woche lässt zur Regeneration einfach keine Zeit. Ist zuerst »nur« der Einzelne betroffen, so trifft es in der Folge doch alle: Aktionäre, Kunden und Mitarbeiter, denn in diesem »physisch und psychisch total ausgehungerten Zustand«, wie manche Arbeitsmediziner das Burn-out-Syndrom beschreiben, werden Entscheidungen getroffen!

Darum sind die Betriebe hellhörig geworden, denn hier gerät ihr höchstes Ziel, die Gewinnmaximierung, in Gefahr! Kein Wunder, dass sie erkennen, dass es *der* entscheidende Wettbewerbsvorteil sein kann, ob die Mitarbeiter fit und »gut drauf« sind oder nicht. So ist das Modell der bleichen, leicht kränklich aussehenden Führungskraft in vielen Unternehmen nicht mehr das Modell des Jahres 2001, der Balancegedanke und die Anti-Aging-Welle verlangen eine neue Optik: Die erfolgreiche Führungskraft signalisiert bereits durch ihr Aussehen und ihr Auftreten, wofür ihre Firma steht. Das wiederum ist und bleibt, unabhängig vom Kerngeschäft, der Erfolg.

Doch Balance kann auch für den Einzelnen mehr sein als ein neues »must«, auch wenn die Idee, unserer Erfahrung nach, bei vielen 50* keine Begeisterungsstürme, sondern eher ein müdes Lächeln entfacht. Sie haben andere Erfahrungen gemacht: Oft musste nicht nur der Zusammenbruch einer, sondern sogar zweier, dreier oder sogar aller Stützpfeiler im Sinne Lothar J. Seiwerts verkraftet werden. Der Job wackelte, die Ehe ging in die

Brüche, die Freunde zogen sich zurück und der Arzt machte beim Routinecheck ein betretenes Gesicht: Die Ergebnisse gefielen ihm gar nicht. Doch sogar dieses Horrorszenario lässt sich steigern, stand doch bei einigen unserer Klienten plötzlich noch das Finanzamt vor der Tür, verpatzten die Kinder das Abitur und kündigte der Vermieter wegen Eigenbedarfs.

Gewiss, das sind Extrem-, aber leider keine Einzelfälle.

Wundert es uns da, wenn viele Menschen mit 50* neuen Rezepten gegenüber kritisch sind? Beim Balancegedanken erkennen 50* schnell, dass sie, um ihn zu verwirklichen, innerlich schon zu Gleichmaß und Unabhängigkeit gefunden haben müssen, denn um ihr Leben auszubalancieren, müssen sie Nein sagen können, und zwar an allen Fronten.

»Nein« zu den schmeichelnden Chefs, die uns zu einem weiteren Projekt verpflichten wollen, »Nein« zu unserem Partner, der nicht nur mit uns Tennis, sondern nun auch noch Golf spielen will, »Nein« zu unseren Kindern, die abends unbedingt noch über den Megastress mit den Jungs aus der 8 a reden wollen, »Nein« zu unserem alten Vater, der endlich die Winterreifen in der Garage verstaut haben möchte.

Dieses Nein kann zu einer eindeutigen Botschaft werden: Richtet euch nach mir. Das heißt, Balance in das Leben zu bringen, geht nur mit der Partnerin, mit den Kindern, mit den Kollegen. Spätestens dann, wenn der Kollege befördert wird oder sich die Partnerin in den Golflehrer verknallt, erkennen wir, das etwas schief gelaufen ist. Doch hier liegt gleichzeitig eine der Stärken des Balancegedankens: wieder miteinander leben, miteinander reden, miteinander planen und sich gemeinsam fragen: Wo wollen wir hin?

## Einseitig leben

Es gibt Zeiten im Leben, da geht es nicht anders: Ein Baby wird geboren, ein Haus gebaut, die Diplomarbeit geschrieben oder die Promotion angestrebt. Unsere gesamte Energie ist fokussiert. Denken, Fühlen und Handeln laufen in eine Richtung. Diese Verbindung führt zum Ziel. In dieser Phase kann uns der »Balancegedanke« helfen, uns energetisch wieder aufzuladen. Der Abend mit Freunden, der Waldlauf, der Sonntag im Erlebnisbad, das Konzert ... sie helfen uns, uns wieder fit und motiviert zu fühlen. Denken, Handeln und Fühlen laufen wieder in *eine Richtung*, auf der Erfolgsspur.

Ganz anders sieht es beim negativen Stress aus: Hier sind wir gefordert, aus der *einen* Richtung herauszukommen. Solange wir in problematischen Situationen Denken, Fühlen und Handeln nicht trennen können, kommen wir aus der schwierigen Situation auch nicht heraus. So warnt Anthony Robbins[57], der nicht nur mit Bill Clinton, sondern auch mit André Agassi gearbeitet hat und mit seinem auf den Prinzipien des NLP beruhenden Erfolgsprogramm Firmen wie IBM, American Express und MC Donnel-Douglas trainiert, uns eindringlich, nicht das zu fixieren, was wir vermeiden wollen, sondern das zu fokussieren, was wir erreichen möchten. Er bringt dazu das eindrucksvolle Beispiel eines Rennfahrers: In dem Moment, in dem er sich darauf konzentriere, nicht an die Bande zu rauschen, sei er schon in Gefahr. Das heißt, in einer schwierigen Phase ständig an die Schwierigkeit zu denken, hilft uns keinen Deut weiter. Im Gegenteil, wir müssen uns auf die Dinge konzentrieren, die uns aus der Krise heraushelfen können. Wir brauchen den »Balancegedanken« unbedingt, sonst meistern wir die Krise nicht.

## Soziales Kapital

Doch was für den Einzelnen gilt, gilt auch für ganze Nationen: In seinem Buch »Bowling alone« schildert der Soziologe Robert Putman[58] sehr eindrucksvoll, wohin die immer stärker werdende Isolierung des Einzelnen führt, und er prägt den aufrüttelnden Begriff des »sozialen Kapitals«, das wir anhäufen oder verkümmern lassen. Er ist davon überzeugt, dass ein Mensch in einem dichten sozialen Netzwerk eine weit bessere Leistung erbringt als ein isolierter Einzelkämpfer, und weist darauf hin, dass sich besonders Arbeitslosigkeit verheerend auf das soziale Kapital eines Landes auswirkt. An Hunderten von Beispielen illustriert er seine Überzeugung: Je weniger wir miteinander und füreinander tun, umso ärmer werden wir und unser Land. Putman plädiert dafür, dass wir neue Formen des sozialen Miteinanders »erfinden« – so wie nach der Industrialisierung das Rote Kreuz, die Pfadfinder und der Rotary-Club erfunden wurden.

## Kontakte pflegen

Vielleicht aber brauchen wir nicht zu warten, bis jemand auf eine Idee kommt – vielleicht können wir persönlich *mehr* für unsere Kontakte tun? Uns aus unserem Elfenbeinturm wieder herausbewegen? Das Engagement, das Putman für die Gemeinschaft fordert, in unserem persönlichen Rahmen verwirklichen?

Suchen Sie sich ein Thema, das Sie wirklich interessiert. Kümmern Sie sich nicht darum, ob es schick oder hip ist, wichtig ist, dass es Sie begeistern kann. Suchen Sie »Gleichgesinnte« – mag das Wort auch einen etwas einseitigen Beigeschmack haben. Finden Sie Menschen, die mit Ihnen in die Thematik einsteigen. Eröffnen Sie sich die Energie der Resonanz!

Ob Sie Briefmarken sammeln oder alte chinesische Heilweisen studieren, in dem Augenblick, in dem Sie sich wirklich ein Gebiet erobern, wird sich Ihr Leben verändern. Sie gewinnen Abstand von den Problemen des Alltags – und werden Sie gerade dadurch lösen. Lernen Sie Menschen kennen und erweitern Sie Ihren Blickwinkel! »Balance« kann wirklich Wunder wirken! Auch im Job!

***Renate***

*»Ich bekomme einfach keine neuen Aufgaben mehr«, klagte Renate, »man tut, als sei ich Luft. Immer nur den Routinekram. Sie wollen mich loswerden. Aber ich gehe nicht.«*

Sie hatte uns klargemacht, dass ihr in »ihrer« Firma »nichts mehr« passieren konnte, und so harrte sie aus. Doch sie wirkte auf uns sehr angeschlagen. Auch wenn es uns gelingen sollte, sie für eine neue Position zu begeistern, würde sie in dieser Verfassung auf keinen Arbeitgeber einen positiven und belastbaren Eindruck machen.

Langsam kristallisierte sich heraus, dass Renate in den vergangenen Jahren ihre ganze Energie für ihren Job verbraucht und kaum etwas für sich selbst getan hatte. Ihre Familie lebte über alle Bundesländer verstreut, der Kontakt war spärlich, ihr Bekanntenkreis klein.

*»Wie erholen Sie sich?«, wollten wir wissen, doch sie schüttelte nur resigniert den Kopf. Zwar war sie jedes Jahr in Urlaub gefahren, doch sie hatte sich nur selten erholt. Obwohl sie außerhalb der Ferienzeit reisen konnte, störten sie laute Kinder und rücksichtslose Erwachsene. Auch mit ihren Nachbarn lag sie im Streit. »Wenn ich nach Hause komme, brauche ich Ruhe.«*

Auch Wilhelm hatte Probleme mit dem Stress, wenn auch ganz anderer Art. Seine Firma grenzte ihn nicht aus, sondern forderte ihn dermaßen, dass er keine freie Minute mehr hatte.

***Wilhelm***

*»Kaum bin ich morgens aufgewacht, ging's schon los«, erklärte er uns. »Laufen die Maschinen ohne Störungen? Ist der Stoff fehlerfrei? Die Mannschaft vollzählig?« Mit diesen Gedanken machte er sich jeden Morgen um 5.30 Uhr auf den Weg, um rechtzeitig zur Frühschicht auf seiner »Kommandobrücke« zu stehen.*

*Wilhelm war der eine von zwei Meistern einer kleinen Textilfabrik, die Strickstoffe für die gehobene Damenkonfektion herstellte. Er fühlte sich für alles verantwortlich, denn sein Kollege litt unter Asthma und fiel häufig aus. Vom Stift bis zum Geschäftsführer verließen sich alle ganz auf ihn. Mit den Jahren war der Druck immer größer geworden, denn die asiatische Konkurrenz war groß. Auszusteigen war für ihn kein Thema, und wo sollte er hingehen? Die Firma war die einzige ihrer Art in Deutschland. »Verändern kann ich mich nicht«, sagte er uns sofort, »ich kann höchstens in Rente gehen.«*

Zwei ganz unterschiedliche Situationen, doch eine Diagnose: Stress. Renate und Wilhelm litten beide unter ihren Belastungen, auch wenn sie ganz gegensätzlicher Natur waren. Während Renate das »Mobbing« zu schaffen machte, war es bei Wilhelm die Dauerbelastung.

***David***

*Auch David sprach von Belastung. Doch der 55-Jährige schien nicht darunter zu leiden, sondern sprühte vor Begeisterung, wenn er von seinem Zwölfstundentag berichtete. »Meine Frau droht mir, sich auch nach einer Arbeit umzusehen«, lachte er, »sie ist eifersüchtig auf den Spaß, den mir der Job macht.« David forderte uns alle mit seiner Energie heraus. »Nur keine Müdigkeit vorschützen«, ermunterte er uns während des Seminars immer wieder, »der Akku ist noch lang nicht leer.«*

»Freunden Sie sich mit der Idee an«, rät James E. Loehr[59], »dass Sie Ihre Fähigkeiten, mit Stress umzugehen, im Laufe Ihres Lebens ausbauen müssen.« Er ist davon überzeugt, dass wir gut daran tun, zu unserem Schutz nicht nur ein finanzielles Portfolio anzulegen, sondern auch täglich in unser »Stressportfolio« zu investieren. Warum? Um gerüstet zu sein, wenn die Herausforderung da ist! Und das geht oft sehr schnell!

***Firma Juwel***

*Das Seminar war den Mitarbeitern des Vertriebs der kleinen Modeschmuckfirma »von oben« verordnet worden. Der Betrieb stand vor seiner kompletten Restrukturierung, alle Mitarbeiter sollten zusätzliche, neue Aufgabenfelder übernehmen. Der Inhaber wünschte sich von uns eine »Kick-off«-Veranstaltung, die nicht nur Begeisterung für seine Pläne, sondern auch neuen Schwung in die Belegschaft bringen sollte.*

*Zum Glück durften wir uns vor der endgültigen Abstimmung der Inhalte mit dem Juniorchef ein eigenes Bild von der Situation machen und kamen zu einem ganz anderen Ergebnis: »Keine Kick-off-Veranstaltung, sondern ein Antistressseminar«, lautete unsere Empfehlung.*

*Doch davon wollte die Belegschaft nichts hören. »Wir haben ganz andere Sorgen: Wir hätten nämlich gar keinen Stress«, so die einhellige Meinung, »wenn es diese Umstrukturierung nicht gäbe. Wir sind doch«, schilderten uns die Mitarbeiter ihre Situation, »schon ewig hier. Jetzt sollen wir plötzlich als ›Sales-Assistant‹ dem Vertrieb zuarbeiten. Mit Kundenkontakten und allem, was dazugehört. Haben Sie eine Ahnung, wie viel Akquisearbeit für die neuen Produkte da auf uns zukommt?«*

*Wir hatten. Doch was wir nicht unterschätzen durften: Hier standen Jobs auf dem Spiel. Unmissverständlich hatte der Juniorchef klargemacht: Wir ziehen die Restrukturierung durch oder wir schließen.*

Was aber kann ein Seminar in so einem Fall ausrichten? Es kann Bewusstsein wecken und neue Wege aufzeigen. Im günstigsten Fall kann es beiden Seiten helfen, die gegensätzlichen Beweggründe besser zu verstehen und Lösungsmöglichkeiten anzubieten, wie alle Beteiligten die schwierige Situation besser bewältigen können.

»Führungskompetenz und Stresstoleranz gehen Hand in Hand«, davon ist Loehr überzeugt, »wer den Anschein erweckt, dass er die Hitze des Gefechts selbst nicht mehr meistern kann, hat ausgespielt.«

Doch gilt das nur für Führungskräfte? Wir meinen: Nein. Jeder, der im Geschäftsleben eine Rolle spielen will, muss lernen, mit Stress aus den unterschiedlichsten Richtungen *richtig* umzugehen.

Stress entsteht nicht durch Arbeit allein. So wird es, wie in unserem letzten Beispiel, in Zukunft immer weniger »berufliche Identität« geben. Wir werden nicht mehr sagen können: »Ich bin Sachbearbeiter«, und uns die nächsten Jahre darauf *verlassen* können. Im stetigen Wandel der Veränderung werden die Tätigkeitsfelder dem Einzelnen immer verschwommener und immer weniger greifbar vorkommen, gleichzeitig aber wird die Verantwortung wachsen. Denn plötzlich soll sich jeder nicht nur für seinen Bereich, sondern auch für das Ganze verantwortlich fühlen – und war doch vorher vielleicht nur ein Rädchen unter vielen.

Viele 50* haben Angst, diesen veränderten Bedingungen nicht gewachsen zu sein. Kaum hat man sich ein neues Aufgabengebiet erarbeitet, wird dieses so komplex, dass es nicht mehr zu überschauen ist. Oder es fällt wieder weg. Aus Gründen, die der Einzelne oft nicht nachvollziehen kann.

Doch ohne Stress kein Wachstum. Das gilt für eine Firma genauso wie für uns. Was wir brauchen, ist nicht Schonung, sondern der richtige Mix zwischen Anspannung und Entspannung. Wir brauchen ein persönliches Management. Ein Management, das uns hilft, so zu leben, wie wir es uns vorstellen, damit wir mit dem Stress zurechtkommen, der täglich auf uns einströmt.

## Bilanz ziehen

In das eigene Leben ein persönliches Management zu etablieren, kann genauso schwierig sein wie die Restrukturierung einer Firma. In beiden Fällen aber sind die Fragen, die man sich stellen muss, ähnlich. Denn in beiden Fällen geht es um eines: um Energie. So wie eine unausgeglichene Bilanz darüber Auskunft gibt, dass Geld einseitig investiert oder verloren wurde, so kann auch unsere Lebensbilanz einseitig ausfallen.

Sie haben hohe Werte im beruflichen Bereich, aber nur ganz geringe im privaten? Sie haben ein sehr erfreuliches Privatleben, aber auf der Jobseite klafft ein Minus? Sie sehen sich überall auf der Verliererseite?

So wie eine Firma Geld und Zeit, sprich Energie, investiert, so investieren auch wir als Einzelpersonen. Uns kann der Job immer wichtiger sein als die Familie. Oder wir haben mehr Spaß mit unseren Kindern als an unserem eigenen »Geschäftsbericht«.

Erstellen Sie ein persönliches »Budget«, doch seien Sie ehrlich. Wie sehen die einzelnen Bereiche in Ihrem Leben aus? Aber bewerten Sie nicht. Sagen Sie nicht: »Meine Bilanz ist schlecht«, sondern sagen Sie einfach: »Es ist, wie es ist.«

Und dann fragen sie sich: »Möchte ich, dass es so bleibt?«

Stellen Sie sich vor, Sie arbeiten täglich 14 Stunden, sehen Ihre Freundin einmal in der Woche und fühlen sich dabei ausgesprochen wohl. Sollten Sie etwas ändern? Vielleicht. Wenn Sie nämlich zu dem Ergebnis kommen, dass diese Lebensweise Sie in einigen Jahren in Schwierigkeiten bringen könnte. Freundin weg, Gesundheit angeschlagen, Freundeskreis aufgelöst, Familie entfremdet – dann ja. Wenn Sie aber der Meinung sind, wir übertreiben und das sei die einzig richtige Lebensform für Sie, bitte.

Was wir damit sagen wollen? Dass Ihnen niemand Ihr persönliches Management diktieren kann. Jeder Mensch und jedes Leben ist einzigartig. Wichtig ist einzig und allein, was Sie sich vorstellen. Allerdings haben wir einen Vorbehalt: Wenn Menschen direkt von Ihnen abhängig sind, überlegen Sie zweimal. Aber dennoch: Tun Sie, was Ihr Herz Ihnen sagt.

Um die richtige Lebensform zu finden, können Sie herausarbeiten: »Welche Werte möchte ich verwirklichen?« Sie können es sich ein wenig einfacher machen, wenn Sie sich fragen: »Wofür möchte ich gelobt werden?«

Eine Karrierefrau zu sein? Oder eine gute Geschäftsfrau und eine gute Mutter? Ein tüchtiger Meister? Oder der treueste Meister im ganzen Landkreis? Ein geschickter Geschäftsführer oder der fleißigste Geschäftsführer? Ein guter Vater? Ein guter Mensch?

Wenn Sie wissen, wofür sie gelobt werden wollen, fragen Sie sich, ob die Werte tatsächlich Ihren Vorstellungen entsprechen oder ob Sie Wünsche umzusetzen versuchen, die andere für sie hatten.

Haben Sie Ihre Werte geklärt, arbeiten Sie heraus, was in Ihrem Leben *nicht* zur Disposition steht. Sie können sich auch fragen, welche Aspekte *nicht* »verhandelbar« sind. Darunter verstehen wir, worüber Sie unter keinen Umständen diskutieren wollen. Nehmen wir an, Sie sind Marathonläufer und trainieren wöchentlich neun Stunden lang, um Ihre Fitness zu erhalten. Gleichzeitig bedauern Sie, nicht genügend Zeit für das umfangreiche Kulturangebot Ihrer Stadt zu haben. Ihr Sport ist aber nicht »verhandelbar«, also müssen Sie sich etwas einfallen lassen. Vielleicht Ihr Training zu einer anderen Zeit absolvieren?

Übrigens gilt in den USA körperliche Fitness längst als ein wichtiges Kriterium für die berufliche Karriere. Und auch in Deutschland setzt sich die Anschauung durch, dass »sportlich Aktive sowohl sozial aktiver und leistungsorientierter als auch beruflich erfolgreicher sind«, wie Professor Dr. Volker Rittner, Leiter des Instituts für Sportsoziologie an der Deutschen Sporthochschule Köln, meint. Das US-Gesundheitsministerium sieht gravierende Vorteile des regelmäßigen Trainings:

- Die Atmung wird tiefer und kräftiger,
- der Stoffwechsel arbeitet schneller,
- das Abwehrsystem wird gestärkt,
- Herz-Kreislauf-Erkrankungen, die als die gefährlichsten Volkskrankheiten noch weit vor Krebs liegen, gehen zurück,
- Stress wird besser verkraftet
- und nicht zuletzt: Die Lebenserwartung steigt (im Schnitt um drei bis vier Jahre).

Um diese Vorteile genießen zu können, genügt eine Viertelstunde täglich! Dreimal in der Woche zirka 30 Minuten tun es auch! Nur regelmäßig soll es sein! Das tägliche 15-minütige Programm muss so zur Gewohnheit werden wie das Zähneputzen.

Doch wir Deutsche sind Bewegungsmuffel. 54 Prozent unserer Mitbürger treiben nie oder nur im Urlaub Sport[60], 60 Prozent aber halten sich für fit! Dabei hockt der Büromensch 80 000 Stunden seines Lebens auf dem Stuhl. Das sind 87 Prozent seiner Lebensarbeitszeit!

Immer mehr Unternehmer erkennen allerdings die Notwendigkeit, etwas für die Gesunderhaltung ihrer Mitarbeiter zu tun: So reicht die Palette vom firmeneigenen Fitnesscenter über Seminare bis zum Fitnesscoach für Führungskräfte.

Fitness war es auch, die Wilhelm fehlte.

»Zeit ist Geld«, sagen die »grauen Herren von der Zeitsparkasse« und hasten durch die Welt. Diesen Spruch hatte Wilhelm total verinnerlicht. Doch warum sind die Herren von der Zeitsparkasse grau, während Momo und ihre Welt bunt und farbenfroh sind? Das Grau symbolisiert das Denken in Effektivität und hartem Pragmatismus. Jede Minute ist genau geplant und kalkuliert. Trödeln ist nicht erlaubt. Dabei liegt genau in der zeitweiligen Muße das, was dem Leben Farbe gibt.

*Farbe symbolisiert die Lebensfreude.*

Wir hasten durch die Welt, weil wir keine Prioritäten setzen und keine kluge Zeiteinteilung betreiben. Weil wir uns nicht abgrenzen und nicht Nein sagen können. Doch, wenn Sie glauben, dass Ihnen die Herren von der Zeitsparkasse am Ende Ihres Lebens die in Minuten angesparten Wochen tatsächlich auszahlen, dann haben Sie sich geirrt!

Gönnen Sie sich lieber jeden Tag eine paar Minuten – und denken Sie über sich und Ihr Leben nach.

Was ist mir wirklich wichtig? Erfolg, Geld, Gesundheit? Oder kommt es Ihnen, genau wie Wilhelm, besonders darauf an, gute Arbeit zu leisten? Abends mit dem Gefühl nach Hause gehen zu können, wirklich etwas geschafft zu haben?

Möchten Sie ein »rundes« Leben? Möchten Sie Außergewöhnliches erleben? Vielleicht sogar berühmt werden?

Robert Bly, der amerikanische Lyriker und Geschichtenerzähler, meint, dass gerade hier in diesen Werten die großen Unterschiede der Generationen liegen[61]: Während frühere Generationen ein »anständiges« Leben führen wollten, will die heutige Jugend berühmt werden. Und das möglichst schnell und möglichst jung. Wir 50* aber liegen genau dazwischen. Einerseits haben wir vielleicht noch das Bedürfnis, es auf unserem Feld zu einer bestimmten Meisterschaft zu bringen, andererseits: Warum sollten wir alle Rosinen den Jungen überlassen?

Ruhm ist heute keine Frage des Könnens mehr, sondern eine Frage des Bekanntheitsgrades. Hier finden wir auch einen anderen wichtigen Schlüssel des Unterschieds der Generationen: Früher hatte der Ruhm eine gewisse Dauer. Noch heute sind Elvis Presley und Marilyn Monroe berühmt, was ganz bestimmt auch etwas mit »Können« zu tun hat. Heutiger Ruhm verblasst so schnell, wie er gekommen ist, und das versetzt die Jungen in Angst. Wenn ich es heute nicht schaffe, wann dann?

Diese Dringlichkeit haben wir 50* nicht – oder nicht in diesem Ausmaß. Wir wissen aus Erfahrung, dass die Welt voller Eintagsfliegen ist. Umso wichtiger ist es, dass wir selbst anerkennen, was wir in *unserem* Leben verwirklichen wollen. Welches Gewicht die einzelnen Säulen Beruf, Familie, Kinder, Enkel, Freunde, Kultur und Gesundheit/Fitness tragen sollen.

Denken Sie bei dieser Selbsterforschung in einem größeren Zeitrahmen, als Sie es vielleicht normalerweise tun. Alles auf einmal ist in *voller Intensität* nicht möglich.

Mit 50* können Sie noch auf jedem Gebiet das Steuer herumreißen: Sie können sich noch selbstständig machen, eine »Familie« heiraten, ein Haus bauen und sich beruflich gewinnbringend »vermarkten«. Nur eines dürfen Sie nicht: sich gehen lassen.

Es ist ein weiteres Paradoxon unserer Zeit, dass wir immer mehr Menschen antreffen, die mit 60 oder 70 noch topfit sind, aber auch viele, die sich mit 40 schon hängen lassen. Doch ohne unseren Körper können wir unsere Lebensziele nicht verwirklichen! Darum: Was Sie auch bis jetzt aus sich gemacht haben mögen, fangen Sie sofort an, sich gesundheitlich zu verbessern.

Denken Sie daran, Ihr Körper ist Ihr Instrument und Ihr Werkzeug – nur wenn er funktioniert, werden Sie Ihre Pläne verwirklichen können.

Und nur wenn Ihr Körper in Schuss ist, haben Sie auf die Dauer eine Chance, mit Stress gekonnt umgehen zu können.

Kommen wir zu unserem ersten Beispiel zurück. Renate war das berufliche Missgeschick so unter die Haut gegangen, dass sie sich auch privat immer mehr zurückgezogen hatte. Statt im Privatleben durch Sport, Freunde und Kultur einen Ausgleich zu schaffen, hatte sie *nichts* getan, in dem dumpfen Gefühl, sich erholen zu müssen. Doch jeder Psychiater wird Ihnen bestätigen, dass der Mensch im Zustand der Depression unglaublich viel Energie verbraucht. In dieses Gefühl aber hatte sich Renate hineinmanövriert und damit das Urteil ihrer Kollegen indirekt untermauert: »Mit der kann man doch nichts mehr anfangen.«

Sie selbst hatte sich immer minderwertiger gefühlt – ein Teufelskreis. Wir versuchten sie auf eine andere Spur zu setzen: »Was würde jemand zu Ihrem Job sagen, der ein ganz aufregendes Privatleben hat?«

»Der hätte nichts dagegen«, entfuhr es ihr.

Wir lachten und Renate verstand. Es war nicht einfach, sie aus ihrem Schneckenhaus herauszulocken, doch wir entdeckten eine Rosskur: einen 630-Mark-Job. Renate lehnte zuerst entsetzt ab, dazu hätte sie nicht die nötige Kraft. Doch dann ließ sie sich überreden. Aber nur probehalber.

Der Job wirkte Wunder. Zuerst verlor Renate ihre Menschenscheu, dann ihre Langeweile. »Ich kann nicht mehr zu den Coachinggesprächen kommen«, eröffnete sie uns, »ich habe keine Zeit mehr. Wir erstellen in meiner Firma einen Businessplan.« Sie bezeichnete jetzt die Start-up-Firma, in der sie das Sekretariat übernommen hatte, als »ihre« Firma. »Außerdem«, sie blickte etwas unsicher zu Boden, »habe ich mich zum Bauchtanz angemeldet und dieses Wochenende nehme ich den Hund meines jungen Chefs in Pflege.«

Wir freuten uns. Plötzlich machte sie fast alles anders: Sie brachte Bewegung und Farbe in ihr Leben, der wichtigste Ansatz für alle Menschen, die sich mit 50* zu sehr zurückgenommen haben. Fehlten nur noch die Ernährung und aktive Entspannungsübungen. Und ihr Hauptjob?

»Ich habe das Gefühl, dass sich etwas tut«, verriet sie uns, »die Kollegen scheinen sich zu verändern.« Wir sagten nichts.

Den größten Teil des Stresses macht nicht der körperliche, sondern der psychogene Stress aus. Die Angst vor Kritik, dem Verlust des Arbeitsplatzes, dem Prestige. Über- oder Unterforderung, Familien- und Partnerschaftskonflikte und die Probleme, für die wir beim besten Willen keine Lösung finden können.

Wilhelm fehlte nicht nur die körperliche Fitness, sondern er hatte noch eine ganz entscheidende Schwäche: Er konnte sich nicht abgrenzen. Er hatte sich bereits so mit seiner Arbeit identifiziert, dass er weder abschalten noch neue Kräfte tanken konnte. Er hatte viel Übergewicht, rauchte, brauchte morgens mehrere Tassen starken Kaffee, um wach zu werden und abends die Berieselung durch das Fernsehen und ein paar Biere, um inneren Gleichmut aufzubauen und oberflächlich abschalten zu können.

Sein Arzt hatte ihm wiederholt nahe gelegt, seine Lebens- und Arbeitsweise zu ändern, doch sein übersteigertes Pflichtbewusstsein, entstanden durch einen tief verwurzelten Minderwertigkeitskomplex, und die Angst vor Leere ließen ihm keine andere Wahl.

Angst vor der Leere?

Wilhelm wollte uns zuerst nicht glauben, doch als wir ihm erklärten, dass eine ganze Industrie damit beschäftigt ist, Menschen diese Angst zu nehmen, gestand er uns ein, dass er Feiertage hasste.

## Was wirklich zählt

»Was dem Leben an Länge fehlt, wollen wir durch Intensität, Leidenschaft und Schnelligkeit wettmachen. Ständig befinden sich viele von uns Lebenshungrigen und Getriebenen auf Hochtouren und auf der Überholspur«, meint Lothar Seiwert und das gilt nicht nur für die Jungen, auch wir 50* lassen uns davon anstecken. Wir haben Angst, etwas zu versäumen, und wir haben Angst auszuwählen. Doch diese »Entscheidungsvermeidung« verursacht massiven Stress. Wir wollen auf nichts verzichten, können nicht Nein sagen und verharren statisch in unseren inneren Krisen, ohne zu handeln. Damit geben wir Verantwortung ab und verzichten auf Kontrolle in unserem Leben. Sich zu entscheiden, heißt, sich *von etwas zu scheiden.* Zum Jasagen gehört das Neinsagen. Konkretes Handeln setzt voraus, dass wir die Verantwortung für unsere Krisen übernehmen. Und dies setzt voraus, dass wir uns überlegen: *Was ist mir wirklich wichtig im Leben?*

Wilhelm hatte die perfekte Art gefunden, all diesen Fragen aus dem Weg zu gehen. Er arbeitete so viel, dass ihm keine Luft zum Atemholen blieb.

Doch wir müssen ab und zu eine Kurskorrektur vornehmen. Dies aber setzt wiederum Zeit zum Reflektieren und Nachdenken voraus. Und die Zeit gönnte er sich nicht.

Wir machten ihm noch einmal alle Minuspunkte seines stressreichen Alltags deutlich:

- Dauerstress führt zu Kopfschmerzen, Schwindelgefühlen und Gefäßkrankheiten.
- Rauchen erhöht das Risiko, an Herzinfarkt zu sterben, um 500 Prozent.
- Zu viel Kaffee und/oder zu viel Alkohol übersäuert das Gewebe und belastet Kreislauf und Gefäße.

- Falsche Ernährungsweisen wie Fastfood und zu hastiges, zu spätes, zu fettes, zu vieles Essen gelten mittlerweile als die Hauptursachen für Magen-Darm-Krankheiten, Arteriosklerose und Krebs.
- Mangelnde Bewegung und zu viel Sitzen verursachen Haltungsschäden und Blockierungen in Körper und Geist.
- Der uns überall umgebende Elektrosmog, dem wir uns kaum mehr entziehen können, tut ein Übriges, um den Stress zu vergrößern.
- Die immer höhere Beschleunigung unseres Lebens und die Informationsflut, die auf uns niederprasselt, verursachen Wahrnehmungs- und Konzentrationsstörungen und verschieben unser Verhältnis für die Wirklichkeit.

Wir versuchten Wilhelm bewusst zu machen, dass er sich in einer ständigen Kampf- oder Fluchtreaktion befand, denn das ist die Botschaft, die in Stressreaktionen durch hormonelle Befehle an unseren gesamten Körper ausgesendet wird. Aber wohin konnte er fliehen? Und mit wem kämpfen? Mit seinem Chef etwa? Mit den Mitarbeitern?

Wilhelm hatte sich einen sehr omnipotenten Feind gesucht: Er kämpfte gegen alles – gegen die Uhr, gegen die Technik, gegen die menschlichen Schwächen seiner Kollegen, sogar gegen die Kunden. Nicht ein einziges Mal hatte er sich in den vergangenen Jahren gefragt, wie er *zusammen mit* den Gegebenheiten erfolgreich sein könnte. Er kämpfte wie Don Quichotte gegen Windmühlenflügel.

Dass Wilhelm überhaupt noch funktionierte, hatte er einem Glücksfall zu verdanken: Er konnte seine Energie nach außen in Bewegung entladen, sie wurde nicht blockiert. Hätte er einen reinen Schreibtischjob gehabt, er hätte nicht so lange durchgehalten.

Wir schlugen Wilhelm ein Programm aus Sport, lebendiger Ernährung und neuem Denken vor, denn schon beim *Denken* an eine schwierige Situation werden Stresshormone ausgeschüttet. Der Adrenalinspiegel steigt, der Puls erhöht sich. Im Blut kommt es durch zentralnervöse Steuerungen zu einer vorübergehenden Vermehrung der roten Blutkörperchen, das Herz pumpt schneller, um den Organismus mit mehr Sauerstoff und Glukose, dem körpereigenen Treibstoff, zu versorgen, der Blutdruck erhöht sich. Bei Dauerstress schädigt der erhöhte Druck die Gefäße, es kommt zu Mikroverletzungen, die Schlaganfallgefahr erhöht sich. Chronischer Stress verändert das gesamte hormonelle System, die Schilddrüse, die Schaltzentrale unserer biochemischen und hormonellen Steuerung, wird stärker belastet. Frauen mit sehr stressigen Berufen klagen über einen verfrühten Eintritt der Menopause. Man weiß heute, das zu viel Stress auch dick machen kann, besonders in der Körpermitte: Der Körper speichert in der Nähe der Leber einen »Energievorrat« an Fett, der in Belastungssituationen schnell zu Treibstoff umgewandelt werden kann.

Hier hilft nur eins: das tun, was der amerikanische Arzt Kenneth Cooper, der Erfinder des Aerobic, schon in den 60er-Jahren entdeckte: Wir müssen den Stress in eine positive Herausforderung verwandeln.

Wie erreichen wir das?

Etablieren Sie gesunde Gewohnheiten – investieren Sie in Ihr Stressportfolio. Überprüfen Sie Ihre Ernährung, Ihren Schlaf und Ihr Gewicht. Nur wenn diese Grundvoraussetzungen im Lot sind, kann es Ihnen gelingen, mit Stress konstruktiv umzugehen. Checken Sie die Gifte in Ihrem Leben – Alkohol, Nikotin, belastete Lebensmittel und nicht verordnete Medikamente –, aber tun Sie es in Zusammenarbeit mit einem Arzt oder Apotheker. Gift in kleinen Mengen kann anregend und sogar gesundheitsfördernd sein, in großen Mengen aber hinterlässt es im Körper immer negative Spuren. Achten Sie auf den Fettanteil in Ihrer Nahrung, auf Vitamine, Spurenelemente und Mineralien. Beginnen Sie, sich körperlich in Schuss zu bringen. Laufen Sie, gehen Sie, schwimmen Sie, fahren Sie Fahrrad. Und fragen Sie sich: Was verursacht meine negativen Gefühle?

Es sind besonders die Gefühle von Ohnmacht, des Nicht-aus-der-Situation-heraus-Könnens, der Hilflosigkeit, die Stress verursachen, wenn wir glauben, nicht mehr »Herr der Situation« zu sein, uns ausgeliefert und machtlos vorkommen.

Für Wilhelm bestimmten diese Gefühle den Alltag, obwohl sie gar nicht unbedingt der Realität entsprachen. Wilhelm war keinesfalls machtlos, doch er hatte sich in einen Zustand des permanenten »Reagierens« hineinmanövriert. Statt zu agieren, betrieb er Krisenmanagement rund um die Uhr. Dass das für Körper und Geist ein unerhörter Stress war, sah er ein.

Wie viel Zeit, so fragten wir ihn, würde es dauern, seinen Betrieb so umzustrukturieren, dass sein Alltag nicht mehr vom Krisenmanagement, sondern vom erfolgsorientierten Handeln bestimmt würde? Die Antwort erstaunte uns.

»Wir sind bestens organisiert«, gestand uns Wilhelm, »das, worüber ich klage, ist der ganz normale Lauf der Dinge.«

Jetzt war es an uns zu staunen.

»Und warum regen Sie sich dann so auf?«

Wilhelm atmete aus. »Vielleicht haben Sie Recht. Ich will immer, dass es einmal perfekt läuft. Einmal einen Tag ohne Zwischenfälle. Aber wahrscheinlich renne ich einer Fata Morgana hinterher.«

Doch wir schmiedeten einen Plan. Wilhelm sollte für vier Wochen die erste und die letzte halbe Stunde seines Arbeitstags nicht mehr verplanen. Auf diese Art und Weise würde er Zeit finden, dass zu tun, was man heute »Management by walking-around« nennt – er hätte Zeit, mit allen Kollegen Kontakt aufzunehmen, sich den Zustand der Maschinen anzusehen, Eingang und Ausgang noch einmal zusätzlich zu inspizieren und Sonderwünschen nachzugehen. Wir rieten ihm auch, sein Büro einfach in die Mitte der Werkshalle zu verlegen, um die ständige Sorge, »was da draußen los sei«, zu eliminieren und endlich einen Stellvertreter für sich und den zweiten Meister einzuarbeiten. »Wie lange wird es dauern, bis Ihre Vertretung Ihre Kenntnisse von der Produktion von Strickstoff hat?«

»Ein Leben lang«, lachte Wilhelm, »aber so viel Zeit habe ich ja nun wirklich nicht mehr.«

Wilhelm machte sich tatsächlich intensiv daran, seinen Stress zu verringern. Doch erst der Austausch mit dem Gesellen, den er zusammen mit dem Geschäftsführer als seinen Nachfolger ausgesucht hatte, brachte die Befreiung. Nicht weil er weniger arbeitete, sondern weil er über seine Arbeit sprach. *»Ich hatte keine Ahnung, wie viel ich in mich hineingefressen habe. Kein Wunder, dass ich ab und zu explodiert bin. Und übrigens, wir haben schon eine ganze Menge Punkte gefunden, besonders im Qualitätsmanagent, die wir verbessern können.«*

Wilhelm hat seine Schwierigkeiten gerade noch rechtzeitig erkannt. Andere haben nicht so viel Glück.

Nach einer vom Bundesministerium für Jugend, Familie und Gesundheit in Auftrag gegebenen Repräsentativumfrage gerät mehr als die Hälfte der Bevölkerung bei ihrer täglichen Arbeit häufig in stärkere Belastungssituationen. Nur 15 Prozent der Befragten gaben an, dass sie Stresssituationen kaum kennen. Schon morgens beim Aufstehen beginnt für 30 Prozent der Befragten die Belastung.

Der Kardiologe Kenneth Cooper plädierte dafür, den krank machenden Stress in positiven Stress umzuwandeln. Zuerst muss er allerdings akzeptiert werden. Dann kann man lernen, ihn umzuwandeln. Und das heißt: Stress mit Stress begegnen. Den Körper durch Sport auf Touren bringen.

Auch Wilhelm hatte das früher so gemacht: Er war am Wochenende Bergsteigen gegangen. Doch auf einer Tour war ihm plötzlich der Gedanke gekommen, was am Montag in der Firma geschehen würde, wenn er sich den Knöchel brechen würde. »Danach bin ich nicht mehr in die Berge gegangen«, gestand er – und hatte sich damit für den falschen Weg entschieden.

Stress ist ein Anspannungs- und Überlastungssyndrom über längere Zeit. Darum:

- Schaffen Sie sich Auszeiten und Rückzugsräume, um zur Ruhe zu kommen.
- Akzeptieren Sie, dass Sie nicht immer aktiv und dynamisch sein können.
- Akzeptieren Sie auch Schwächephasen des Körpers und richten Sie sich danach.
- Suchen Sie sich Aktivitäten, die Ihre Batterien aufladen (zum Beispiel Malen, Lesen).
- Seien Sie stolz auf erlangte Erfolge.
- Steigern Sie Ihre körperliche Fitness.
- Strukturieren Sie Ihre Arbeit – und versuchen Sie möglichst viel zu delegieren.

Übrigens: Der zweitgrößte Stressauslöser ist das Ende der beruflichen Tätigkeit durch Rente.

*Davon wollte David nichts wissen. »Ich arbeite gar nicht«, gestand er uns am Ende des Seminars, »ich habe nur ein Hobby.« David hatte es beinahe perfekt gemacht: als professioneller Spendensammler einer großen Hilfsorganisation. »Jeden Tag treffe ich interessante Menschen, schildere unserer Projekte und versuche Herz und Verstand zu erreichen. Und wenn es mir gelingt, ... dann drücken mir die Leute einen Scheck in die Hand. Und ich weiß, wir können wieder etwas für die Kinder tun.« Seine Augen strahlten. Er verband seine Werte, seine Talente und seine Leidenschaft. Mit 58 Jahren.*

Weitere Informationen finden Sie unter *www.bbk-muc.de* und per E-Mail: *kontakt@bbk-muc.de.*

# Anmerkungen

[1] *Süddeutsche Zeitung*, München, SZdigital, 22.5.2001
[2] *Süddeutsche Zeitung*, München, 16./17.12.2000
[3] *Süddeutsche Zeitung*, München, SZdigital, 22.5.2001
[4] Goeudevert, Daniel: »Der Horizont hat Flügel«, Econ, München 2001
[5] *Süddeutsche Zeitung*, München, 16./17.12.2000
[6] Webster, Eric: »Erfolgreich sein, erfolgreich bleiben«, Econ, Düsseldorf 1971
[7] Seidl, Conrad/Beutelmeyer, Werner: »Die Marke Ich«, Ueberreuther, Wien 1999
[8] Berne, Eric: »Was sagen Sie, nachdem Sie guten Tag gesagt haben?« Kindler, München 1975
[9] Spence, Gerry: »Argumentiere und gewinne«, Kabel, Hamburg 1996
[10] *managerSeminare*, Heft 44, September/Oktober 2000
[11] *managerSeminare*, Heft 44, September/Oktober 2000
[12] Ibid.
[13] Loehr, James E.: »Stress for Success«, Three River Press, New York 1997
[14] *Focus*, Heft 24, 11.6.2001
[15] Ibid.
[16] Ibid.
[17] *Elle*, Heft 16/2001
[18] Dichter, Ernest: »Überzeugen, nicht verführen«, Econ, Düsseldorf 1971
[19] *Psychologie heute*, Heft 3, März 2001
[20] Laborde, Genie Z.: »Kompetenz und Integrität«, Junfermann, Paderborn 1991
[21] Böschemeyer, Uwe: »Mut zum Neubeginn«, Herder, Freiburg 1988
[22] *management & training*, Heft 6/2001
[23] Ibid.
[24] Birkenbihl, Vera F.: »Kommunikation für Könner«, mvg, München 1991
[25] Suderland, Maja, in: *management & training*, Heft 6/2001
[26] Ulsamer, Bertold: »Ohne Wurzeln keine Flügel«, Goldmann, München 1999
[27] Boerner, Moritz: »Byron Katies The Works«, Goldmann, München 1999
[28] *managerSeminare*, Heft 7, Juli/August 1999
[29] *management & training*, Heft 6/2001
[30] *managerSeminare*, Heft 42, Mai/Juni 2000
[31] Webster, Eric: »Erfolgreich sein, Erfolgreich bleiben«, Econ, Düsseldorf 1971
[32] Böschemeyer, Uwe: »Mut zum Neubeginn«, Herder, Freiburg 1988

33 Ornstein, Robert: »Die Wurzeln der Persönlichkeit«, Scherz, Bern 1994
34 Loehr, James E.: »Stress for Success«, Three River Press, New York 1997
35 Rückert, Hans-Werner: »Schluss mit dem ewigen Aufschieben«, Campus, Frankfurt/M. 1999
36 Sprenger, Reinhard K.: »Die Entscheidung liegt bei dir!« Campus, Frankfurt/M. 1997
37 Sprenger, Reinhard K.: »Mythos Motivation«, Campus, Frankfurt/M. 1993
38 Klein, Bruno, in: *management & training*, Heft 5/2001
39 Staples, Walter Doyle: »Think like a Winner!« Junfermann, Paderborn 1993
40 *Bunte*, Heft 30/2001
41 Wilber, Ken: »Das holographische Weltbild«, Scherz, Bern 1988
42 Lanthaler, Werner: »Die Ich-Aktie«, FAZ Verlagsbereich Buch, Frankfurt/M. 2000
43 McCormack, Mark H.: »What They Don't teach You At Harvard Business School«, Fontana/Collins Verlag, London 1986
44 *managerSeminare*, Heft 48, Mai 2001
45 Sprenger, Reinhard K.: »Die Entscheidung liegt bei dir!«, Campus, Frankfurt/M. 1997
46 Robbins, Anthony: »Erfolgsschritte nach dem Power-Prinzip«, Heyne, München 1996
47 Leuner, Hanscarl: »Lehrbuch des Katathymen Bilderlebens«, Huber, Bern 1985
48 Staples, Walter Doyle: »Think like a Winner!« Junfermann, Paderborn 1993
49 Winter, Gayan S.: »Meditationen für Frauen«
50 Löhr, Jörg/Pramann, Ulrich: »So haben Sie Erfolg«, Südwest, München 1999
51 Day, Laura: »Mit PI zum Erfolg«, dtv, München 2000
52 Sprenger, Reinhard K.: »Die Entscheidung liegt bei dir!« Campus, Frankfurt/M. 1997
53 Bolles, Richard Nelson: »Durchstarten zum Traumjob«, Campus, Frankfurt/M. 1999
54 Fuchs, Angelika: »Der Falken Bewerber-Knigge«, Falken, Niedernhausen 1999
55 *GQ*, Heft 6/2000
56 Seiwert, Lothar J.: »Life-Leadership«, Campus, Frankfurt/M. 2001
57 Robbins, Anthony: »Erfolgsschritte nach dem Power-Prinzip«, Heyne, München 1996
58 *Süddeutsche Zeitung*, München, 7./8. April 2001
59 Loehr, James E.: »Stress for Success«, Three River Press, New York 1997
60 *Abendzeitung*, München, 11./12.8.2001
61 Bly, Robert: »Die kindliche Gesellschaft«, Droemer, München 1998

**Bitte beachten Sie die folgenden Seiten**